中国民用航空工业年鉴
2020

工业和信息化部装备工业二司　编

航空工业出版社

北京

内 容 提 要

《中国民用航空工业年鉴》是我国民用航空工业首部具有综合性、资料性、史册性的编年式工具书，集中全面地反映了我国民用航空工业年度发展状况，真实记载了我国民用航空工业发展进程。《中国民用航空工业年鉴 2020》内容包括中国民用航空工业发展综述、主要民用航空工业地区发展概况、主要集团和重点企业发展概况以及中国民用航空工业统计信息等几部分。

本书内容翔实、丰富，有助于国内外有关人士了解中国民用航空工业发展概况，并与之建立经济技术合作关系。

图书在版编目（CIP）数据

中国民用航空工业年鉴. 2020/ 工业和信息化部装备工业二司编. --北京：航空工业出版社，2020. 12

ISBN 978-7-5165-2476-3

Ⅰ. ①中… Ⅱ. ①工… Ⅲ. ①民用航空－航空航天工业－中国－2020－年鉴 Ⅳ. ① F426.5-54

中国版本图书馆 CIP 数据核字（2021）第 036694 号

中国民用航空工业年鉴 2020

Zhongguo Minyong Hangkong Gongye Nianjian 2020

航空工业出版社出版发行

（北京市朝阳区京顺路 5 号曙光大厦 C 座四层　100028）

发行部电话：010-85672663　010-85672683

北京虎彩文化传播有限公司印刷　　全国各地新华书店经售

2020 年 12 月第 1 版　　2020 年 12 月第 1 次印刷

开本：880×1230　1/16　　字数：438 千字

印张：14.5　　定价：160.00 元

《中国民用航空工业年鉴 2020》

前 言

民用航空工业是国家战略性高技术产业。大力发展民用航空工业，是满足民航运输和通用航空服务快速增长需要的根本保证，是引领科技进步、带动产业升级、提升综合国力的重要手段。根据《中华人民共和国统计法》和《中华人民共和国统计法实施条例》，为全面系统、客观真实地反映中国（未包括港、澳、台地区，下同）民用航空工业年度发展概况，原国防科学技术工业委员会于2007年启动《中国民用航空工业统计年鉴》编辑出版工作。2008年，工业和信息化部成立后于2010年启动《中国民用航空工业年鉴》编辑出版工作。2013年，工业和信息化部将《中国民用航空工业统计年鉴》并入《中国民用航空工业年鉴》出版。合并后的《中国民用航空工业年鉴》内容更加完善、翔实，是我国民用航空工业综合性、资料性的编年性工具书，目前已经连续出版7年。

《中国民用航空工业年鉴2020》（简称《年鉴2020》）内容包括年度发展综述、主要地区发展情况、企业发展概况、统计数据四个部分。第一部分主要从发展规模与产业分布、产品研发、产品订单与交付、国际合作与对外交流、产业促进与行业管理五个方面全面回顾2019年度的总体发展情况。第二部分主要反映我国涉及民用航空工业的25个省、自治区、直辖市的民用航空工业发展情况。第三部分记录了5家中央企业和50家民用航空工业重点企业的发展概况。第四部分是中国民用航空工业的统计数据，主要包括综合情况、生产交付、新增和储备订单，以及转包生产情况、生产销售总值和主要经济指标等数据。统计范围包括从事民用航空器（含无人机）、民用航空发动机、机载系统/设备和零部件等研发、制造和修理的规模以上企事业单位，数据截至2019年12月31日。

《年鉴2020》是在国家统计局统计设计管理司指导下，由工业和信息化部装备工业二司组织中国航空研究院和国家国防科技工业局信息中心，在有关省、自治区、直辖市民用航空工业管理部门和中国航空工业集团有限公司、中国商用飞机有限责任公司、中国航空发动机集团有限公司、中国航天科工集团有限公司、中国电子科技集团有限公司以及部分重点企业提供素材的基础上编辑而成。为了行文一致及体现年度新变化，《年鉴 2020》编委会对素材做了必要修改和删减。在此向所有参加《年鉴 2020》编制工作的单位和人员表示感谢。

《中国民用航空工业年鉴 2020》编委会
2020 年 10 月

目　　录

第一部分

综　　述

中国民用航空工业年度发展综述

2019年，中国民用航空工业规模持续扩大，产值持续增长，年度航空产品产值865亿元，同比增长11.3%。民机市场新增订单159架，民机交付量和转包生产交付金额大幅上升，产品研发取得重要进展，国际合作成果丰硕，行业管理持续强化，中国民用航空工业实现持续稳定发展。

一、发展规模与产业分布

（一）发展规模

依据《民用航空工业统计报表制度》，2019年纳入全国民用航空工业统计调查单位共计170家，主要分布在25个省、自治区、直辖市，年末从业人员36.3万人。按三大经济带分，东部地区76家，中部地区44家，西部地区50家；按内外资企业类型分，内资企业153家，港澳台商投资企业6家，外商投资企业11家；按人员规模分，2000人以上单位40家，1000～2000人（含2000人）单位27家，300～1000人（含1000人）单位39家，300人及以下单位64家。

2019年，中国民用航空工业企业完成工业总产值3462亿元。其中，民用航空产品产值865亿元，占比25.0%。民用航空产品产值中，民用飞机（不含无人机）整机产值79.2亿元，占比为9.2%；民用飞机零部件、发动机整机及零部件、机载系统和设备及零部件等航空产品产值248.2亿元，占比28.7%；民用飞机、发动机、机载设备和其他民用航空产品的修理产值368.6亿元，占比42.6%；无人机产品产值169.0亿元，占比19.5%。产值构成见图1。

从各省、自治区、直辖市情况看，民用航空产品产值排名前三位的是广东、北京和四川，分别占全国的36.5%、11.9%和11.8%。第4名～第10名分别是上海、福建、陕西、辽宁、江苏、山东和天津，如图2所示。

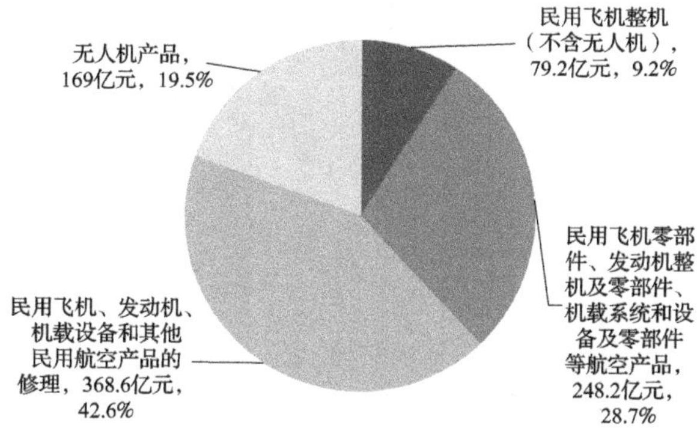

图1　2019年中国民用航空产品产值构成

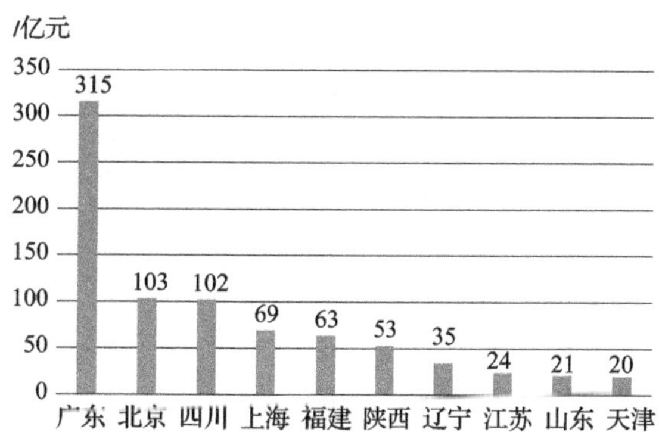

图2　2019年民用航空产品产值居前10名的省、自治区、直辖市

（二）产业分布

在纳入2019年全国民用航空工业统计调查范围的170家企事业单位中，78家隶属于中央企业，地方企业有92家。央企下属78家企业的民用航空产品产值为247.7亿元，92家地方企业的民用航空产品产值为617.3亿元。

2019年民用飞机（不含无人机）产品产值为79.2亿元。其中，央企下属87家企业产品产值为68.6亿元，占比为87%；地方企业产品产值为10.6亿元，占比为13%，如图3所示。2019年民用飞机（不含无人机）产品产值前5名的企业是：上海飞机制造有限公司、空中客车（天津）总装有限公司、中航通飞华南飞机工业有限公司、山东翔宇航空技术服务有限责任公司和西安飞机工业（集团）有限责任公司，这 5 家企业占全国的 94.94%。

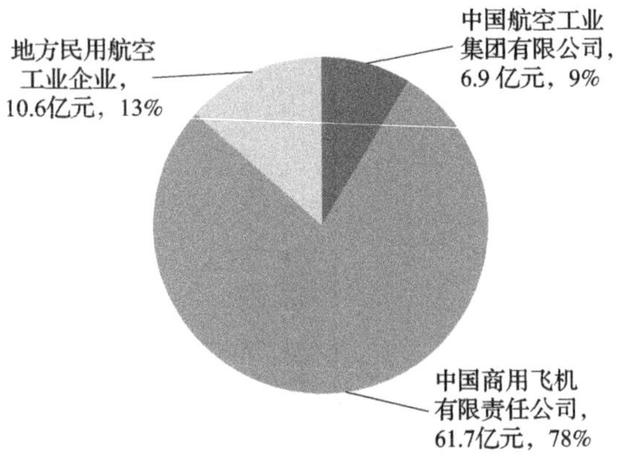

图 3　2019 年民用飞机（不含无人机）产品产值构成

2019 年民用飞机零部件、发动机整机及零部件、机载系统和设备及零部件等航空产品产值为 248.2 亿元。其中，央企下属企业产品产值为 171.8 亿元，占比 69%；地方企业产品产值为 76.4 亿元，占比 31%，如图 4 所示。2019 年民用飞机零部件、发动机整机及零部件、机载系统和设备及零部件等航空产品产值前 5 名的企业是：西安飞机工业（集团）有限责任公司、成都飞机工业（集团）有限责任公司、中国航发西安航空发动机有限公司、深圳中集天达空港设备有限公司和成飞民用飞机有限责任公司，这 5 家企业占全国的 36.96%。

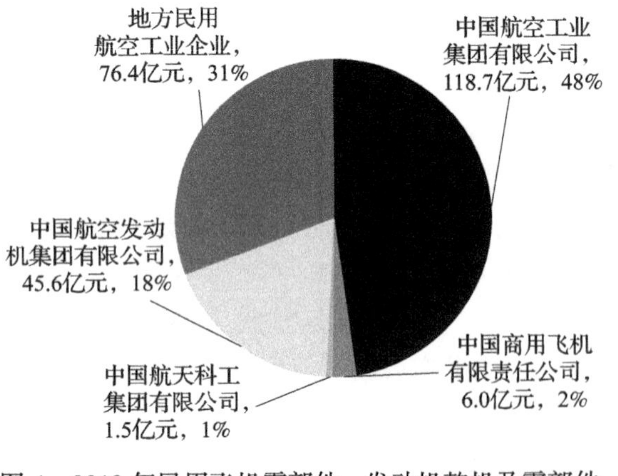

图 4　2019 年民用飞机零部件、发动机整机及零部件、机载系统和设备零部件等航空产品产值构成

2019 年民用飞机、发动机、机载设备和其他民用航空产品的修理产值为 368.6 亿元。其中，央企下属企业产品产值为 5.0 亿元，占比 1.4%；地方企业产品产值为 363.6 亿元，占比 98.6%，如图 5 所示。2019 年民用飞机、发动机、机载设备和其他民用航空产品的修理产值前五名的企业是：珠海保税区摩天宇航空发动机维修有限公司、北京飞机维修工程有限公司、厦门太古飞机工程有限公司、四川国际航空发动机维修有限公司和广州飞机维修工程有限公司，这 5 家企业占全国的 88.32%。

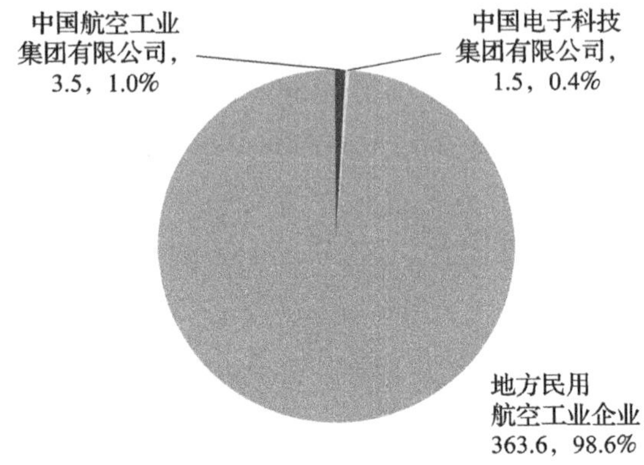

图 5　2019 年民用飞机、发动机、机载设备和其他民用航空产品的修理产值构成

2019 年无人机产品产值为 169 亿元。其中，央企下属企业产品产值为 2.3 亿元，占比 1.4%；地方企业产品产值为 166.7 亿元，占比 98.6%，如图 6 所示。2019 年无人机产品产值前 5 名的企业是：深圳市大疆创新科技有限公司、中航贵州飞机有限责任公司、天津航天中为数据系统科技有限公司、天津全华时代航天科技发展有限公司和深圳一电航空技术有限公司，这 5 家企业占全国的 99.13%。其中，大疆创新科技有限公司占据全球消费级无人机市场七成以上的份额，在全球民用无人机企业中排名第一。

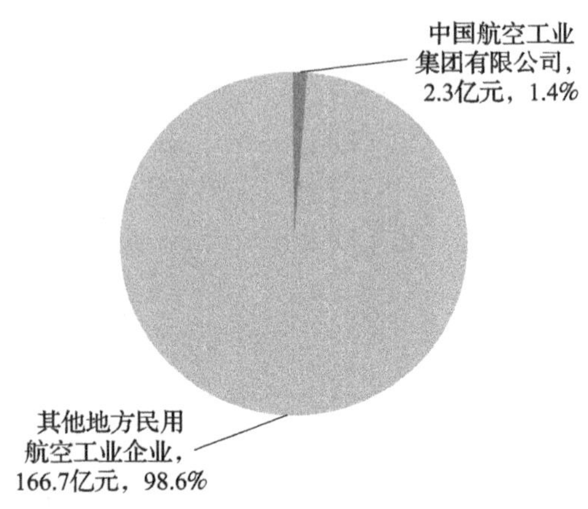

图 6　2019 年无人机产品产值构成

在产品地域分布方面，上海和陕西主要依托现有骨干企业发展民用干、支线飞机；天津和浙江舟山分别依托空客和波音公司总装和交付干线飞机，其中天津拥有A320大型客机总装线、A330完工和交付中心，舟山拥有波音737完工和交付中心；哈尔滨、石家庄和珠海等地的优势企业主要发展各类通用飞机和特种飞行器；景德镇和哈尔滨等地的优势企业主要发展各类直升机；其他部分省市也开展了轻小型通用飞机和直升机的研发工作。民用航空工业主要在研和批产的产品地域分布如表1所示。

表1　在研和批产的主要民用航空产品地域分布

产品种类	地域	代表机型
干线飞机	上海市	CR929远程宽体客机
		C919单通道干线客机
	天津市	空客天津A320（总装线）
		空客A330（完工和交付中心）
	浙江省	波音737（完工和交付中心）
支线飞机	上海市	ARJ21-700涡扇支线客机
	陕西省	“新舟”60/600系列涡桨支线客机
		“新舟”700涡桨支线客机
通用飞机	广东省	AG600大型灭火/水上救援水陆两栖飞机
		AG300单发涡桨轻型公务机
		赛斯纳“奖状”xls+公务机
		SR20小型活塞螺旋桨飞机
		SR22高性能单发四座复合型飞机
	黑龙江省	运12E/F双发涡桨通用飞机
		运11轻型运输机
	河北省	“小鹰”500轻型多用途飞机
		运5B轻型多用途飞机
		赛斯纳208B单发涡桨轻型飞机
		“国王”350双发涡桨轻型飞机
	辽宁省	锐翔（RX1E）双座电动轻型飞机
		锐翔（RX4E）四座电动轻型飞机
		泰克南P2006T/P2010四座通用飞机
		CC18-180顶级小熊越野飞机
	湖北省	A2C超轻型水上飞机
		AG50轻型运动飞机
		“海王”水陆两栖轻型运动飞机
		卓尔“领航者”SL600单发双座飞机
		“领航者”JA600轻型飞机
		“晨龙天使”AL8八座双发固定翼飞机

表 1（续）

产品种类	地域	代表机型
通用飞机	陕西省	“小鹰”700 轻型多用途飞机
	湖南省	“山河”SA60L/SA160L 轻型运动飞机
	四川省	SL600 轻型运动飞机
	福建省	“野马”600/610 轻型运动飞机
	北京市	P750 单发涡桨多用途飞机
	浙江省	AG100 轻型飞机
	安徽省	DA42 双发四座轻型飞机
	甘肃省	瓦尔辛轻型载人飞机
直升机	江西省	AC313 大型直升机
		AC311/311A 轻型直升机
		CA109 轻型直升机
		JH-2 轻型有人农林植保机
	黑龙江省	AC312 中型直升机
		AC352 中型直升机
		H425 中型直升机
	上海市	S-300C 多功能直升机
		S-333 多功能直升机
		斯瓦泽 269 轻型直升机
	山东省	H135 轻型直升机
发动机	上海市	CJ-1000A 大涵道比商用航空发动机
	湖南省	WZ-16 中等功率涡轴发动机（设计）
		WJ6 系列涡桨发动机
		WZ8 系列涡轴发动机
	黑龙江省	WZ-16 中等功率涡轴发动机（制造）

二、产品研发

2019 年，民用航空工业产品研发取得重要进展，形成了单通道干线飞机、双通道干线客机、涡扇支线飞机、涡桨支线飞机、直升机、多种通用飞机及航空发动机等自主产品系列发展格局。

在民机整机方面，C919 大型客机有序开展取证，2019 年三架机实现首飞；CR929 远程宽体客机初步设计有序推进，完善总体技术方案；ARJ21 新支线飞机第二条生产线开始投产，首架 ARJ21 公务机完成改装；“新舟”700 新型涡桨支线客机顺利转入全面试制与验证阶段，进入总装站位开展总装工作；AG600 大型水陆两栖飞机对接需求，持续推进科研试飞和机组培训工作；AC352 中型多用途直升机完成调整试飞，持续开展条款验证试飞。

在航空发动机方面，CJ-1000A/AX 大型客机发动机针对 C919 需求，稳步推进相关部件、核心机和整机试验工作；涡轴 16 发动机取得了中国民航局颁发的型号合格证，并积极支持 AC352 直升机开展取证试飞；AES100 涡轴发动机研制取得进展，实现整机性能达标；AEP500 工程验证机实现核心机性能达标。

三、产品订单与交付

（一）产品订单

2019 年，国产民机整机（不含无人机、天津空客、舟山波音等合作项目产品，下同）新增订单 159 架。其中，确认订单 130 架，意向订单 29 架。截至 2019 年 12 月 31 日，民机整机储备订单 1596 架，其中，确认储备订单 798 架，意向储备订单 798 架。另外，无人机新增订单 387.5 万架，其中，新增确认订单 297.8 万架，新增意向订单 89.7 万架；无人机储备订单 160.5 万架，其中，确认储备订单 121.6 万架，意向储备订单 38.9 万架。近三年国产民机整机订单情况详见图 7。

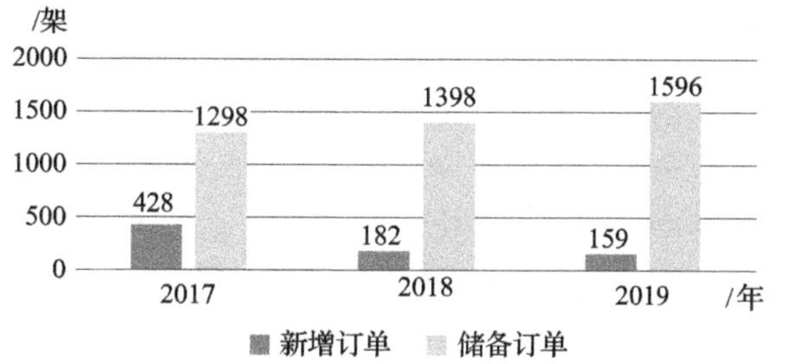

图 7　近三年国产民机整机订单情况

从确认储备订单情况看，干线飞机确认储备订单为 349 架，支线飞机确认储备订单为 314 架，通用飞机和直升机储备订单为 135 架，干支线飞机占比为 83%；从订单变化看，与 2018 年相比，干线飞机的总体情况基本平稳，支线飞机、通用飞机和直升机确认储备订单数量大幅增加，见图 8。

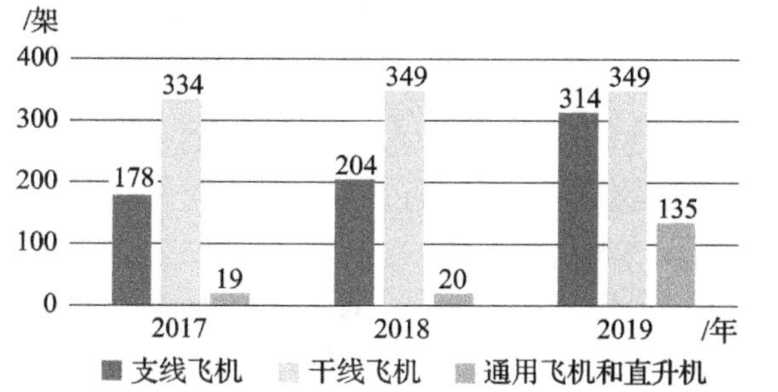

图 8　近三年国产民机整机确认储备订单情况

（二）产品交付

2019 年，中国民用航空产品交付金额总计 720.2 亿元。其中，民机（不含无人机）整机 34.1 亿元，占比 4.7%；民用飞机零部件、发动机整机及零部件、机载系统和设备及零部件 221.2 亿元，占比 30.7%；民用飞机、航空发动机、机载设备、其他民用航空产品及零部件修理 359.8 亿元，占比 50.0%；无人机 105.1 亿元，占比 14.6%。2019 年民用航空产品交付金额构成见图 9。

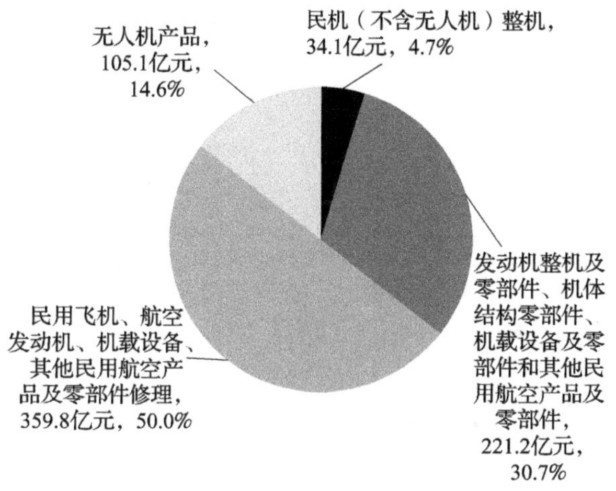

图 9　2019 年民用航空产品交付金额构成

2019 年交付国产民机整机 81 架（不包括引进总装的 A320、A330 及民用无人机），比 2018 年大幅上升。其中，支线客机交付 11 架，通用飞机交付 67 架，直升机交付 3 架。在产在销机型主要包括：ARJ21-700 涡扇支线客机、“新舟”60/600 涡桨支线客机、AC311 民用直升机、AC312E 直升机、运 5B 轻型多用途飞机、赛斯纳“奖状”xls 中型公务机、SA60L 轻型飞机、西锐 SR20 小型活塞螺旋桨飞机等。据不完全统计，无人机交付约 133.1 万架。近三年国产民机整机交付数量见图 10。

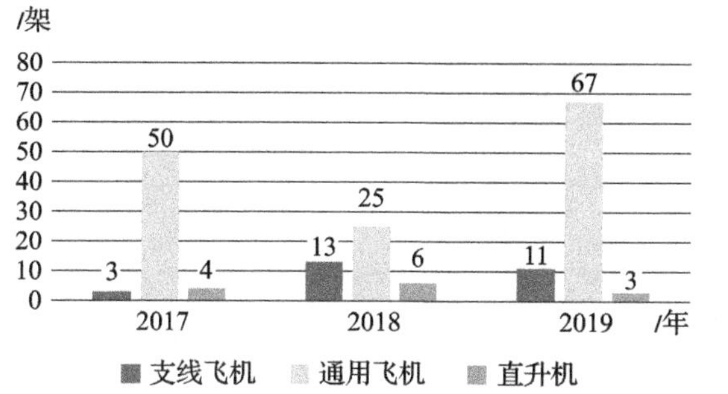

图 10　近三年国产民机整机交付情况（不包括无人机）

（三）转包生产

2019 年，中国民用航空产品转包生产交付金额 25.6 亿美元，同比增加 40.5%，见图

11。其中飞机零部件 14.4 亿美元，同比增长 36.0%；发动机零部件 7.0 亿美元，同比增长 2.5%；民用航空机载系统和设备零部件 1.0 亿美元，同比增长 11.2 倍；其他民用航空产品及零部件 3.2 亿美元，同比增长 3.4 倍。转包生产新增订单 22.3 亿美元，同比增长 1.1%。储备订单为 46.8 亿美元，同比减少 13.5%。近 5 年民用航空产品转包生产交付金额见图 11。

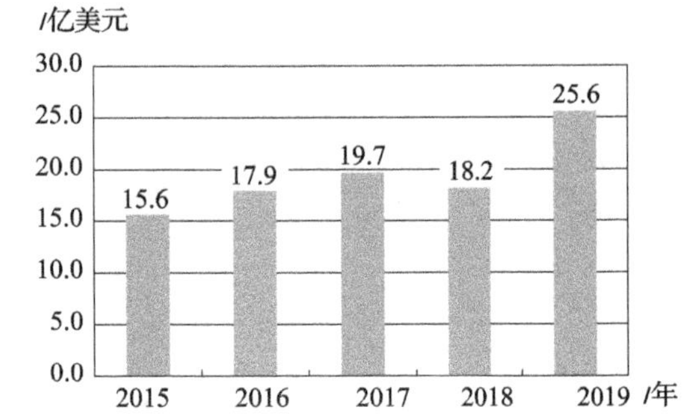

图 11　近 5 年民用航空产品转包生产交付金额

从各省、自治区、直辖市情况看，民用航空产品转包生产交付金额排名前 3 位的是四川、陕西和辽宁，分别占全国的 23.4%、22.7% 和 19.8%。前 10 名的省、自治区、直辖市见图 12。

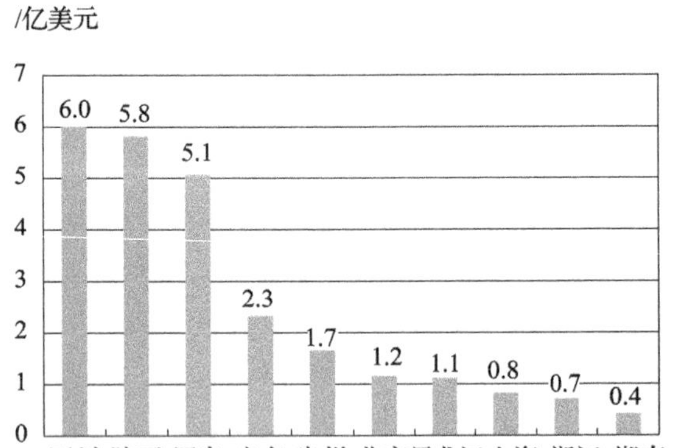

图 12　2019 年转包生产交付金额前 10 名的省、自治区、直辖市

四、国际合作与对外交流

2019 年，中国民用航空工业领域的国际合作与对外交流持续深入，通过政府推动引导、企业合作和机构交流等方式，中国民用航空工业国际交流合作持续推进。中国与俄罗斯、欧盟、法国、荷兰等多个国家和地区保持着稳定的政府间对话与合作机制，企业与机构间的国际合作与交流不断拓展。

（一）政府间对话与合作机制

中国和俄罗斯。2019 年 8 月 26 日，中国工业和信息化部与俄罗斯联邦工业和贸易部在莫斯科共同主持召开了中俄总理定期会晤委员会工业合作分委会民用航空工作组第十四次工作会议，工作组下设的 6 个工作小组代表汇报了一年来的工作进展，其中科技小组下的标准专题组 2019 年 3 月更新并签署了《中俄民机标准互认目录》，该成果被列入第二届“一带一路”国际合作高峰论坛成果清单；2019 年 10 月，中俄民机标准专题组第八次工作会在俄罗斯圣彼得堡召开，标准专题组中方和俄方主席共同签署了《中俄联合编制民机技术文件工作管理规则》。

中国和欧盟。2019 年在中欧双方的支持下，飞机机体和发动机降噪技术创新方法和数值仿真技术（IMAGE）等 4 个中欧联合资助的技术研究项目顺利通过欧方验收。新一轮的两个中欧联合资助的技术研究项目分别在布鲁塞尔和北京开展了联合评审，并进行同步立项。

中国和法国。2019 年 10 月，中国航发和法国赛峰公司联合研制的涡轴 –16 发动机成功取得中国民用航空局颁发的型号合格证；2019 年 11 月 6 日，在国家主席习近平和法国总统马克龙的共同见证下，中国工业和信息化部原部长苗圩与法国生态与团结化转型部部长博尔内在人民大会堂签署了《中华人民共和国工业和信息化部与法兰西共和国生态与团结化转型部关于民用航空工业的合作备忘录》；2019 年 12 月 16 日，中法民用航空合作工作组第七次会议在巴黎召开，开展了一系列合作交流。

中国和荷兰。在中荷民用航空工业合作组的机制下，2019 年中荷双方积极推动科研界和工业界开展多层次的沟通交流，推动开展更加务实深入的合作。

（二）企业、机构间国际交流与合作

中国航空研究院与德国宇航院（DLR）、法国宇航院（ONERA）、荷兰宇航院（NLR）、俄罗斯中央空气流体力学研究院（TsAGI）、德国荷兰风洞（DNW）、意大利航空航天研究中心（CIRA）等世界上航空领域的著名科研、试验机构建立并保持着长期稳定的战略合作关系。同时作为国际航空研究理事会（IFAR）和国际

航空疲劳与结构完整性委员会（ICAF）等航空科技界知名国际学术组织的唯一中国会员代表，积极参与多边交流活动。

2019 年，中国航空研究院与国外航空科研机构开展了多种形式的科技合作与学术交流。其中与德国宇航院就电驱动飞机、复杂系统工程、智能结构、航空发动机等领域合作意向进行了研讨；与韩国航空航天研究院围绕空气动力学、结构强度、无人机、增材制造和涡轮发动机等进行了技术交流，最终就 6 个题目初步达成合作意向，双方联合申报了 2019 年中韩政府间国际科技创新合作重点专项指南的多个项目，其中中国航发涡轮院与 KARI 的联合申报项目获得双方主管部门立项资助；与意大利航空航天研究中心初步确定了超声速公务机、结冰风洞、智能结构和单粒子效应问题等领域合作方案，形成 9 个具体合作意向；与法国航空航天实验室就深化中欧民用航空科技合作框架进行了交流，与法国伊萨集团签署了合作谅解备忘录，就 4 个优先合作领域（计算流体力学、舱内噪声、系统架构和复合材料模拟）进行了初步沟通；与荷兰皇家航空航天研究中心就电动飞机、空气动力学、结构强度、空中交通管理、系统工程、试飞与适航等领域合作进行了交流；与俄罗斯中央空气流体力学研究院（TsAGI）签署了新版 CAE-TsAGI 双边战略合作协议，并联合航空工业通飞公司与俄罗斯西伯利亚航空研究院研讨在通用飞机、电动飞机等领域的技术合作意向，达成了进一步深化双边合作的共识。

中国航空工业集团有限公司与全球航空企业合作不断深入。2019 年 9 月，在国家总理李克强和德国总理默克尔的见证下，航空工业西飞与空客签署了 A320 机身系统安装项目合同，这是航空工业与空客进一步扩大工业合作的重要里程碑。此外，西飞在空客 A320 机翼总装项目上顺利实现月产 6 架份速率爬坡目标，总装机翼累计交付超过 400 架份，翼盒累计交付超过 500 架份，双构型混线生产运转良好；沈飞民机承担空客 A220 飞机 60% 以上机身结构部件生产，项目已进入快速爬坡阶段，满足总装线交付需求；沈飞民机波音 737MAX 机身 48 段项目达到月产 10 架份；成飞民机向波音交付了第 1000 架份波音 787 方向舵；多个国际转包项目获得波音及空客卓越绩效奖、卓越质量奖等表彰。在培训合作方面，航空工业－波音制造创新中心 2019 年培训约 800 人次；与空客联合组织 10 余期“提质增效”系列专题培训，参加人员达 500 余人次。

中国商用飞机有限责任公司充分利用全球资源，构建全球供应链，积极开展国际合作，建设“以中国商飞公司为核心，联合航空工业集团，辐射全国，面向全球”的民机产业体系。2019 年，中国商用飞机有限责任公司与北京航空航天大学、澳大利亚蒙纳士大学联合举办了第三届 COMAC 国际科技周；与英国帝国理工学院揭牌成立“商用飞机机翼技术研究中心”；与蒙纳士大学签署《中国商飞－蒙纳士技术中心合作协议》。

中国航空发动机集团有限公司以“谋发展、促合作、图共赢”为原则，务实开展国际合作。2019 年，中国航空发动机集团有限公司组织相关企业参加中欧、中荷、中俄、中英、中法政府间合作机制，充分利用政府间合作的影响力，在设计、试验、适航等领域达成 10 余项合作意向。中国航空发动机集团有限公司与赛峰公司和霍尼韦尔召开战略合作委员会会议；与 UEC（俄罗斯联合发动机公司）联合竞标 CR929 宽体客机发动机；在德国设立海外代表处，国际资源配置能力进一步提升；在中法两国元首见证下与赛峰公司签署《涡轴 -16 发动机产业化合作协议备忘录》。

深圳市大疆创新科技有限公司（简称大疆创新）2019 年出口额约为 15 亿美元，客户遍布全球 100 多个国家，占据全球消费级无人机市场七成以上的份额，在全球民用无人机企业中排名第一；2019 年 AirWorks 大会上，大疆创新携手全球多家无人机开发者及战略合作伙伴，共同分享了最新的方案与技术成果，为全球无人机行业深入发展提供技术与服务支持；积极参与 ISO、ITU 等国际标准的制定，加入多个无人机相关工作组。

广州飞机维修工程有限公司 2019 年与波音公司在广州共同启动一条波音 737-800BCF 生产线，以应对航空货运市场不断增长的需求，并能够延长飞机的服务年限。广州航新航空科技股份有限公司（简称航新）于2019年3月收购荷兰航线维护服务DMHB.V.公司，拓展了在欧洲、非洲地区的航线维护能力；同年5月，航新电子与ECA航宇正式签署合作协议，航新电子成为ECA在中国的唯一授权服务中心，授权产品包括所有型号的应急定位发射机。

五、产业促进与行业管理

2019年，中央和地方政府发布了一系列促进我国民用航空产业发展的政策文件，促进中国民用航空产业的健康发展。具体文件及相关摘要见表2。

表2　2019年中央和地方政府出台的关于促进民用航空工业发展的文件

序号	发布部门	文件名称	摘要
1	中共中央国务院	《交通强国建设纲要》	提升国产飞机和发动机技术水平，加强民用航空器、发动机研发制造和适航审定体系建设
2	工业和信息化部等十三部门	《制造业设计能力提升专项行动计划（2019—2022年）》	在航空航天领域，重点突破飞机气动及结构、航空发动机、机载设备及系统、无人系统、火箭发动机等系统关键设计
3	中国民航局	《关于推进通用航空法规体系重构工作的通知》	形成了通航业务框架和通航法规框架，明确了未来一段时间中国通用航空整体政策走向、立法思路和制度设计需要遵循的基本原则和具体要求
4		《轻小型民用无人机飞行动态数据管理规定》	民航局负责统一管理民用无人机飞行动态数据，具体由民航局空管行业管理办公室负责实施
5	辽宁	《辽宁省建设重大技术装备战略基地工程框架实施方案》（辽政办发〔2019〕1号）	将通用航空工业作为重点发展领域，建成相对完善的产业推进、市场开发、生产运营、服务网络，形成产业链协调发展的产业格局
6	吉林	《支持通用航空产业发展的若干政策》（吉政办发〔2019〕1号）	加快吉林省通用航空产业发展，推动全省经济高质量发展
7		《吉林省通用航空产业发展规划》（吉发改航空〔2019〕59号）	规划期限为2018—2030年，作为指导吉林省中长期通航产业发展的纲领性文件和行动指南，推进全省通航产业跨越式发展
8	黑龙江	《黑龙江省交通运输装备产业发展规划（2019—2025年）》	推动航空装备产业发展，发挥龙头企业作用，发展配套企业，增强科研实力，增强国际合作，将黑龙江省打造成为国家重要的航空装备制造产业基地
9	上海	《上海航空产业配套规划研究（二期）》	深入探索上海发展民用航空产业的路径和方法，提出具有上海特色的政策措施和相关建议
10	江苏	《江苏省高端装备集群培育实施方案》	落实制造强省建设战略部署，聚焦重点产业领域，坚持市场导向、企业主体、重点突破、自主创新原则，以抢占全球装备发展制高点、补齐江苏产业链短板、支撑江苏企业装备升级和智能转型为目标，引导企业对标国际先进水平加快高端装备研制步伐
11		《无锡市航空发动机和燃气轮机产业发展规划（2020—2025）》	在更高层次上优化全市产业布局，促进区域协调发展，加快推进新旧动能转换，推动现代化高品质城市建设
12	福建	《福建省人民政府办公厅关于印发促进通用航空业发展实施方案的通知》	加快构建通用航空基础设施网络，大力培育通用航空市场，积极推动通用航空产业发展，提升通用航空服务保障能力

表 2（续）

序号	发布部门	文件名称	摘要
13	江西	《2019 年全省航空产业发展工作要点》	以产业倍增为引领、技术创新为动力、项目建设为载体、市场培育为引擎、对外合作为纽带，扶持龙头企业，加速产业集聚，建立航空研发、制造、试飞、运营、维修、服务等全产业链的现代航空产业体系，促进江西省航空产业高质量跨越式发展
14		《江西省航空产业高质量跨越式发展行动方案》	优化调整省航空产业发展推进领导小组成员单位和组成人员，大力推动产业高质量跨越式发展，提升产业发展能级
15	河南	《安阳通用航空产业综合示范区实施方案》	明确建设目标、重点项目、保障措施等，统筹推动综合示范区建设
16		《安阳无人机产业园产业及空间布局概念性规划》	围绕无人机产业，为下一步安阳市无人机产业发展夯实了基础
17		《安阳（汤阴）航空产业园产业及空间布局概念规划》	将实现航空物流与保税区、支线与通勤航空运营基地、轻型航空器制造基地和交易中心、通用航空专业技术人才培养基地四大职能
18	湖北	《湖北省航空航天产业发展规划（2019—2022 年）》	理清发展思路，强化政策支持，优化营商环境
19	湖南	《大力推进航空航天产业链发展的若干政策措施》	从加强科技创新、促进产业集聚、完善基础设施、发展运营服务、扩大政府采购、强化招商引资 6 个方面积极支持航空航天（含北斗）产业发展
20	广东	《关于进一步完善扶持先进装备制造业发展财政政策措施的通知》	调整珠江西岸先进装备制造业发展的财政政策，加大对全省民用航空等产业项目的扶持力度
21		《广东省首台（套）重大技术装备推广应用指导目录（2019 年版）》	加快推进首台（套）航空装备等重大技术装备的推广应用，以提高航空装备创新水平
22	四川	《四川省航空与燃机产业培育方案》	建立推进航空与燃机产业发展的联席会议制度
23	贵州	《贵州省先进装备制造产业振兴行动实施方案》	明确深入实施先进装备制造业“6+6+6”战略行动，重点发展航空、航天等六大产业，努力推进产业高质量发展

第二部分

主要地区发展情况

北京市

一、本地区基本情况

2019年，北京市民用航空工业行业规模以上企业15家，此外，中国航空工业集团有限公司所属企事业单位7家，中国航空发动机集团有限公司直属企事业单位4家，中国商用飞机有限公司所属研究中心1家。

二、生产经营情况

北京市民用航空工业调查中，纳入统计口径的民营企业10家，实现营业收入107.19亿元。

三、主要产品

民用飞机如航天九院“飞鸿”98国产化大型商业无人机、中航智TD220型无人直升机等。航空发动机核心部件如航空发动机单晶叶片、高温合金涡轮叶片、复合材料机匣、钛合金铸件、民用直升机发动机燃油调节系统等。航空设备及系统如自动飞行控制系统、机载设备综合检测系统、综合显示设备、航空陀螺仪表、加速度计、无线电高度表、无线电罗盘、吊舱等。其他民用航空产品有钢制、粉末冶金及碳/碳复合材料刹车产品。各种异型、薄壁支板、各种轴承支承座、飞机机身肋板等钛合金铸件，航空隐身座舱玻璃、驾驶员抗坠毁座椅、驾驶员座椅、操作员座椅、旅客座椅等。空域管理和机场调度平台、机场塔台辅助指挥信息系统、自动激光驱鸟器等地面设备，有杆、无杆两大系列共10余种牵引车及电动牵引车、系列挂装车等特种车辆产品。

四、技术进步

1. 北京航天时代飞鸿技术有限公司在京建设“智能无人产业基地”，建设集技术研发中心、数字化工厂、复合材料无人工厂于一体的大型无人装备产业集群。

2. 中国航发北京航科发动机控制系统科技有限公司在京建设“航空发动机部件优异中心项目”，建成后用于发动机部件燃油控制系统研发，批量生产及航空零部件外贸转包加工。

3. 北京航景创新公司与北京理工大学无人机研究所联合研制开发的森林灭火无人直升机在房山高端制造业基地支持下，实施低空试飞、投弹试验和项目产品认证，拟尽快投入实际应用。

五、行业管理

1. 为贯彻落实习近平总书记视察北京大兴机场有关指示精神，推动北京民航业高质量发展，推动北京双枢纽建设，北京市与民航局签订《关于推动北京民航高质量发展的战略合作协议》及重点任务工作安排方案。

2. 大兴临空经济区以航空公司总部为核心、培育航空维修、航材供应、航空培训等关联环节为保障的产业生态，依托临空经济区空间和空域资源，加强与机场和航司的协调，以机场商业、航空培训等本场增值服务为突破，再逐步向航空维修、公务机等高值细分领域过渡，目标建成辐射华北的航空保障产业基地。在招商引资的工作上，做好东航、南航和国外航空公司等的服务保障，解决龙头企业建设诉求，引进更多航线、航权和时刻，按照机场建设规划做大客货量和国际中转量，采用以商招商方式，建立招商联盟，配套支持政策鼓励引进航司供应商和合作伙伴。目标一是引进国内航司总部及运营基地、国外航空企业办事处，形成国内外各类国际航空联盟聚集地；二是做强航空维修，发展运输机和公务机一站式维修、航后维修和机身维修、发动机和核心部件维修；三是做大航空培训，与知名航空培训机构合作，提供航空培训业务；四是保障航材工业，充分利用大兴机场综保区政策优势，引进大型航材供应商，建设华北航材供应中心和航材备件库。

3. 北京经济技术开发区作为首都科技创新中心“三城一区”的高精尖产业主阵地，聚焦新一代信息技术、高端汽车和新能源智能汽车、生物技术和大健康、机器人和智能制造四大主导产业，作为装备制造领域重要组成部分的民用航空产业发展情况良好，区内逐步聚集了北京中航智科技有限公司、北京迈凯飞科技有限公司、中航鹰航空技术（北京）有限公司、北京普洛特无人飞行器科技有限公司、航救联科技有限公司、北京韦加无人机科技股份有限公司等多家无人机研发生产制造相关企业。区内无人机初步形成了从研发，到生产、总装的无人机领域完整产业链，企业产品涉及固定翼无人机、旋翼无人机及相关的发动机、航电系统、飞控系统等相关领域。应用领域从航空救援到农用喷洒消杀等方面。

天津市

一、本地区基本情况

2019年，天津市规模以上民用航空工业企事业单位有17家，分别是空中客车（天津）总装有限公司、西飞国际航空制造（天津）有限责任公司、古德里奇航空结构服务中国有限公司、庞巴迪宇航集团公务机维修公司、PPG航空材料（天津）有限公司、中航国际物流（天津）股份有限公司、天津波音复合材料有限责任公司、天津航天中为数据系统科技有限公司、天津全华时代航天科技发展有限公司、天津华翼蓝天科技股份有限公司、天津航空机电有限公司、航天精工股份有限公司、天津海特飞机工程有限公司、核兴航材（天津）科技有限公司、天津中航百慕新材料技术有限公司、航天神舟飞行器公司等。拥有国家级技术中心1个，省级技术中心1个。

二、生产经营情况

天津市民用航空工业纳入国家统计口径的合资、国资、民营企业共11家，2019年实现主营业务收入19.3亿元，民用航空工业总产值占全市工业总产值0.18%。

三、主要产品

（一）民用飞机

空客系列飞机。主要包括A320和A330系列飞机，具备月总装6架A320系列飞机和交付2架A330飞机的能力，已累计交付A320飞机466架、A330飞机18架，占同期空中客车公司生产总量8%。

无人机。包括察打一体彩虹系列无人机；用于地图测绘、农业植保、物流运输、线路巡检的“柳莺”无人机、“鸾凤”无人机、“双头鹰”无人机、“蝠鲼”无人机、“信天翁”无人机、“雷鸟”无人机等特种无人机；用于山区、林区、海岛物资补给以及紧急救援的双旋翼TR-7B“泰坦”、CUBIC等大载重货运无人机。

（二）航空设备与系统

主要有飞机配电系统、环控系统、点火系统、防火系统、防除冰系统，产品包括各种电磁继电器、温度继电器、高能点火装置、火警探测器、温度控制盒、力臂自动调节器、无人机数据链系统等，广泛应用于国产C919、AG600、“新舟”系列等飞机。

（三）航空配套产品

主要有A320系列飞机机翼、钛合金紧固件、飞机用涂料、密封胶、风挡玻璃、客舱玻璃、座椅、复合材料、结构件和内装饰件等产品，以及飞行模拟训练设备、工程仿真平台等配套装备。

（四）航空维修改装及服务

主要为庞巴迪及其关联方生产的飞机提供维护、维修、整修和机队技术管理等服务；为空客飞机提供短舱组装及维修服务；为空客A320飞机提供深度检测，为其他飞机提供深度大修服务；为飞机租赁提供服务等。

四、产品开发与技术进步

中国直升机设计研究所在直升机研究方面取得重大进展，AC311、AC312、AC313等系列直升机投入市场，AC322、AC352直升机研发进度加快；航天神舟飞行器有限公司生产的“彩虹”系列无人机技术性能处于国内领先水平，获得滨海新区授予的“国家重大科技创新平台”称号。

五、对外贸易与合作

2019年，主要推动空客天津项目继续扩大二期合作成果。二期合作内容是，在空客A320项目一期成功合作的基础上，实现月产6架生产速率，同时在天津建立A330宽体客机完成和交付中心，达到月产 2 架的稳定速率，未来进一步拓展至 A350 项目在津投产，争取实现 200 架 / 年的产能，占空客公司 20% 以上飞机组装实力。

在空客项目带动下，天津航空产业加速聚集。60 多家航空制造和维修项目落户，目前仍有 20 多个项目正在推动。西飞机翼、古德里奇发动机短舱、波音复合材料、索纳卡缝翼、PPG 航空涂料、罗克韦尔柯林斯模拟机、泰雷兹雷达、海德罗工装等不断扩充发展。

六、行业管理

一是进一步完善组织机构。2019 年初，依据《天津市机构改革方案》，天津市工业和信息化局新设立航空航天产业处，负责天津市航空航天产业行业管理，组织机构的设立，为天津市航空航天产业健康发展提供了组织保障。

二是进一步加强顶层设计。全面落实《天津市建设全国先进制造研发基地实施方案（2015—2020 年）》，出台《天津市航空航天产业发展三年行动方案（2018—2020 年）》，把航空航天产业作为重点领域予以培育。

三是进一步夯实基础管理。持续开展民用航空统计年报和民用航空工业年鉴编撰工作，进一步加强行业统计管理和经济运行监测。同时，加强招商引资工作，积极协调有关部门，加强项目建设和科研生产中土地、资金等协调保障，进一步优化营商环境，为企业发展提供优质服务。

河北省

一、本地区基本情况

河北省规模以上航空企业3家，分别是中航通飞华北飞机工业有限公司、航空工业保定向阳航空精密机械有限公司和惠阳航空螺旋桨有限责任公司。2019年，河北省航空企业坚持深化改革，创新工作机制，探索发展新模式；坚持强化管理，加强执行力度，提升质量效益；坚持开拓市场，打造新理念，保障企业发展。努力完成全年科研生产经营任务，全力实现通用航空产业持续发展的目标。

二、生产经营情况

2019年，航空产业主营业务收入9.76亿元，利润3508.9万元。其中，中航通飞华北飞机工业有限公司实现营业收入2.52亿元，利润1113万元；航空工业保定向阳航空精密机械有限公司销售收入1.39亿元，利润126.9万元；惠阳航空螺旋桨有限责任公司实现营业收入5.86亿元，利润2269万元。

三、主要产品

（一）民用飞机

全年生产交付各型飞机7架，其中运5B飞机生产销售5架，赛斯纳208B生产销售1架，“国王”C90销售1架；飞机大修及改装6架份。“小鹰”500飞机（综合航电系统）加装制冷空调系统项目完成适航验证试飞并获得适航批准；换装CD-155航煤发动机项目推进验证试飞；HO300飞机符合性试飞工作积极推进；运5B机型换装涡桨发动机项目全力推进；运5B无人机完成部分调整试飞；“小鹰”500无人机项目完成滑行；运5/运5B系列飞机加装防除冰系统项目，完成首架机改装、鉴定放飞等工作，并开展批改项目准备工作。

赛斯纳合资公司增加了“纬度”680A公务机的十四五能力建设并获得CAAC批准；取得了更高级别的赛斯纳208系列飞机和“国王”350系列飞机维修资质。石家庄机电公司开展了无人机操控手培训业务。

（二）配套设备研制

1. 航空产品。主要包括无人机起落架、飞机上位锁、应急舱门、航空救生装备零部件、航空仪表零部件等。

2. 柔性智能工艺装备。主要包括柔性生产线、液压夹具、气动夹具、组合夹具、电永磁夹具、真空夹具、精密组合平口钳、柔性夹具系统、零点定位系统、航空专用夹具等。

3. 数控机床维修及再制造。主要包括大型进口航空发动机专用拉床、大型进口多轴加工中心等高端数控机床的维修及再制造。

（三）重点技术攻关

1. 北京航空航天大学（北航）声学风洞风扇。北航声学风洞风扇是大飞机专项的试验装置，设计难度较大，要求高，该项目的实施对提升公司在风洞行业的影响有着积极的作用。

2. JL18A型气垫船螺旋桨。CH-22型气垫船用JL18A型气垫船螺旋桨，通过技术攻关，解决了海水盐雾腐蚀及在冲滩停靠过程中的砂粒冲击问题，提高了客用气垫船的可靠性。2019年与上海飞浪气垫船有限公司签订了8台CH-22型高速气垫船螺旋桨采购合同，合同额104万元，并完成交付。

3. 风洞叶片。完成FL-62风洞主压缩机碳纤维复材叶片备件技术协调及交付，该叶片进行了叶片的静强度、固有频率、低周疲劳试验的验证。

山西省

一、基本情况

2019 年，山西省从事民用航空工业的企业有 1 家，为太原航空仪表有限公司，隶属于中国航空工业集团有限公司，下设电子系统研究所、显示技术研究所、敏感元件研究所、传感器技术研究所、民机工程部、工程试验中心和理化计量中心以及 5 个航空产品配套生产厂。

二、生产经营情况

2019 年，太原航空仪表有限公司实现营业收入 69443 万元，同比增长 8%，实现利润总额 5161 万元。

三、主要产品

山西省民用航空工业主要产品为各类航空仪表，广泛用于各类轻型、运动型飞机，主要由太原航空仪表有限公司研发生产。主要产品包括：座舱飞行仪表、大气数据传感器、弹性敏感元件及管路补偿器、智能振动筒压力传感器系列、振动筒气压仪系列及热控领域系列产品等。

四、产品开发与技术进步

太原航空仪表有限公司在大气数据传感测量系统、综合显示系统、压力传感器与弹性元件等领域保持着领先地位，产品结构实现了从机械式向数字式、从多品种向专业化、从基础配套向综合系统方向转型升级。

1. 以航空优势技术为核心，将自主创新和市场开拓结合起来，瞄准民用航空产业高附加值的产品，积极开展目标产品的适航取证工作，以占领民用航空的高端配套市场，带动公司民用航空业务的发展，主动对接用户、市场需求，目前已完成适航取证的或正在适航取证的项目 45 项，成熟配套了 AC 系列直升机、“新舟”系列支线客机、AG 系列通用飞机等多型国产通用飞机 。

2. 在产品配套上，一方面依托事业部联合研制具有自主知识产权的通航低成本航空电子系统；另一方面以“新舟”60 为平台打造人工影响天气全新作业模式，实现在气象探测领域全国领先。

3. 在通航领域，大力拓展外贸仪表业务，依托通用航空精益单元，持续提高现有膜盒仪表产能，引进低平地表系列产品，完善通航机械备份仪表产品谱系；立足自身产品全体系技术优势，开展低成本航电系统研发，加大对备份飞行系统、辅助显示系统的研发投入，探索尝试互联网技术在通用航空领域的应用模式，以“互联网＋通用航空航电系统”及航材商城模式，构建通用航空领域新的应用场景，尝试以供给侧模式拉动通用航空产业新的经济增长点。

4. 在民用航空其他方面，热控领域，重点拓展热能控制器市场，开展分布式热控系统研究和系统化配套工作；传感器领域，持续推进硅微压力传感器技术成熟度、产业化、工程化应用；环境探测领域，拓展气象及工业控制领域市场，重点目标是推进人影飞机综合大气参数采集处理系统产业化、固态测风仪应用拓展；民用敏感元件领域，深入推进非金属材料补偿器类产品研发，积极寻求成熟产品市场配套。

五、重大设施建设

2019 年，太原航空仪表有限公司全年完成技改总投资 7600 万元，其中，研保项目竣工验收，批产项目批复设备投入运行，201 项目、203 项目完成主体结构建设，平台项目按节点正常推进，年度预算执行率 100%。新采购设备 476 台（套），完成设备大修项目 20 项。

内蒙古自治区

一、基本情况

航空工业是战略性高技术产业，发展民用航空工业，对本地区的工业基础、人才培训、技术支撑、发展环境等都有很高的要求，内蒙古的航空工业发展基础基本属于空白，目前刚刚起步，只能开展一些基础建设。现只有部分盟市正在开展小型飞机以及无人机项目建设，大多属于组装项目，产品技术含量不高，具有自主知识产权的产品不多，投产达产项目较少。据统计，全区有三户投入试生产的企业，主要生产轻型飞机和无人机；另外还有 3 个拟建项目，主要生产小型飞机和临近空间飞行器（飞艇）。

二、生产经营情况

2019 年内蒙古自治区民用航空工业企业均没有形成销售。

三、主要产品

主要生产轻型飞机、无人机和临近空间飞行器（飞艇）。

四、重大基础设施建设

包头众翔通用航空有限公司飞机制造及飞行员培训中心项目。一期建成可容纳 3000 名飞行员培训中心；二期建成年产 150 架水陆两用飞机，总投资 64096 万元。

中科大型飞行机器人项目。年产垂直升降机器人 100 台、手抛式燃料电池飞行机器人 500 台、小型长舰时飞行机器人 300 台。

阿拉善空天飞行器科技有限公司“临近空间飞行器基地”建设项目。建设平流层飞艇相关各类部件和其他关联产品。

内蒙古宇通博辉航空航天科技发展有限公司无人机项目。该公司于 2014 年 4 月注册成立，位于包头市青山区装备制造产业园区北大科技园，占地面积 1830 米^2，主要经营范围有无人机生产（民用）、技术开发、无人机系统、通用设备、电子产品销售等，设有办公区区域和科研基地及生产车间，开设无人机操控手培训中心、智能培训教室以及专业飞行实践场地。

五、行业管理

内蒙古自治区积极推动本地区航空工业的发展，将加强同民用航空工业发达地区的合作，引进高技术人才，以包头宇通博辉、中科大型飞行机器人、鄂尔多斯海明堡小型直升机、阿拉善飞艇项目建设为核心，力争在通用航空制造领域实现突破。

辽宁省

一、本地区基本情况

2019年底，辽宁省共有各类从事航空器及零部件生产、设计开发的企事业单位近百家，其中，规模以上民用航空工业企业23家；行业企业现有国家级企业技术中心3个、省级企业技术中心12个、国家级重点实验室2个、省级重点实验室9个、省级工程技术研究中心12个，全省形成了沈阳、大连、营口、盘锦、朝阳等重点地区的航空产业基地，其中沈阳民用航空产业国家高技术产业基地获国家发改委批准建设。

沈阳市航空产业园，分布在浑南区、沈北新区和法库县三个重点区域。浑南区：围绕龙头企业沈飞民机公司，培育一批民用航空零部件配套供应商，目前园区一期签约企业近30户。沈北新区：推进沈北航空零部件产业园建设，依托沈飞公司承接国家工业和信息化部04专项领域最大的示范基地项目，该项目将建成国内最大的航空结构件智能化综合应用示范中心。法库县：推进法库通航产业基地完成标准化机库等综合配套设施建设，完成17.8千米环财湖公路等综合路网、管网等设施配套建设。目前，已入驻通用航空类企业40余户。

大连航空产业区：在登沙河产业区建设的“大连航空产业区”将作为大连市发展通用航空核心区和重要产业基地，规划以航空工业为基础，以航空服务业为主导，以滨海航空小镇为依托的航空之城。重点发展航空器研发与设计、零部件生产制造、组装与维修、航空物流与保税、航空商务与运营为核心内容的航空产业集群。

营口航空产业园：位于鲅鱼圈鹊鸣湖科技产业园，规划面积6千米^2。园区项目有旋飞无人机项目、无人机试飞基地及无人机驾驶员培训基地项目，以及航空工业集团沈阳飞机设计研究所主导的无人机项目和增材制造（3D打印）项目等。

盘锦无人机产业园：在盘锦辽东湾新区无人机园区，依托辽宁猎鹰、辽宁昊一、盘锦丰瑞等无人机企业，重点发展农林牧渔作业、工业应用、运动娱乐无人机，重点发展轻型飞行器整机组装及发动机、机载设备、机电产品等航材生产。

朝阳通航产业园：重点发展飞行员、机务人员等人才培训，发展成在国内领先的飞行培训主基地，发展航空物流、旅游度假、商务和通勤运营等。

二、生产经营情况

2019年，全省规模以上民用航空工业实现营业收入51.8亿元，同比增长17.8%；完成出口交货值3.95亿美元，同比增长25.8%。其中沈飞民机实现主营收入16.4亿元，沈飞国际7.93亿元，沈阳黎明航空发动机6.1亿元。

三、主要产品

（一）民用干支线飞机大部件

辽宁骨干民用飞机制造企业与波音、空客、庞巴迪、中国商飞公司等知名航空制造企业均建立了稳定的合作关系，现有主要产品包括A320、波音737、波音787、Q400、ARJ21、C919等世界主要大中型飞机的机体结构部件，C919大型客机FTB吊挂试验件，空客A220系列飞机前机身、中机身、后机身尾锥和舱门，ARJ21-700飞机吊挂、尾段、电源中心、全机身电缆，波音787-9飞机垂尾前缘、单（多）金属膜盘联轴器、飞机座舱电子综合显示仪表、飞机传感器等。其中沈飞民机现已形成A220机身段实现年产120～160架的能力，波音737飞机48段大部件实现年产120架份；ARJ21飞机尾段、发动机吊挂等部件实现年产

30 架份；C919 飞机后机身、垂尾等实现年产 7 架份。

（二）航空发动机

航空发动机及关键零部件研发制造和国际转包生产，微、轻、重型等多个燃气轮机成套设备的研制、批量生产等，主要产品有机匣组件、轴类零件、环形件、槽形件、钣金件整流罩、静子壳体等。

（三）航改燃气轮机

主要产品包括 QD70、QD185、QD280 和 R0110 等“三轻一重”燃气轮机。其中，QD185 燃机性能指标达到了国际先进水平。该型燃机是在性能先进、技术成熟的航空涡扇发动机基础上，派生发展的三轴 18MW 级中档功率轻型燃机，并重新设计了高效率、大裕度的压气机和高性能的动力涡轮，具有完全自主知识产权，设备整体性能优异。输出功率 18.5 兆瓦，热效率 38%，全寿命周期 10 万小时，无大修运行时间 2.5 万小时，性能指标位于世界同档功率燃机先进水平之列。

（四）通用航空飞机

固定翼新能源通用飞机主要产品为锐翔系列飞机。其中锐翔双座电动飞机（RX1E）是国内自主研发首款电动飞机，锐翔双座及增程型飞机（RX1E-A）均获得生产许可证（PC），锐翔四座电动飞机 RX4E 获得型号许可证（TC）。固定翼通用飞机产品主要有泰克南 P2006、泰克南 P2010 两款产品。该型号飞机为四座飞机，主要可作为飞行培训中的初教机，同时也可用于短途运输、空中游览、自驾游玩等。

（五）无人机

主要产品：在油动旋翼无人机方面，知名产品有辽宁壮龙生产的“大壮”系列无人机，“大壮”系列无人机是油动直驱多旋翼无人机，主要用于农林植保。在电动旋翼无人机方面，知名产品有沈阳无距研制的“辽”系列矢量多旋翼无人机，“辽”系列矢量多旋翼无人机利用倾转技术，凭借 X 形独立旋转旋翼结构，可任意改变飞行模态并保持精准悬停，可应用于全向巡检、警用追踪、现场取证等场景。

（六）航空机载设备

凌海金城航空器材有限公司和锦州华兴航空器材有限公司是从事民航客机内饰件生产企业，两家公司均获得中国民用航空局颁发的零部件制造人批准书、技术标准规定项目批准书、重要改装设计批准书、国内主要航空公司供应商认可证书、ISO9001 质量体系认证，可提供航空复合材料、航空紧固件和配线材料、航空数字化制孔压铆系统、柔性装配系统、AGV 智能输送系统和飞机数字化装配生产线、液压控制系统、飞机语音告警系统航空地面保障设备、模具，以及机场管理、飞机销售、通航维修、航材引进、航校培训、融资租赁、航空俱乐部、通航运营等产品与服务。

（七）航空维修服务

中国南方航空股份有限公司沈阳维修基地，主要承担民航客机维修安全保障任务，基地先后取得 MD90、A300 和 A320 系列飞机的全级别检修能力以及整机喷漆能力，获得了美国联邦航空局（FAA）机体维修资质，民用航空器改装设计委任单位代表（DMDOR）授权资质，为民航东北地区首家进口航空器授权单位。

四、产品开发与技术进步

在干支线客机大型结构件领域，2019 年 4 月，中国商飞上飞院在沈阳合作成立中国商飞上飞院（沈阳）机体设计中心（简称沈阳机体设计中心），围绕民机大部件机体结构设计、验证、制造、交付、适航、客户支持等任务，承担中国商飞各型飞机机体设计业务，并参与新一代宽体飞机 CR929 的概念设计、初步设计和详细设计以及各型号飞机后续的改型和优化设计工作。

在燃气轮机领域，沈阳市先后研制了具有自主知识产权的 QD70、QD128、QD185、R0110 等燃机，在国内率先形成了自主知识产权燃机系列化发展。其中，QD70 和 QD185 热效率接近世界先进水平，QD128 已经在国内外实现销售。R0110 重型燃机部分技术参数达到了国际水平。

在通航领域，2019 年 10 月 28 日上午，由辽宁通用航空研究院自主研制的新能源电动飞机——锐翔 RX4E 四座电动飞机在辽宁沈阳财湖机场成功首飞。飞机采用上单翼、低平尾、前置螺旋桨、前三点式不可收放起落架的布局形式，翼展 13.5 米，机长 8.4 米，最大起飞重量 1200 千克，巡航速度 200 千米/时，续航时间 1.5 小时，后续随电池储能技术的发展航时航程可进一步提升。锐翔电动 RX4E 四座飞机的成功首飞，进一步巩固了我国轻型电动飞机领域的全球领先地位。

五、对外贸易与合作

1. 推动沈阳沈飞国际商用飞机有限公司完成了与空客公司的商务洽谈，A220 项目中央翼盒工作包转回工作已正式启动。

2. 推动辽宁“壮龙”与“一带一路”国家沙特的企业合作，出口“大壮”系列六旋翼油动无人机到沙特开展农业植保飞行。目前已完成出口沙特 30 架“大壮”系列六旋翼油动无人机，合同额约 1400 余万元人民币。

六、重大基础设施建设

1. 推动沈阳航空产业园（浑南园区）建设。园区一期总投资额 3.56 亿元，占地面积 8.27 万米^2，建筑面积 9.18 万米^2。截至 2019 年末引进了中国民航沈阳航空适航审定中心、昆明飞安航空训练有限公司、上海上飞飞机装备制造有限公司、沈阳嘉泰航空机电有限公司、沈阳富创精密设备有限公司、沈阳航美达人力资源服务有限公司等企业入驻。

2. 航空工业空气动力研究院实施的项目位于沈北新区沈北新城 203 国道东侧，占地 594 亩[①]，总建筑面积 20 万米^2，主要建设跨声速风洞、低温高速连续式风洞、航空气动力试验技术研究中心、科研协作服务中心、航空产业发展中心等。项目计划总投资 30 亿元，建设周期 2015—2021 年。

3. 沈阳沈飞国际商用飞机有限公司实施的 A220 系列飞机机身工作包装配生产能力建设项目。占地面积约 7.46 万米^2，主要建设厂房及配套设施，新增工艺设备 353 台（套），进行 A220 系列飞机机身工作包装配生产线建设。项目计划总投资 25.8 亿元，建设周期 2015—2022 年。

4. 沈阳航空制造有限公司实施的航空 04 专项智能制造示范基地项目。项目位于虎石台，主要建设承接国家 04 专项的智能制造示范工厂，总部研发楼宇及相关配套设施。项目计划总投资 5.5 亿元，建设周期 2018—2020 年。

七、行业管理

一是省政府出台《辽宁省建设重大技术装备战略基地工程框架实施方案》（辽政办发〔2019〕1 号）等政策文件，将通用航空工业作为重点发展领域，建成相对完善的产业推进、市场开发、生产运营、服务网络，形成产业链协调发展的产业格局。

二是联合辽宁省航空产业联盟开展工作。2019 年 6 月 15 日，辽宁省航空产业联盟理事长会议在营口举行，聚焦航空产业和联盟发展，围绕产业链完善上下功夫，着力打造开放共享、创新活跃、平等互惠的航空产业发展优质生态环境。

三是根据沈飞民机公司《关于支持沈飞民机与中国商飞深化合作的报告》，向省政府呈报专项请示，提出相关工作建议。10 月 22 日，组织召开辽宁通航研究院承研的电动四座飞机首飞评审会。10 月 28 日，锐翔四座电动飞机成功首飞。10 月 25 日，沈飞民机公司波音 787 垂尾前缘第 1000 架份成功交付。

四是推进燃气轮机产业发展。4 月 12 日，中国航发集团公司和沈阳市政府正式签署合作协议，双方共同出资组建的中航发燃气轮机公司正式落户沈阳，4 月 25 日完成工商注册。9 月 9 日，在国家能源局第一批燃气轮机创新发展示范项目中，公司 5 项示范项目全部审批通过。

五是加强人才建设。通过全省工信系统、航空产业联盟、行业骨干企事业单位等渠道广泛征集民用航空及燃气轮机领域行业专家，经遴选审核，形成了 26 个成员的民用航空专家库，10 个成员的“两机”领域专家库，同时，将上述专家推荐为工业和信息化部的行业专家。

① 1 亩 =66.667 米^2。

吉林省

一、本地区基本情况

吉林省民用航空工业目前正处于起步阶段。截至2019年，全省民用航空企业共有10余家，规模以上企业1家，从事航空工业人员约300余人，其中高级工程师36人，工程师50人，助理工程师59人，技术员130人，专业技术人员占员工总数的比例达73.3%。吉林省国遥博诚科技股份有限公司、吉林威和航空科技有限公司、吉林省山河艮盛科技有限公司、长光卫星技术有限公司、吉林省大阳科技发展有限责任公司等企业，主要从事无人机设计生产及基于无人机的远距离宽带数据传输服务。长春奥普光电技术有限公司、长春泰豪电子装备有限公司、长春希迈科技股份有限公司、长春天骄翔宇科技有限公司、吉林省福航航空学院、吉林航空工程职业技术学院等企事业单位主要从事航空服务及航空配套设备生产。

二、生产经营情况

2019年，吉林省民用航空工业企业实现产值1.2亿元，同比下降7.7%，主营业务收入为1.0亿元，同比下降10%，净利润为2000万元，同比下降4.8%。

三、主要产品

（一）无人机产品

以整机制造、飞控系统研发、零部件生产等为主，产品涵盖多旋翼无人机、共轴反桨无人直升机、固定翼无人机、固定翼结合多旋翼的复合翼无人机，载重量从几十千克至几百千克不等，主要用于农业、林业、国土、规划、应急、安防、电力、能源、广播电视等领域，已初步形成了涵盖基础研究、研发制造、行业应用、产品销售和检测试飞的无人机全产业链条。主要新产品有：

1. 共轴反桨无人直升机。无人机任务载荷100千克，巡航速度100千米/时，作业半径80千米（视距），续航时间2小时，旋翼直径4米；飞机采用共轴反桨结构设计，升重比高，飞行稳定性好，适合地形复杂区域精确飞行作业；针对物探作业特点进行优化设计，满足低磁低静电要求，是一款物探专用重载荷智能化无人直升机，同时适用于遥感测绘、农业植保、公安消防等领域。

2. CG200固定翼无人机。采用全碳纤维复合材料轻质高强度机体制造，气动和隐身特性良好，可挂载光电载荷执行区域侦察、持久监视、应急监测等任务。载荷30千克，实用升限4500米，控制半径30～100千米，续航时间5小时，抗风等级为起降6级、空中8级，起降方式自主滑跑、应急伞降。

3. YM-“青龙”固定翼无人机。采用“玻璃钢+碳纤维+轻木”复合材料机体，装配先进大容量锂电池与外转子无刷电机，满足不同用户需求。流线型设计，提升无人机气动稳定性。机上可以选装搭载实时光电监测设备、相机等各类任务载荷，作为遥感测绘、远程侦察、监视监测、管线巡察、航拍观测等各类任务的空中平台。续航时间长达4小时，续航里程大于200千米，巡航速度100千米/时，最高可达115千米/时。

（二）其他民用航空产品及服务

1. 民用航空配套设备。长春奥普光电研制的机场跑道异物监测系统、前庭功能检测仪、特殊视觉功能检查仪等航空地面装备填补国内空白。长春泰豪电子生产的测高雷达设备、长春希迈科技生产的气象仪器设备、长春天骄翔宇科技生产的航空模拟设备等均达到国内领先水平，是飞行培训和机场建设必配装备。主要新产品有：

（1）轻小型光电吊舱。光电吊舱能够补偿

飞机、车辆等载体运动，实现主动防抖成像并可持续跟踪指定目标。模块化伺服控制系统集成了矢量驱动和鲁棒控制算法，实现光电稳定、跟踪等必备功能。其使用无须进行底层代码编程，仅用鼠标点选即可完成伺服系统调试，大幅缩减光电吊舱研发周期。采用本系统实现的光电吊舱结构紧凑、成本低廉、可靠性高。

（2）三轴稳定平台。三轴稳定平台为航空遥感提供了优异的垂直摄影能力，并可通过真实航迹和期望航迹的设置进行偏流补偿，改善图像的旋角偏差。多传感器融合、先进的伺服控制算法及宽稳定范围可适应各种苛刻的飞行条件，优异的电路设计和结构设计保证了系统的高可靠性。

（3）成像跟踪系统。成像跟踪系统具有自动姿态补偿、自动调焦、自动调光、目标自动跟踪等功能。系统装载在地面车辆、船舶、石油平台及轻小型固定翼或多旋翼无人机上，专门的载荷保护设计可以适应弹射式无人机的起飞和降落冲击。主要应用于目标侦察、取证、电力巡线、森林防火等领域，根据不同需求配置不同载荷，可为用户提供定制服务。

（4）AMS-3000 大视场立体航摄系统。AMS-3000 是一种三线阵航空测绘相机，自动化程度高，使用时搭载在飞机上对地面拍摄，可获得高精度三维立体测绘图像，有效解决了我国航空三线阵立体航测相机依赖进口的问题。

（5）轻型大面阵航摄系统。RS-100C/M、RS-100CP/M 轻型大面阵航摄系统可为用户提供高质量的航拍图像，1 亿像素规模、超大的横向视场角大幅提高了作业效率，有效降低了飞行成本，高集成度的结构设计解决了轻小型无人机平台载荷体积和重量受限的问题，完善的温控和减震系统保证了相机在低温、振动、冲击等恶劣的机载环境下稳定工作，集成了高精度 POS 系统，可在稀少控制点或无控制点下大比例尺测图，搭载 RS-M150、PRS-M150P 三轴稳定平台为用户提供完整的轻小型大面阵航摄系统解决方案，为国家基础测绘、应急减灾、灾害监测、安保等方面的应用环境提供了完整的解决方案。

（6）MS600 系列多光谱相机。MS600 系列是我国首台量产商用 6 通道多光谱相机，各通道均采用 1.2Mp 高动态范围全域快门 CMOS 探测器，360 ~ 940 纳米范围内共 17 波段可供选择，拥有多种波段配置方案，可根据用户需求进行深度定制，产品整体指标国际先进、国内领先，可应用于精准农业、农林灾害、河道监测和罂粟筛查等方面。

（7）多光谱相机。多光谱相机采用线阵推扫方式成像，与 RGB 全色影像相比，具有更加丰富的光谱信息，又同时保证了地物的几何分辨率。相机的光谱谱段共有 8 个，谱段范围在 400 ~ 1000 纳米之间，可以根据不同的业务场景和用户需求进行设置，并应用在农作物估产、森林覆盖率检测、工业机器视觉、生物医学等多重领域。

（8）中波红外镜头。中波红外连续变焦镜头因其焦距能够连续变化，既能大范围进行目标监视和搜索，又能放大目标仔细观察，在变焦过程中不会丢失目标信息的特点，越来越受到人们的关注。中波红外连续变焦距镜头具有体积小、变焦倍数大、探测距离长、成像质量优异等特点，以及具有很强的对红外目标的搜索和识别能力，在道路监控、森林防火和机场监察等领域具有广泛的适用性。

2. 民用航空服务。吉林大学移动平台探测技术是一项将多学科探测手段和技术融为一体的高科技工程技术，发展适用于陆地车载、航空机载、飞艇搭载、水面船载和潜航综合地球物理探测的搭载平台，稳定平台和相关探测仪器系统；发展针对各类探测数据和移动平台参数特点以及计算机软件环境的高效率和高分辨率多参数类处理解释方法和快速计算软件处理技术。吉林省福航航空学院具有飞行培训资质，拥有 8 架 DA40 飞机，年培训 60 名学员。国遥博诚、天天飞和山河艮盛具有国家飞手培训资质。长春工程技术学院设立了无人机飞手培训基地，年培训飞手 300 余人。吉林航空工程职业技术学院位于二台子机场东端，是培养航空工程各类地勤专业人员及工程技术人员的专业院校，教学内容涵盖航空修理所有专业。珲春国遥、威和航空等企业开展航空测绘、电力巡检、城市规划、国情普查、土地确权、农林植保、公安、武警应急、海事边防等通航业务。吉林大学重载荷智能化物探专用无人直升机可实施航磁、航空电磁、航重、航放等探测任务。榆树通用机场拥有4架罗宾逊R22直升机，主要提供旅游观光、应急救援等通航服务。

四、产品开发与技术进步

国遥博诚公司的无人机团队自主研制汽油发电系统大载荷长航时无人机，重点研发能够搭载在传统电驱动多旋翼无人机平台上的水冷汽油发电机。针对水冷发电机所应用的不同领域和区域，开发出了一套能维持其发电机正常运转的电子控制系统；为减轻机身自身重量，设计开发了一款具备发动机起动与发电的一体系统。针对水冷汽油发电式电动多旋翼无人机开发了一款可与发电机电子控制系统所匹配的飞行控制系统，专项解决了震动问题和动力输出问题。该项目本身不仅具有重大的经济效益，而且研制的水冷汽油机发电式电动多旋翼无人机广泛应用于应急减灾勘察、城市规划测量以及农业飞防、林业监测飞防、交通信息采集、公安系统巡查等行业，对吉林省乃至国家相关产业发展均有重大推动作用，同时产生巨大的社会和生态效益。此项目预计在2021年6月完工。

五、重大基础设施建设

吉林市国家通用航空产业园作为国家通航产业示范区的核心区，毗邻经开北区、高新北区，园区按照利于发展、功能齐备、规划完整、政策共享的原则，以二台子机场为核心进行规划，规划用地面积53.35千米^2，空间上包括昌邑区孤店子镇、土城子乡、桦皮厂镇，经开区双吉街道、九站街道部分用地。规划有机场运营、航空维修制造、航空物流、通航运营等七大功能板块。二台子机场在前期总规批复、可研评审及土地预审、规划选址已办结的基础上，正推进办理相关方面支持意见；7个通用机场已全部列入省通用机场布局规划，其中，蛟河通用机场现已完成机场选址报告、飞行分析报告，相关材料正式报送相关部门进行初审，其余4个机场均已启动选址工作。航空产业园区相关的双吉北路、双吉南路、昆仑北街等干路项目正在编制可研报告，经开大街北段工程已开工建设。

六、行业管理主要工作

1. 为加快吉林省通用航空产业发展，推动全省经济高质量发展，2019年1月1日，吉林省政府印发了《支持通用航空产业发展的若干政策》（吉政办发〔2019〕1号）。

2. 为加快推进通用航空产业发展，结合落实国家关于通用航空产业发展的各项规划任务，吉林省发展和改革委员会印发了《吉林省通用航空产业发展规划》（吉发改航空〔2019〕59号），规划期限为2018—2030年，作为指导吉林省中长期通航产业发展的纲领性文件和行动指南，推进全省通航产业跨越式发展。

黑龙江省

一、本地区基本情况

黑龙江省民用航空工业起源于“一五”时期，经过多年发展，现已发展成为我国直升机、通用飞机、航空发动机、传动系统重要的研发和生产基地。形成了以航空工业哈尔滨飞机工业集团有限责任公司、中国航发哈尔滨东安发动机有限公司、航空工业哈尔滨通用飞机工业有限责任公司为龙头企业，以哈飞空客复合材料制造中心有限公司、东北轻合金有限责任公司、航天海鹰（哈尔滨）钛业有限公司等为配套企业，以中国航空工业空气动力研究院、哈尔滨工业大学等为科研及技术支持单位，以哈南航空产业园为载体的民用航空工业产业格局。

截至 2019 年年底，黑龙江省民用航空工业规模以上企业共 7 家。全省从事航空关联产业人员约 2 万人。

二、生产经营情况

2019 年，全省民用航空工业实现主营业务收入 23.0 亿元，工业总产值 24.2 亿元。哈尔滨飞机工业集团有限责任公司和中国航发哈尔滨东安发动机有限公司不在统计范围内。

三、主要产品

（一）整机

形成了以“AC312 系列、AC352”民用直升机和“运 12E、运 12F”固定翼飞机为代表的产品体系，构建起了“一机多型、系列发展”的产品格局。

（二）核心部件

主要生产发动机、主减速器、传动系统等直升机零部件。

（三）其他民用航空产品

空客 A350XWB、A320 系列复合材料飞机零部件、航空轴承等。

四、产品开发与技术进步

哈尔滨飞机工业集团有限责任公司 AC312E 于 2019 年 12 月 31 日成功取得中国民用航空局（CAAC）型号合格证，其高温、高原适应性更强，更适合高原地区的特性，将为加快通航产业建设、发展高原地区通航运营提供强力支撑，也将为西部地区打造成为内陆开放高地和核心区交通枢纽注入“航空动力”。

中国航发哈尔滨东安发动机有限公司与法国透博梅卡公司联合研制的涡轴 -16 发动机于 2019 年 10 月 9 日正式获得中国民用航空局型号合格证。该发动机满足了日益增长的 6 ~ 8 吨级直升机市场需求，具有高端技术，模块化设计和双通道 FADEC 使这款发动机具有高可靠性、低油耗等优点。

在涡轴 -16 发动机取证基础上，哈尔滨飞机工业集团有限责任公司 AC352 全面进入条款验证试飞阶段。

五、对外贸易与合作

第五届中国天津国际直升机博览会期间，积极组织企业参与中国直升机发展论坛。企业与空客直升机、俄罗斯直升机、法国泰雷兹等国际知名企业以及浙江省、珠海市、景德镇市等地方政府沟通洽谈，取得了丰硕的交流成果。

六、重大基础设施建设

哈尔滨鑫华航空工业有限公司航空零件加工及装试配套项目于 2019 年开工，占地面积 6 万米^2，建筑面积 6.5 万米^2，年产航空零部件锁片 5.5 万件，总投资 2.5 亿元，预计 2022 年完工。

七、行业管理

2019年，黑龙江省工业和信息化厅深入贯彻落实省委、省政府“工业强省”建设和“百千万”工程的部署，制订了《黑龙江省交通运输装备产业发展规划（2019—2025年）》，通过推动航空装备产业发展，发挥龙头企业作用，发展配套企业，增强科研实力，增强国际合作，将黑龙江省打造成为国家重要的航空装备制造产业基地。

上海市

一、本地区基本情况

2019 年底，上海市民用航空工业企事业单位共有 40 余家，其中规模以上企业 25 家，规模以上工业企业 19 家。拥有中国航空研究院上海分院、民用飞机模拟飞行国家重点实验室、国家商用飞机制造工程技术研究中心、民用航空先进检测技术实验室、商用航空发动机联合创新中心、国防科技重点实验室（航空电子）和航空科技重点实验室（故障诊断与健康管理技术）等一批科研平台。主要企事业单位有：中国商用飞机有限责任公司（简称中国商飞公司）及其所属中航商用飞机有限公司、上海飞机设计研究院、上海飞机制造有限公司、上海飞机客户服务有限公司、上海航空工业（集团）有限公司；中国航空发动机集团所属中航商用航空发动机有限责任公司（简称中国航发商发）、中航通用电气民用航电系统有限责任公司（简称昂际航电公司）、中国航空无线电电子研究所、上海航空测控技术研究所、上海航空电器有限公司；上海西科斯基飞机公司；零部件配套企业：包括上海新华东光电技术研究所、氰特表面技术（上海）有限公司、蒂森克虏伯航空材料（上海）有限公司、上海上飞飞机装备制造有限公司；维修保障企业：包括东方航空技术有限公司、上海波音航空改装维修工程有限公司、上海普惠飞机发动机维修有限公司、上海科技宇航有限公司、上海东联航空机轮刹车大修工程有限公司、上海柯林斯航空维修服务有限公司、上海凯迪克航空工程技术有限公司、上海航新航宇机械技术有限公司、上海威克特航空地面设备有限公司、上海才才航空设备有限公司等；航空租赁企业：中航国际租赁有限公司等。

上海是国家首批“国家新型工业化产业示范基地（航空产业 · 上海市）”，重点布局为：干支线飞机设计研发布局在浦东张江，飞机装配、大部件制造与试验试飞等布局在浦东祝桥东部，客户服务布局在闵行紫竹；商用航空发动机设计研发、客户服务布局在闵行紫竹，装配试车、单元体制造与试验验证布局在浦东临港；航空电子系统设计研发、集成验证、客户服务布局在闵行紫竹；航空机电设备研发制造与试验验证布局在浦东临港及相关产业园区；航空维修、飞机改装等以浦东、虹桥国际机场周边和青浦出口加工区等地域为主；航材物流以航空港、保税区等为主；航空营销和运营总部、融资租赁企业等以市及各区县专业化产业集聚区为主。

二、生产经营情况

上海地区民用航空产业 2019 年实现销售收入 244.41 亿元，同比增长 11.7%；工业企业完成工业总产值 256 亿元，同比增长 8.54%。

三、主要产品

（一）民用飞机

中国商飞公司：ARJ21-700 新支线飞机、C919 大型客机。

上海西科斯基飞机公司：S-300C、S-333 等直升机。

（二）航空设备及系统

中国航发商发：CJ-1000A 大涵道比商用航空发动机。

昂际航电公司：C919 大型客机航电核心处理系统、综合显示系统、记载维护和飞行记录系统等。

中国航空无线电电子研究所：C919 大型客机显示系统及核心处理系统，AG600 飞机主航行系统、电子飞行仪表系统、空中交通防撞系统和飞行管理系统，运 12F 特种飞机 T1 级航电系统等。

上海航空测控技术研究所：C919 大型客机客舱信息系统和客舱管理接口子系统等。

上海航空电器有限公司：C919 控制面板及调光控制系统和集成断路器板，“新舟”700 控制面板及调光控制系统和二级配电等。

（三）其他民用航空产品

商用飞机机载液晶显示屏，碳纤维环氧树脂合成材料，航空电线、电缆，合金材料，飞机装配工装、型架和模具，各类紧固件、标准件等。

四、产品开发与技术进步

中国商飞公司：ARJ21-700 已累计交付飞机 25 架，2019 年 8 月 30 日，中国商飞与中国三大航空公司签署 105 架飞机购买合同。目前累计客户 22 家，订单 596 架。C919 继 2017 年 5 月 5 日首飞以来，已完成 6 架机总装下线，并开始试验试飞工作，目前已获得国内外 28 家客户的 815 架订单。CR929 已确定总体技术方案，转入初步设计和供应商选择阶段，展示样机参加了珠海航展和莫斯科航展。

昂际航电公司：C919 大型客机航电核心处理系统、综合显示系统、记载维护和飞行记录系统顺利交付安装。

中国航空无线电电子研究所：C919 大型客机显示系统及核心处理系统 A664 网络交换机顺利交付安装；完成 AG600 飞机主航行系统 9 个分系统的集成验证，AG600 飞机电子飞行仪表系统、空中交通防撞系统和飞行管理系统顺利交付安装；完成运 12F 特种飞机 T1 级航电系统二阶段联试工作。

上海航空测控技术研究所：C919 大型客机客舱信息系统顺利交付安装；C919 大型客机客舱管理接口子系统完成 2 套客舱接口单元 CIU 地面试验件的交付，完成 66 套乘客服务单元 PSCU 地面系统集成试验件的交付。

上海航空电器有限公司：C919 控制面板及调光控制系统和集成断路器板顺利交付安装；“新舟”700 控制面板及调光控制系统正在进行第三轮原理样机详细设计；“新舟”700 二级配电通过初步设计评审，正在进行原理样机设计优化。

五、重大基础设施建设

（一）中国商飞公司

在各方面的有力支持和推动下，中国商飞公司在沪的“一个总部和五大中心”建设顺利推进。

中国商飞总部基地完成建设并投入使用。

设计研发中心：规划用地约 1200 亩，先期规划建筑面积约 20 万米^2，现已建成并投入使用。

总装制造中心：规划用地约 4000 亩，总建筑面积近 120 万米^2，一期建设规模 36 万米^2，现已建成并投入使用。

客户服务中心：规划用地近 190 多亩，总建筑面积 10 多万米^2，现已建成并投入使用。

民用飞机试飞中心：规划用地约 168 亩，总建筑面积近 10 万米^2，一期 7 万米^{2}已建设完成，即将投入使用。

基础能力中心：规划用地 57 亩，总建筑面积 1.6 万米^2，现已建成并投入使用。

（二）中国航发商发

研发基地位于闵行紫竹科学园区，占地 450 亩。总部及研发中心大楼、人才公寓等一期建设已完成并投入使用。

装试基地位于临港重装备产业区，占地 1236 亩。一期建设已完成并投入使用，二期建设正在实施中。

（三）民机航电产业园

中航民用航空电子产业园占地 186 亩，一期工程建设已完成并投入使用。

（四）浦东机场试飞跑道建设

按照中国商飞公司型号研制节点目标，浦东机场第四跑道、第五跑道已全面建成。

六、行业管理

大力支持干支线飞机和商用航空发动机等的研制与产业化发展，促进上海民用航空产业的做大做强，逐步将上海建设成国家民用航空产业的重要基地。

一是继续推进落实《上海市民用航空产业“十三五”发展规划（2016—2020 年）》。

二是积极开展《上海航空产业配套规划研究（二期）》课题研究，深入探索上海发展民用航空产业的路径和方法，提出具有上海特色的政策措施和相关建议。

三是加强央地合作，上海市与中国航空工业集团签署战略合作框架协议，共同推动上海民机机载产业链和产业集群建设。

四是推进航空平台载体建设。以“一谷一园”（即大飞机创新谷和临港新片区大飞机航空产业园）建设为重要平台及载体，发挥临港新片区、特殊综合保税区的政策优势，构建“世界级的航空产业集群、全球影响力的大飞机科创中心、全球竞争力的航空枢纽服务平台、国际知名的航空智慧新城”。

五是推进机载系统、无人机和通航产业发展。推进民机机载系统总部和机载系统民机工程中心、航空模拟装备公司、机载软件工程中心建设。打造民用机载产业高地。无人机领域以全产业链发展为目标，以中大型无人机作为发展重点，同时兼容融合“微、轻、小”无人机产业和应用发展。通航领域，聚焦长三角核心示范区——青浦为核心，以“立足上海，延伸长三角”为战略布局，加强顶层设计。结合上海已有的产业基础和优势，打造通用航空产业综合示范区。

江苏省

一、本地区基本情况

2019年，江苏民用航空工业规模以上企业41家，涉及动力系统制造、机体制造、机载设备制造、航空地面设施制造等航空产业领域。南京、镇江、无锡、常州、苏州等地形成了产业集聚态势，涌现出南京江宁的空港产业园、江苏省航空动力高技术特色产业基地、昆山航空产业园、镇江新区航空航天产业园、丹阳航空航天产业园、京口航空航天产业园、无锡航空动力科技产业园、常州航空产业园等一批航空基地（园区），成为航空装备产业自主创新的重要载体。

江苏境内航空院校和科研院所数量众多，拥有南京航空航天大学、东南大学、南京理工大学等航空航天相关院校和中国雷华电子技术研究所、航空动力控制系统研究所、中国电子科技集团公司第十四研究所、中国电子科技集团公司第二十八研究所、中国电了科技集团公司第五十五研究所、南航大无人机研究院等一批知名航空航天领域的研究机构，拥有以航空宇航科学与技术为核心的国家重点学科群，每年培养输送1000名航空专业研究生，为航空工业发展提供丰富的研发人才。

航空航天产业创新平台建设稳步推进。镇江航空材料科技产业园与北京航空航天大学、南京航空航天大学、航天科工集团第三研究院等高校院所加强产学研合作，成立了江苏省航空航天产业产学研联合创新平台，建成7个研发子平台，2个综合服务子平台；南京航空航天大学牵头与西安航空发动机有限公司、成都飞机工业（集团）有限责任公司、上海飞机制造有限公司等单位共同组成的航空航天先进制造技术协同创新中心成功入选省部共建协同创新中心认定名单，该中心面向国家大型飞机、高推重比航空发动机、运载火箭等国家未来航空航天高端装备制造的重大需求，开展重大理论和关键核心技术的突破研究；沈阳飞机设计研究所扬州协同创新研究院有限公司落户扬州，是中国航空工业集团有限公司沈阳飞机设计研究所的全资子公司，研究院以航空强国建设为己任，探索航空科技新领域技术，为未来航空装备提供技术解决方案。

二、生产经营情况

根据省统计局统计数据，2019年全省航空装备制造主营业务收入91.99亿元，同比增长17.68%，利润总额9.45亿元，同比增长18.87%。

三、主要产品

（一）整机技术与产品

轻型飞机、公务飞机、无人机。

其中，轻型飞机有德扬航空工业（江苏）有限公司的“大棕熊”100飞机，艾雷奥特（江苏）飞机工业有限公司的AT-3R100飞机。江苏中澳航空科技股份有限公司的J-230D轻型运动飞机。

无人机产品众多，包括多种工业用无人机产品和消费类无人机产品。重点企业及产品包括：南京长空科技有限公司的“鸿雁”HY30和HY70小型固定翼长航时无人机、昆山优尼电能运动科技有限公司的四旋翼和六旋翼无人机系列产品、苏州极目机器人科技有限公司的全域感知植保无人机、江苏数字鹰科技股份有限公司的警用消防无人机、无锡汉和航空技术有限公司的植保无人机等。

（二）航空轻型动力技术与产品

100 ~ 500马力[①]活塞式发动机、800千牛以下（重点是500千牛以下）推力的涡喷/涡扇发动机、1兆瓦级功率以下燃气轮机、航空

① 1马力=745.7瓦。

动力辅助系统。

（三）航空电子系统技术与产品

航空通信系统、飞机座舱仪表显示系统、空管雷达、天气雷达、卫星云图接收设备、高空气象雷达、数字式电子探空仪等。

（四）航空机电系统技术与产品

航空发动机电子控制系统、航空惯性导航系统、航空发动机参数采集器、民用飞机和直升机飞控系统、液压传动系统、电源/电气系统、燃油系统、环境控制系统、装载及空投系统等。

（五）航空保障技术与产品

航空指挥调度系统、航空灯光电源系统（探冰灯、标志灯、翼尖保护罩、翼根保护罩）、航空检测设备、大型客机客户服务应用系统集成平台软件、市场与客户支援管理系统、飞机状态监控及健康管理系统、信息系统综合测试平台、便携式外场测试仿真系统、适航管理工作平台及登机廊桥、加油车、飞机维护等地面综合保障设备和系统。

（六）其他航空技术与产品

航空安全座椅、航空内饰件、航空新材料（以气凝胶、相变材料等新材料为代表的航空航天保温隔热材料，铝合金型材，航空发动机叶片用铸造母合金，高温合金，碳/碳复合材料，超级纤维，钛合金，镍合金，铜合金，精密不锈钢制品等）、航空精密轴承、飞机轮毂、航空发动机零部件（航空发动机叶片、整体叶盘、静叶片、导叶片、机匣，实心或带陶瓷型芯的涡轮动、导叶片及结构件等）。

四、产品开发与技术进步

2019年，全省民用航空装备制造企业不断加大研发投入，行业创新发展水平进一步提升。南京莱斯信息技术股份有限公司自主研发的民航四维航迹运行管制自动化系统投入试验并取得成功，助力我国首次四维航迹试验飞行；南京长空科技有限公司研制的鸿雁系列固定翼无人机，续航达20小时，广泛应用于气象、测绘领域；无锡的航亚科技、派克新材料参与了国产大飞机发动机配套部件的研制任务，透平叶片、江苏永瀚、江苏隆达等企业参与了我国重型燃机研制工程；江苏天鸟研制成功的准三维立体碳纤维预制体制备技术，是碳纤维应用领域的一项重大技术创新，处于国际领先水平；苏州千机智能技术有限公司推出的UltraCAM软件与UltraFIT软件是我国首个商用化航空发动机关键零部件数控编程与几何自适应加工的专业化软件，突破了难加工材料的加工质量、加工精度和加工成本的综合平衡难题，产品在核心技术指标上达到了国内领先水平，被中国航空发动机集团公司的各个主机单位指定为航空发动机整体叶盘、叶环和机匣等关键零部件的合格供应商。

五、对外贸易与合作

2019年，无锡透平叶片获得德国西门子2019年优秀服务供应商奖。

六、重大基础设施建设

1. 航空工业南京机电科技有限公司的航空机电系统制造建设项目由南京机电、中航机电和中航科工三方共同投资建设，总投资32亿元，主要围绕C919大飞机和商飞的双通道大飞机关键部件做配套，引入中航派克、中航汉胜、中航霍尼韦尔及中航利勃海尔等大飞机一级供应商，着力打造成为大飞机关键部件的重要供应基地，同时也是中航机电民用航空产品主要制造基地。

2. 嘉国宽体飞机航空发动机维修改装项目被列入江苏重大储备项目，预计总投资达118亿元，占地2200亩，计划建设宽体客机改货机及航材交易中心，设航空发动机维修、改装中心以及大飞机MRO及运营中心。

3. “南京无人机基地”项目由南京长空科技有限公司承担建设，已正式投入使用，成为全国第二个、江苏第一个由民航主管部门验证并授牌的民用无人机试飞基地。

4. 蝙蝠飞机制造工厂（镇江），由句容市人民政府与斯洛文尼亚蝙蝠飞机制造厂共同合作，总投资50亿元人民币，预计2024年建成，是“17+1”中国－中东欧国家经贸合作的重点项目之一，中国和斯洛文尼亚最大在建项目。建成后年生产阿尔法纯电动飞机及大黑豹油电混合飞机各300架。

5. 威翔航空科技（江苏）有限公司的年产

700 架 CT 系列轻型运动飞机制造项目，总投资 5.5 亿元。

七、行业管理

一是加强产业谋划和规划。省工信厅编制了《江苏省高端装备集群培育实施方案》；无锡编制了《无锡市航空发动机和燃气轮机产业发展规划（2020—2025）》。

二是开展补链强链工作。围绕航空装备产业链短板弱项，结合江苏企业研发基础，通过组织实施高端装备研制赶超、开展关键技术攻关等支持企业开展装备创新研发，稳步推进补链强链工作，提升航空装备产业链自主可控水平。

三是加强各类政策支持，推动企业做大做强。省级主管部门通过工业产业转型升级专项引导资金、战略性新兴产业发展专项资金、省科技成果转化专项资金，支持民用航空企业实施重大项目，开展研发攻关，促进优势产品加快市场化应用和产业化发展；同时利用智能制造政策，支持民用航空工业企业发展智能制造，建设智能车间、智能工厂，提升生产效能和工艺水平。

浙江省

一、本地区基本情况

自《民用航空工业中长期发展规划（2013—2020 年）》发布以来，浙江省加强顶层设计，统筹布局，明确发展重点，推动民用航空产业有序健康发展。近两年出台的相关文件，明确了坚持市场主导、政府引导、创新驱动、协调发展的指导思想，确定了培育通用航空市场、壮大通用航空产业的主要任务，并在加大要素保障力度、营造良好发展环境等方面提出了具体要求，有力保障了全省民用航空产业有序健康发展。

目前，浙江省拥有航空产业相关企业 100 余家，其中纳入中国民用航空工业统计企业 18 家，涉及特种飞行器、航空零部件、航空材料等领域。全省重点推进一类、二类通用机场项目 17 个，包括宁海通用机场、新昌通用机场等。在建和规划建设的航空特色小镇近 20 个，包括建德通航小镇、德清通航智造小镇、安吉通航小镇等，其中德清通航智造小镇、新昌万丰航空小镇等列入省级创建类特色小镇。浙江省也是全国唯一拥有两家国家级临空经济示范区（杭州和宁波）的省份，总体临空经济发展条件优越。

二、生产经营情况

2019 年浙江省纳入中国民用航空工业统计的企业实现工业总产值 14.20 亿元，同比增长 8.81%；实现销售收入 17.26 亿元，同比增长 31.65%；实现利润 1.04 亿元，同比降低 11.11%；其中民用航空产品产值 9.34 亿元，同比增长 42.16%；出口交货值 5.08 亿元，同比降低 11.61%。

三、主要产品

（一）民用飞机

产品主要是多用途固定翼飞机、轻型直升机、无人机等。其中，宁波云远智能从事固定翼无人机研发生产，目前研发成功的“云鹏”YP-07 垂直起降固定翼无人机、YP-03 垂直起降多旋翼无人机等产品，已经推向市场获得众多用户单位认可；泰翔航空已生产并成功试飞了国内首架轻型单人直升机；浙江科比特自主研发的六旋翼垂直起降类无人机，依托碳纤维一体成形、氢电混动系统等多项国际领先技术；华奕无人直升机飞控平台及整机研发制造项目计划总投资约 6 亿元，主要研制监测、大载荷运输用大型无人直升机和植保、侦察、探测用小型多旋翼无人机，并具备联网功能。

（二）其他民用航空产品

1. 零部件生产加工：西子联合控股集团和美国势必锐宇航系统公司合资成立浙江西子势必锐航空工业有限公司，主要生产飞机舱门、翼肋、各类金属结构零组件，已经形成了稳定交付的产品包括国产 C919 飞机辅助动力装置（APU）舱门、空客 A320 飞机前起落架舱及机头机翼零件等；日发航空主要从事航空航天特种加工设备、飞机数字化装配系统及专用工装夹具的研发制造、航空航天高精密零部件的加工制造等业务；天扬机械主要产品发动机压气机零部件、涡轮零部件等，以及飞机起落架零部件和其他航空精密零部件；恒鹰动力主要从事航空发动机和燃气轮机材料研发及部件制造；浙江华擎自主研发符合国际适航要求的先进航空涡轮风扇发动机；圣翔航空产品主要覆盖地面直升机停机坪、屋顶直升机停机坪、海洋石油钻井平台直升机停机坪等类型；浙江金马逊主要生产飞机、航空发动机、舰船燃气轮机等高端管类零件成形加工设备及精密管件产品。

2. 航空新材料：恒鹰动力、歌瑞新材料、巨化集团、久立特材、霍思特 C-XA 航空等企业，产业领域涉及 C919 型板复合材料模具生产、芳纶纸蜂窝、球面轴承、金属和非金属软管等。沥高复合材料涉及碳纤维、玻璃纤维复合材料模具、航空航天用真空成形工艺用辅助材料；浙江福翔航空涉及高分子耐温材料、高分子定型材料；杭州富士达涉及高真空低温绝热材料，浙江三和塑料涉及合金热塑板、PS、ABS 载带片材等领域。

3. 生产、检测设备：红狮宝盛主要从事航空、航天器精密钣金件及机加工的制造、结构件组装、钣金结构件和电子器件组装与测试。艾美依航空涉及飞机自动化调姿对接、机器人制孔、自动化钻铆、复合材料自动化铺丝等；日发航空涉及复合材料加工设备、飞机大部件数字化装配生产线、壁板类零件自动钻铆设备；鼎力机械涉及大型智能高空作业平台车、专用机床等领域。畅尔科技致力于航空发动机、燃气轮机涡轮盘榫槽高性能拉床装备的研制，2018 年初研制成功第一代涡轮盘榫槽拉削的“四轴数控侧拉床”，完成了对波音 737 和空客 A320 等发动机涡轮盘榫槽的加工，所加工的涡轮盘榫槽符合设计要求。

（三）相关服务业

直升机销售 / 维修、航空租赁、航空旅游、航空摄影、飞行作业、紧急救援、航空会展、航空培训以及航空技术开发、技术咨询等。浙江嘉航科技有限公司年产 200 万件飞机客舱座椅配件、餐储柜配件、卫生间配件等航空部件产品以及年产 9 万套机舱内饰总成件。浙江美洲豹特种设备涉及航空器运载工具零件制造、研发、维修等领域。

四、产品开发与重大基础设施建设

浙江杭州积极强化与中国商飞、美国势必锐航空系统公司、空客以及北京航空航天大学的合作，着力打造航空产业制造基地和创新中心建设。2019 年 11 月 20 日，成立浙江华瑞航空制造有限公司，项目选址于钱塘新区前进智造园，总面积 594 亩，总投资 100 亿元人民币。该项目以宽体客机 CR929 机身复合材料大部件为任务对象，建设专业化民用飞机复合材料研制生产线，新增研制、生产所需的工艺设备，引进国际先进航空复合材料生产技术，保障国产宽体客机机身复合材料大部件成功研制生产。

浙江台州近年来着力打造无人机航空小镇，成功引进中国航天空气动力技术研究院台州无人机（彩虹无人机）产业基地项目和北航长鹰通用航空产业园项目。其中，2019 年 3 月第一架太阳能无人机下线，成品仓库入库“彩虹”–3、“彩虹”–4 无人机各 1 架；10 月“彩虹”–4 无人机于在台州机场成功完成国家应急测绘项目的首飞交付任务；12 月底国家应急测绘保障能力建设项目中航时固定翼无人机航空应急测绘系统交付，省应急测绘无人机飞行运维（台州）基地签约，“彩虹”无人机生产基地正式投入运营。北航长鹰项目完成 2 架民用无人机的生产装配。

浙江宁波积极加强对接国内外优质高校资源，政府牵头引进成立了西北工业大学宁波研究院（2019 年）、北京航空航天大学宁波创新研究院（2018 年），企业主导建设华擎航空发动机研究院、宁波中星东欧新材料研究院等平台。

五、对外贸易与合作

在海外并购中，万丰航空已成功收购了加拿大钻石（全球第二大通用航空制造公司）、加拿大 DFC 航校、夏威夷航校、捷克 PEC 公司、意大利里昂那多直升机公司和加拿大美瑞丁（全球镁合金飞机零部件前列企业），迈入多用途固定翼飞机制造商行列，2020 年与全球最大的飞行培训学校中国民用航空飞行学院签署战略合作协议，成长为当前国内唯一一家以飞机研发制造为核心，机场建设、航校培训、通航运营、低空保障等全产业链发展的民营航空飞机制造企业。精工集团完成对美国第一飞机公司的股权收购，日发集团收购新西兰通用航空公司，浙江恒鹰动力科技股份有限公司已谈定并购美国 ACT 公司。

在国际合作中，舟山引入波音 737 飞机完工和交付中心项目，该项目是百年波音首个海外工厂，总投资 60 亿元，已于 2017 年 5 月动工建设，但受埃航空难事件影响，目前全球暂停运营和交付波音 737MAX 飞机，项目产能释放存在不确定性。

六、行业管理

一是着力抓规划政策落实。积极推动落实

《民用航空工业中长期发展规划（2013—2020）》和《浙江省人民政府办公厅关于加快通用航空业发展的实施意见》（浙政办发〔2017〕66号），发挥浙江“波音公司+中国商飞”的战略区位优势，坚持“全球合作、政府引导、企业主体”的基本原则，推动浙江民营经济深度参与航空产业发展。

二是着力抓产业重点领域发展。重点推进活塞、涡轮飞机整机制造，加快发展两座轻型运动飞机、4～8座载人飞机、轻型运动飞机、教练机、小型公务机、民用直升机、多用途通用飞机、载人飞艇、新能源飞机以及行业级大中型无人机等整机制造。重点研制大中型无人机、智能无人机和高端航模等系列产品，提高关键技术开发应用和关键部件、航空新材料的自主研发能力。发挥浙江省电子信息、新材料、智能制造等产业优势，加快发展航空电子、航空新材料、航空智能制造以及地面保障设备等领域，积极培育航空客改货、维修、拆解、再制造等业态，完善航空制造产业链；推广应用北斗导航、广播式自动监视等新技术。

三是着力抓集聚平台建设。推动浙江大学、杭州汽轮动力集团等面向“两机”重大专项战略和燃机产业发展需求，打造浙江省涡轮机械与推进系统研究院，聚焦航空发动机和燃气轮机高温热端部件（燃烧室、涡轮）的应用基础研究，打造两机创新平台。进一步加大要素支持，推动航空产业发动机项目向杭州湾经济区集聚，重点建设舟山航空产业园、杭州钱塘新区航空产业园、嘉兴航空产业基地三大核心平台，做强建德航空小镇等航空类省级特色小镇，培育德清、新昌等具备较好条件的航空特色产业区块。加快推进宁波市北航宁波创新研究院、慈溪航空学院、华擎航空发动机研究院和宁波国际通用航空职业技术学院等一批航空技术研发、攻关和人才培养机构建设和运营。

四是着力抓重大项目推进。重点推进落实舟山波音737飞机完工和交付中心、台州“彩虹”无人机、杭州钱塘新区西子航空智能制造科技园、新昌万丰航空轻型运动飞机和航空材料等一批重大项目。积极推进宁海通用航空产业园、宁波航天智慧科技城、深圳华越航空产业园、舟山航空产业园、杭州湾新区通用航空产业园、建德千岛湖通用机场改扩建、航空小镇通航产学研基地等建设。

五是着力抓骨干企业培育。支持省内企业联合开展国际并购，培育万丰航空等通航制造运营一体化企业。积极支持西子集团、万丰集团、日发集团、精功集团、横店集团等一批制造业区域龙头企业和恒鹰公司、天扬机械等航空制造领军企业通过科技创新、合资并购、产业链延伸等方式做大做强。引进和培育一批航空适航资格培训、航空发动机关键零部件制造、航空销售维修、航空专业服务等领域的特色服务型企业。

安徽省

一、本地区基本情况

安徽省积极贯彻国家《民用航空工业中长期发展规划（2013—2020）》要求，综合全省民航产业发展情况，制订了《安徽省民航业发展战略规划（2019—2035 年）》，聚焦发展通用航空研发制造链，重点布局通用航空、临空产业、空港物流和航空高端服务业。积极对接世界先进航空制造企业，合作发展整机产品、中高端无人机，实现通航发动机和螺旋桨产品系列化发展，加速集聚机载设备、部件制造等配套产业。依托长三角 G60 科创走廊通用航空产业联盟，重点建设芜湖国家通用航空产业示范区，积极推进合肥、六安、蚌埠、阜阳、宿州、黄山等通用航空产业基地建设。已逐步形成整机生产、发动机生产、关键特种部件生产、飞机全生命周期修理、日常维护保障等完整的民用航空产业链。

主要企业有中电科芜湖钻石飞机公司、芜湖钻石航空发动机有限公司、安徽航瑞航空动力装备有限公司（航瑞动力）、应流集团、中国电子科技集团公司第三十八研究所、合肥江航飞机装备有限公司、合肥赛为智能有限公司、安徽云翼航空技术有限公司、芜湖航天特种电缆厂股份有限公司、合肥航太电物理技术有限公司等。

二、生产经营情况

2019 年全省民用航空工业实现主营业务收入约 51 亿元，同比增长 55%；实现利润 4.7 亿元，同比增长 34%。

三、主要产品

（一）民用飞机

DA42 双发四座轻型飞机、DV20 单发两座轻型飞机、多用途教练机、MPP 和 CU42 两款多用途飞机、UH-120 超轻型通用无人直升机、单旋翼植保无人机、多旋翼植保无人机、工业级固定翼无人机等。

（二）航空发动机

航瑞动力研发了 AEC2.0 航空发动机、AE300 航空发动机、AEC180 水平对置航空发动机等；卓尔航空研发了长捷小型航空发动机。

（三）其他民用航空产品

航空仪表、航空供氧系统、航空雷达、波纹管、航空结构件、航空电缆、航空钣金产品和航空复合材料等。

四、产品开发与技术进步

中电科钻石飞机公司生产的 DA42 于 2019 年交付 30 架，是省内首获适航实验室 CNAS 认证的飞机，自研双发长航时无人机 CU42，取得 CCAR-147 部维修培训机构合格证书；航瑞动力研发的“蜂鸟”和“云雀”航空活塞式发动机完成高原测试，预装国产大型无人机；合肥赛为智能有限公司工业级无人机产业化，开发包括固定翼、多旋翼、无人直升机、系留无人机等工业级无人机产品，广泛应用于消防、森林、植保、应急、测绘、巡检等行业；芜湖万户航空航天科技有限公司建有大型无人机工厂，已实现批量化生产，填补国内高端无人机市场和应用方面的空缺。

安徽应流集团“航空发动机和燃气轮机高温合金叶片”，是承担国家两机重点专项课题，生产的燃气轮机定向单晶叶片已走向国际市场；安徽卓尔航空科技有限公司作为国内螺旋桨制造商领军企业，实现年产 5 万支各类航空螺旋桨生产能力；合肥江航飞机装备有限公司研制了空勤人员供氧系统、旅客供氧系统、便携式供氧装备等产品，AC313 直升机配套供氧系统、ARJ21 配套产品已完成全部研制和交付任务；芜湖晟江航空机械有限公司研发了飞机加油车铝合金球阀；中航华东光电有限公司研发的自主可控的机载触控显示组件，打破国外航电显示产品的行业垄断，推动民机航电座舱显示的适用性。

五、重大基础设施建设

（一）芜湖航空产业园

芜湖航空产业园重点发展通用航空、临空经济、空港物流三大板块，全力推进园区品牌提升、项目建设、招商引智、企业服务及基础设施建设等，初步实现了芜湖通航产业集聚发展。2019 年实现产值 117.2 亿元，同比增长 14%；完成税收 1.79 亿元，同比增长 12%。已吸引包括飞机整机、发动机、航电系统、航空部附件、航空维修、航空材料等 40 余个关联企业入驻，总投资 10 亿元以上项目 1 个、5 亿元以上项目 3 个、1 亿元以上项目 10 个，协议总投资额 42.4 亿元。2019 年新开工项目 4 个，竣工项目 2 个。

（二）合肥航空产业园

合肥航空产业园致力于推动通航产业发展，建立完整的通用航空产业链，夯实综合保障体系，着力发展公益类运营、生产类作业、消费类运营三大通用航空市场运营业，培育壮大无人机、小型固定翼飞机整机、通用飞机关键零部件三大通用航空研发制造业，拓展提升航空金融、会展、航空文化三大通用航空延伸服务业。

（三）六安通用航空产业园

六安通用航空产业园由安徽应流集团全资子公司安徽应流航空科技有限公司投资兴建，2019 年总投资约 4 亿元，占地面积约为 5380 亩。已成功开发产品包括航空、航天发动机单晶、定向、等轴晶及细晶涡轮叶片、导向叶片、结构件，燃气轮机涡轮叶片、导向叶片、结构件，航空大型结构件、飞机发动机机匣。与多个主机厂建立业务合作关系，产品涉及等轴晶、单晶涡轮叶片，研制生产重型燃气轮机叶片等。

（四）打造航空器维修保障中心

坚持自主创新与国际合作相结合，加强与全球知名飞机维修企业合作。围绕飞机整机、发动机、航电系统等核心部附件维修，全面建设航空器综合维修中心。聚焦航空研发制造产业链和创新链，强化补链延链强链，加快建设航空器研发制造中心，推进整机、无人机、发动机、特种显示、航空材料等自主化生产。紧紧围绕航空器综合维修配套需求，推进建设航空器维修保障中心，健全涵盖航空维修装备生产、航材保税交易、航空器试飞、航空小镇建设的维修保障体系。瞄准航空维修保障需求，积极建立创新研发和技术孵化平台，加快筹建安徽航空职业技术学院，培养航空维修专业人才，构建航空器综合服务中心。

六、行业管理主要工作

（一）建立民航发展协调联动机制

成立省民航发展工作领导小组，领导小组办公室设在省交通运输厅，统筹负责民航规划、体制改革、项目建设、运营调度、航线培育、空域协调、机场资源整合等重点工作。加强民航管理部门力量建设，构建统一领导、权责对等、分工明晰、运行顺畅的民航管理体制。

（二）加强航空产业研发创新能力建设

发挥合肥综合性国家科学中心、北航合肥创新研究院、芜湖通航产业集聚发展试验基地等重大创新平台功能，支持芜湖国家通用航空产业综合示范区建设，加快中电科芜湖钻石飞机轻型通用飞机整机研发与集成应用国家地方联合工程研究中心建设。支持有条件的市与国内外知名企业、科研院所合作共建产业技术研究院，开展行业共性关键技术研究，构建“产、学、研、用”相结合的通用航空产业创新体系。

（三）加强民航运输安全监管和通用航空飞行监管

严格落实机场及各驻场单位的企业安全生产主体责任，落实市、县人民政府在航空应急救援、非法干扰活动处置、机场净空及电磁环境保护等方面的属地责任，将民航应急救援工作纳入市、县人民政府应急救援体系。落实监管主体责任，建立跨部门、跨领域的通用航空联合监管机制，规范民用无人机管理，严厉打击“黑飞”等行为，形成全过程、可追溯的安全监管体系，保障通用航空飞行安全。

（四）完善行业监管制度体系

针对省民航发展新形势新要求，研究起草

《安徽省民用机场管理条例》，适时修订《安徽省民用机场净空环境保护条例》，健全完善安徽省民用机场电磁环境保护相关制度，并及时向社会公布，加强省内民用机场行业监督管理。

（五）打造通用航空产业基地

以芜湖和合肥为龙头，整合全省资源，构建以研发制造、综合维修和特色运营三位一体、协同发展的通用航空产业体系，形成在长三角乃至全国独特的产业竞争力。大力发展通用航空发动机、机载设备、空管和地面设备、关键零部件和基础件等配套制造。鼓励航空特殊装备制造，支持阜阳航空应急救援装备制造等项目建设。加快推进芜湖、合肥、蚌埠、阜阳、六安、宿州、黄山等通用航空产业园规划建设。

福建省

一、本地区基本情况

福建省民用航空工业目前主要以民用航空维修、零部件加工制造、水陆两用飞机和无人机制造为主，集中在厦门航空工业区、福清多功能航空产业园和泉州出口加工区。其中，以厦门太古飞机工程有限公司为龙头，在厦门航空工业区内已聚集了厦门太古发动机服务有限公司、厦门霍尼韦尔太古宇航有限公司、厦门豪富太古宇航有限公司、厦门汉胜秦岭宇航有限公司、通用电气发动机现场支援（厦门）有限公司、美捷特（厦门）传感器件有限公司、厦门太古起落架维修服务有限公司、厦门新科宇航科技有限公司、福莱帕特（厦门）航空部件服务有限公司、厦门臻探航空科技有限公司等企业，形成了全国最大的民航飞机维修基地，具备了飞机结构维修、老龄客机改货机、发动机维修、起落架维修、辅助动力系统、航电系统的维修的能力，并且能为飞机发动机和零部件提供全方位的支援服务。

二、生产经营情况

截至 2019 年年底，列入福建省统计局统计的 10 家规模以上飞机维修及制造企业拥有总资产 77.07 亿元。当年全行业实现主营业务收入 153.55 亿元，同比下降 2%；实现利润 10.2 亿元，同比增长 1.9%。

三、主要产品

（一）航空维修服务和改装

主要对飞机结构、发动机、起落架、辅助动力系统、航电系统的维修。大修及改装能力涵盖波音 737/747/757/767/777，空客 A320、A330、A340 和 A380 系列及麦道 MD-11 机型。拥有最高级别（D 检）的大型检修 / 飞机结构改装 / 客舱内部翻新及改装 / 私人飞机设计与整装服务 / 航电系统升级 / 褪漆及喷漆 / 客机改货机能力等。

（二）航空零部件制造

福建野马飞机制造有限公司轻型运动飞机生产技术包括钣金件加工及成形、机加件加工、复材零件制造、机身框架焊接等飞机零部件制造。

（三）民用飞机

福建野马飞机制造有限公司：“野马”600 和“野马”610 轻型运动飞机。

（四）无人机制造

福建方圆翔飞航天科技“方圆”六旋翼、固定翼环保、警用、森林防火、防汛、国土监察等系列无人机，厦门航发“HF”系列无人机，厦门致睿智控“致睿”六旋翼系列无人机等。此外，福建清航装备科技有限公司、福建福莱航空科技有限公司、福建飞虎无人机有限公司等企业已具备中小型无人机的能力，正在组织规模化生产。

（五）支援服务

为飞机发动机和零部件提供全方位的支援服务，主要包括突发发动机故障或漏油等问题时，需要的换航材或紧急维修等服务。

（六）维修技术培训

为全球新机型飞机维修提供技术培训服务。

四、产品开发与技术进步

（一）整机维修和改装

厦门太古飞机工程有限公司是除波音外全球首家实施波音 747-400 客改货和国内第一家为空客 A380 飞机提供航线维修服务的飞机维修机构；建立了亚洲首个获得波音和空客批准的公务机及私人飞机客舱整装中心，除波音外全球首家波音 747-400 客改货项目的飞机维修机构。

（二）水陆两用飞机制造

福建通航航空产业有限公司旗下福建野马飞机制造有限公司生产拥有“野马”600、“野马”610两款轻型运动飞机的知识产权，正积极推进4座“野马”空中巡洋舰飞机研发、“野马”610水陆两用型飞机改型设计等工作，拓展国内外2 ~ 6座通用飞机的市场。

（三）航空发动机制造

厦门林巴贺航空发动机股份有限公司是国内一家具有核心自主知识产权的航空活塞式发动机制造商。

（四）其他产品

厦门太古起落架维修服务有限公司是中国一家可提供飞机起落架全面性维修服务及相关经营业务的公司，从事波音737/747/757/767/777等系列起落架维修，并延伸至空客A320起落架维修。厦门中航秦岭宇航有限公司是全球唯一一家同时具备整台发电机维修和发电机子部件深度维修能力的企业，主要从事波音和空客飞机上的电源系统（EPGS）的维修服务。福莱帕特（厦门）航空部件服务有限公司是亚太市场航空部件维修及大修服务领域的标杆。

五、行业管理主要工作

一是指导产业发展规划。福建省加快构建通用航空基础设施网络，大力培育通用航空市场，积极推动通用航空产业发展，提升通用航空服务保障能力，发布了《福建省人民政府办公厅关于印发促进通用航空业发展实施方案的通知》，全面推进福建省通用航空产业发展。

二是加大政策支持力度。依托福建省既有服务业引导资金、科技成果转换资金、创投基金等，支持通航企业从事通用飞机研发制造、通航服务开拓和人才培训。支持符合条件的通航企业上市融资或发行债券，吸纳民间资金、创业投资基金参与通用航空产业投资发展。

三是加快引导新产品开发。依托省电子信息产业和先进制造产业优势，积极引导发展通用航空通信、导航、监视、机载设备、ADS–B、机场特种装备等产品的研发与制造。

四是加强新通航项目引进。支持企业和社会资本通过自主研发、对外合作、整体收购、合资合营等方式，进入通用航空研发、设计、制造、组装和维修等领域。积极引进国内外通航研发制造企业到福建省投资兴业，加快培育发展一批多用途固定翼通用飞机、水陆两栖飞机、民用直升机、轻型航空器、无人机等通用航空器的整机或零部件研发、制造和维修企业。

江西省

一、本地区基本情况

江西是航空资源大省，航空产业发展历史悠久，早在1935年就设立了中意南昌飞机制造厂。新中国成立后，国家“一五”计划就重点布局了南昌飞机制造公司。经过近70年特别是近年来在江西“航空梦”的指引下，全省航空产业快速推进，得到长足发展。截至2019年底，全省拥有航空企事业单位101家，其中规模以上工业企业41家、过百亿企业2家，在直升机、教练机等领域具有较大的行业影响力。全省航空产业拥有航空制造整机及配套单位68家，航空运营及服务单位21家，航空科研及教育单位12家，拥有2个飞机设计研究所，3所航空类大学和职业学院，2个国家级企业技术中心，12个省部级国家重点实验室和工程中心，3个航空专业博士后科研工作站、70个硕士点，基本形成了集科研、院校、制造、运营、审定、试飞为一体的较为完备的航空产业体系。在空间布局上基本形成了以南昌航空城、景德镇航空小镇为重点，吉安桐坪、九江共青城等航空小镇以及赣州南康、上饶鄱阳等无人机试飞基地为依托的“双轮驱动、多点支撑”的发展格局。按照“一枢纽、四中心、五基地”思路规划建设的50千米^{2}的南昌航空城已初具规模；以景德镇市高新技术开发区为主体，以打造吕蒙航空小镇为载体规划用地12千米^{2}的景德镇直升机研发基地日臻完善，产业承载空间巨大。全省航空工业系统有职工3万余人，专业技术人员9000余人，先后诞生了2位院士。

二、生产经营情况

江西省民用航空企业主要业务包括飞机研发制造、航空转包业务和通航服务。2019年江西民用航空产业实现营业总收入12亿元，同比增长35%，利润总额0.96亿元，同比增长20%。

三、主要产品

民用飞机方面：昌飞公司拥有1吨S300型、2吨AC311系列、6吨S76C++、S76D型、13吨AC313型等多种型号民用直升机。北京通用航空江西直升机有限公司拥有JH-1系列小“青龙”无人直升机（500千克级）、JH-2系列小“朱雀”有人直升机（500千克级）、JH-5小“白虎”无人驾驶直升机等多种型号民用直升机。直升机所拥有AR-500无人直升机。洪都集团拥有N5B农林飞机、初教6飞机等。

民用航空产品方面：洪都集团参与C919前机身及中后机身段产品研制、参与CR929宽体客机项目，昌飞公司参与C919型机部件制造。洪都集团与美国胜利集团沃特公司合作波音747-8飞机的48段隔框装配产品。昌飞公司承担波音767/787零件转包生产。昌兴公司经营范围也涉及航空复合材料模具、复合材料零部件、航空型架、航空设备与金属零部件的设计制造、技术进出口业务等。

相关产业的产品及服务：江西省积极开展国产民机试飞服务保障，以瑶湖机场和洪都公司为主要依托，参与国产民机试飞服务。2019年3月批准同意瑶湖机场划设国产民机试飞空域后，中国商飞在瑶湖机场开展了常态化试飞任务。2019年9月，ARJ21-700飞机转场瑶湖机场，开展最大商载动响应试飞、空域、遥测、通信验证试飞等科目，共飞行4个架次完成29个起落、6个科目、27个试验点，共计飞行12小时35分钟。其中，27个试验点中有22个满足着陆接地点±40米的严苛要求，成功率达到81.5%。2019年12月，C919飞机105架机转场瑶湖机场，历时17天，完成了结构模态耦合试验。

四、产品开发与技术进步

新产品开发情况：2019年，洪都集团累计交付2架份C919前机身及中后机身，研制批任务圆满收官。同时，制造工艺方面取得了21项认证。研发创新方面，昌飞公司完成了AC311系列民机医疗救护STC取证，完成AC313型仪表着陆系统加装及适航取证，完成了AC311A直升机和AC313消防构型研制。直升机所完成AC300直升机设计评审，AC311A直升机进入取证试飞阶段，AC352直升机完成科研调整试飞进入申请人条款验证试飞，AC313A直升机完成总体技术方案设计。

承担及开展的民用航空科研项目情况：洪都集团参与了CR929宽体客机中后机身项目，完成了0.5米级、1米级、3米级的复合材料单曲壁板研制工作，在典型复合材料（复材）结构件上对复合材料长桁壁板制造所涉及的自动铺贴成形、自动铺贴＋热隔膜预成形、自动铺贴蒙皮＋已固化长桁共胶接成形等工艺方法进行了验证。昌飞公司开展了D形梁成形工艺、桨叶二次胶结模压共固化成形工艺等技术可行性研究，突破了动部件关键零件自适应控制、在机检测及智能补偿加工等技术难点，实现了连接件提效40%。同时，装配集成智能化、铆装自动制孔、总装飞行安全工序智能检测等前沿技术取得实质性突破。直升机所的AR-500B无人直升机于2019年9月完成鉴定试飞，并通过航空工业集团公司技术鉴定审查。

重大技术进步情况：昌飞公司在C919襟翼前梁成形、三维激光立体切割、激光增材制造、超大模压系统研制等关键技术攻关取得重大突破。

五、对外贸易与合作

对外贸易情况：2019年，洪都集团完成波音747-8转包项目100个工作包的交付，实现交付总值188余万美元。并积极开拓国际民机转包市场，参与了多个项目的开发，包括波音737舱门项目、波音777客改货项目、波音777X蒙皮工作包、波音737-800客改货项目、A321客改货舱门项目等。2019年，昌飞公司完成1架S-76直升机机身结构铆装和总装生产交付、16架份S-92尾斜生产交付；完成波音767客改货项目生产和交付，与美国施韦策公司合作的S300型机完成PC取证及6架整机总装生产。

对外合作情况：洪都集团与波音公司长期保持良好的联系沟通，在波音全球供应链战略转型的关键时期，洪都努力争取竞标机会，同时积极组织有关人员参与波音制造创新中心的培训，提高相关人员的专业能力。昌飞公司与美国西科斯基公司、阿古斯特直升机有限公司、波音公司建立了良好合作关系。北京通用航空江西直升机公司在与乌克兰DB Aerocopter公司签署组建合资公司的框架协议的基础上，于2019年11月签订了项目落地协议。同时，2019年8月，北京通用航空江西直升机公司与法国马赛的亘柏公司达成了重油直升机的引进、G2的代理、无人驾驶研发、全方位代理、合作生产等一系列合作协议。

六、重大基础设施建设

2019年，江西民用航空工业以南昌航空城和景德镇航空小镇为主要承载体，加大基础设施建设力度。截至2019年年底，南昌航空城完成基础配套设施建设，同时重大项目正按计划推进。2019年8月，洪都公司实现总体搬迁并入驻南昌航空城。中国商飞江西生产试飞中心于2019年4月25日落户南昌航空城并开工，截至2019年年底，该项目已完成了项目用地预审申报、立项备案、环评备案、地下人防面积审核工作，取得了用地证、工规证、施工许可证。景德镇航空小镇日臻完善，截至2019年年底，昌飞公司吕蒙直升机总装园项目已基本建成，形成集研发制造、零部件配套、通航运营等较完整的产业链。北京通用航空江西直升机有限公司投资建设的规划用地170亩的A1类通用机场浮梁机场项目截至2019年年底已完成规划评审。

七、行业管理

（一）抓顶层，优环境，营造良好发展氛围

一是省领导高位推动。省政府领导定期召集会议研究产业发展有关事项，多次率队走访部委、央企，为江西省争取更多的项目和平台。

二是完善工作体系。印发了《2019 年全省航空产业发展工作要点》《江西省航空产业高质量跨越式发展行动方案》，优化调整了省航空产业发展推进领导小组成员单位和组成人员。三是营造发展氛围。成功举办首届 2019 中国航空产业大会、首届中国（南昌）适航审定发展论坛、首届南昌飞行大会，举办了“全省航空制造领域专业技术人才培训班”和“通用航空高级管理人才培训班”等。

（二）抓进度、引投资，产业集聚态势凸显

总占地面积 50 千米^{2}的南昌航空城基本建成，洪都集团于 2019 年 8 月实现整体搬迁入驻，中国商飞、中国兵器（港航分布式新能源项目）、航天科工（鄱湖云）等多家龙头企业和重点研发机构落户。占地 12 千米^{2}的景德镇航空小镇日臻完善，昌飞公司吕蒙直升机总装园项目已基本建成，形成集研发制造、零部件配套、通航运营等较完整的产业链。截至 2019 年年底，南昌航空城已落户项目 52 个，在谈项目 34 个，景德镇航空小镇已落户项目 37 个，在谈项目 10 个，产业集聚势头正在凸显。

（三）抓运营、育业态，通航市场日益繁荣

印发了《加快推进通航产业发展若干措施》和《关于全省各设区市购买通用航空公共服务的暂行办法》，全省通航运营单位增至 12 家。“江西快线”开通了南昌至赣州、鄂尔多斯至鄂托克前旗的通勤航线。国内首张无人机物流运营配送许可落户江西。“通航 + 旅游”“通航 + 运动”“通航 + 应急”等通航服务新业态蓬勃发展。

（四）抓创新、提能力，发展平台更加完善

民航江西适航审定中心全面开展适航审定工作，并向初教 6 飞机颁发了 TC/PC 证书，使其具备开拓通航市场的巨大潜力。国产民机试飞空域获得批复，瑶湖机场获得主管部门批复并全面运营，具备承接国产民机常态化试飞的条件。积极发挥全国首个低空空域管理暨通航飞行服务院士工作站作用，为低空空管保障、国家航空应急救援体系建设、全省通航产业发展等提供咨询与技术支撑。华赣航空产业投融资平台全面运营，为航空产业投融资打下了良好基础。组织参加新中国工业档案文献展、第十一届中博会——先进制造专题展、首届中国先进技术转化应用大赛航空板块，讲好航空产业“江西故事”。

（五）抓关键、强调度，重大项目加速落地

航空工业明确将重型直升机项目总装布局江西，目前已进入项目立项审批阶段。中国商飞江西生产试飞中心于 2019 年 4 月 25 日落户南昌航空城并开工。昌飞公司吕蒙直升机总装园二期工程顺利进行，航空零部件产业园整体改造提升工程已完成。与此同时，先进复材研究中心、航空标准件、航空电缆、无人机等一批重大项目签约落户，山东太古国产民机维修改装、皮拉图斯华东区域中心、中科院工程热物理研究所小型航空发动机、AK1-3 直升机合资研制等一批重大项目正在洽谈中。CR929 中后机身复材合作取得积极进展。

山东省

一、全省航空产业基本情况

2019年，全省列入统计范围的重点民用航空生产及维修企业有5家，分别是山东太古飞机工程有限公司、山东翔宇航空技术服务有限责任公司、东方蓝天钛金科技有限公司、威海广泰空港设备股份有限公司和山东艾诺仪器有限公司，从业人员3194人，其中工程技术人员838人，研究与试验发展人员658人。

二、生产经营情况

2019年，全省民用航空工业列入统计范围的单位完成工业总产值22.31亿元，其中，完成新产品14.67亿元，民用航空器产品（不含无人机）1.46亿元，民用航空器零部件产品1428万元，民用航空发动机零部件产品150万元，民用飞机机载系统和设备172万元，其他民用航空产品及零部件11.86亿元，民用飞机修理6.5亿元，民用飞机机载系统和设备修理1.09亿元。实现主营业务收入20.81亿元、利润3.75亿元、税收3733万元。

三、主要产品

主要产品包括：H135直升机，无人飞行器，航空铸锻件、航空铝型材，涡轮增压器、航空液压件、钛合金紧固件、各类合金铆钉，飞机轮胎、碳飞机刹车盘，各型空港地面设备、航空地面电源，民用飞机及航空器维修服务。

四、产品开发及技术进步

2019年，全省民用航空装备制造企业不断加大研发投入，加大新产品研发力度，在生产、维修方向重点发展。

1. 山东太古飞机工程有限公司

维修许可证方面，获得波音737-800型飞机客改货改装能力批准，成为国内首家取得波音737-800型飞机客改货改装能力的维修单位，通过了EASA/FAA/JCAB/CAAT年审，截至2019年底，许可证数量达到13个国家或地区。航空零部件制造能力方面，获得CAAC 737-8机型FH4000/FC3000/15M检维修能力、驾驶舱门控制盒部件维修能力，获得波音供应商资质。2019年完成11批次的PMA部件日常增项，增加715个件号部件，目前件号清单为6200个左右。工程设计研发方面，完成EASA DOA年度审查工作，并拓展了工作授权范围。2019年共有7项自主研发新项目列入省级项目，新获得授权实用新型专利10项，新申请专利26项，其中发明专利8项，实用新型专利18项。2019年公司总资产7.55亿元，实现营业收入6.04亿元，净利润0.63亿元。

2. 山东翔宇航空技术服务有限责任公司

近些年不断增加科研费用投入，大力引进和培养科研人才，现有研发团队50人，其中硕士以上学历约占34%，拥有中高级职称人员数41人，占专职研发人员数的80.4%，专业涵盖了航空航天、机械设计、工业自动化、材料工程等多个重点领域。同时，公司不断提升研发硬实力，采购专用研发设备，如用于航材分析的X射线荧光分析仪、用于专业设计的用于高精度尺寸检测的三坐标分析仪、用于飞机电子系统测试的ATEC6测试设备和用于气动系统飞机发动机起动机测试台等，形成了从产品功能分析、材料分析、图样设计、原理设计、工艺设计、样品制造到后续产品试验一条完整的多层次的研发体系。先后与南京航空航天大学、山东大学机器人研究中心、滨州学院等高校建立了校企合作，既为公司提供了高质量后备人才，同时通过产学研融合，进一步提升了山东翔宇公司的技术研发能力。现有科技成果转化已授权发明专利1个，实用新型专利16个，计算机软件著作权8个，已受理的发明专利6个，山东省重大科技奖项 1 项，累计山东工信厅科技立项 34 项，在维修航空与工程等专刊累计发表论文 6 篇，制定企业标准 4 个。2019 年营业收入 1.46 亿元，实现了飞机部附件年维修量近 2 万件，累计维修总量 11 万余件。

3. 山东艾诺仪器有限公司

拥有山东省企业技术中心，航空地面电源系列产品取得中国民用航空局颁发的使用许可证和审定合格证，具备直接给民航客机供电的完整资质。围绕航空航天、家用和商用电器、电机、电动工具、低压配电、通信等领域，按照市场及客户需求，研发电源供应器（航空中频 / 直流地面电源、变频电源、直流电源、中频电源）、精密测试电源、交直流电子负载、航空蓄电池测试仪等一系列产品，所有产品具有完全自主知识产权。2019 年共获得授权知识产权 65 项，其中发明专利 4 项，主持制定 1 项国家标准。2019 年公司总资产 1.07 亿元，年度实现主营业务收入 0.93 亿元，完成工业总产值 0.95 亿元，利润 0.20 亿元。

4. 东方蓝天钛金科技有限公司

拥有省级企业技术中心，市级企业技术中心、工程技术研究中心、工程实验室（工程研究中心），是省航空航天新材料应用及紧固件产业联盟理事长单位。具备向航空、航天主机厂供货资格，产品材料覆盖钛合金、高温合金、不锈钢、铝合金等多种材料；承担商用飞机钛合金紧固件项目，已为国内民用飞机 C919、“新舟”700、水上飞机 AG600 等航空型号提供配套，同时为我国大型运输机、新一代航空发动机等航空型号提供产品，并在探月工程、载人航天工程、高分辨率对地观测等多个航天型号项目上得到应用。2019 年，公司完成订单 1.9 亿元，实现营业收入 1.1 亿元，利润总额 327.4 万元。

5. 威海广泰空港设备股份有限公司

拥有员工 2200 余人，已获技术专利 577 项，拥有国家级重点新产品 16 项，荣获国家和省部级科技进步奖 45 项。近三年，公司开展研发项目 100 项，其中省级立项 7 项。公司根据市场导向来确立开发目标，不断研制新产品并将其迅速转化为商品。追踪航空业最新技术，研究 35T 集装箱 / 集装板装载机设备、45000L 飞机加油设备等大型设备的开发和集成创新，为国际上最先进的 A380、波音 787 和 C919 顺利登陆我国及 C919 的市场运营打下良好的基础。目前公司开发了包含 A380 飞机专用食品车、A380 专用飞机重型牵引车、35 吨级升降平台车、45000L 飞机加油车以及 KT58 自制底盘式机场客梯车等多项新产品。公司在做大做强已有产品的同时，不断探究空港地面设备的发展，将产品向着低排放、低能耗动力、高智能化控制、多功能、先进制造工艺、人机工程化设计等方向发展，截至 2019 年年底，电动摆渡车、电动牵引车、电动自制底盘客梯车、电动传送带车等一批电动、自制底盘系列的产品陆续研发成功并取得资质。2017—2019 年申请专利 194 项，其中发明专利 45 项，获得授权专利 106 项。荣获山东省科技进步奖二等奖 1 项、三等奖 1 项。主持起草制定了行业标准航空食品车（MH/T6016—2017）和飞机牵引车（MH/T6017—2017），成为同行业技术发展中的领军企业。

五、对外贸易与合作

山东省重视企业对国内外航空制造技术的引进吸收，多家企业与国内中国科学技术大学、北京航空航天大学等多家高校及研究机构建立了紧密的战略合作关系，与多国航空生产企业、科研机构合作，引进制造技术和管理机制，提高航空装备制造能力水平，并积极参与国际市场竞争。山东太古飞机工程有限公司的内外两个市场均取得较大突破，波音 737-800BCF 项目、中国商飞与西飞民机国产飞机“两干两支”项目不断拓展；东欧和东南亚市场基本打开，日本、韩国、泰国和租赁公司大修业务稳步推进，俄罗斯、越南和东南亚市场取得突破进展，2019 年俄罗斯客户 A320 首单大修业务进场，国外业务市场份额稳步增收提升 10%。山东艾诺仪器有限公司电源出口到埃塞俄比亚，支持国际援建项目，交付金额 2456 万，取得了国外客户的一致好评。

六、重大基础设施建设

1. 青岛航空产业园。是青岛市、西海岸新区、中国科学院工程热物理研究所共建的青岛航空技术产业创新基地的重要组成部分。位于西海岸新区，规划面积900亩，总投资60亿元，首期建设面积150亩。以高端无人机、轻型航空发动机和舰船用燃气轮机三大产业为龙头，吸引聚集相关配套和上下游企业入驻园区，形成无人机、航空发动机、舰船动力产品等技术的研发、生产、销售、售后服务等全产业链。

2. 空客H135直升机总装线项目。位于即墨高新技术产业园区，由德国空客直升机集团和中方共同出资。主要建设空客直升机集团在欧洲以外的第一条H135总装线以及配套的直升机交付中心、维修服务中心、航材物流中心、飞行员和机务人员培训中心。一期总装线，外方投资2450万欧元，设计产能36架/年，采取订单式生产方式，如满负荷生产，产值可达18亿元。2019年4月，空客H135直升机青岛总装线项目投入生产。

3. 滨州大高航空高新产业园。成立于2003年5月，位于滨州市沾化区，起步规划面积5千米^2，现建成区面积约3千米^2，园区内水、电、路、讯等基础设施基本配套，现有大高通用机场、青岛九天飞行学院、南山国际飞行航校、领航通航公司、山东寰宇航空学校有限公司等多家企业，形成了机场运营、飞行员培训、空中旅游、航空会展、农林作业等通航产业体系，被省政府确定为“山东省通用航空重点园区”和“山东省高端装备制造产业示范区”。

七、行业管理

为实现山东省航空航天相关企业与国内外龙头企业深化合作的精准对接，提升山东省航空航天产业发展水平，开展了相关的摸底调研工作，对山东省与航空航天产业有关的企业和项目情况进行梳理汇总。建立山东省无人机产业联盟，进一步有效整合政、产、学、研、用等各方资源，探索产业联盟的发展战略，打造产业生态链。协调推进空客H135、青岛航空产业园、青岛胶东机场等重大项目建设，推动山东省高端智能制造领域共性和核心技术创新，助推产业转型升级，提质增效，构建技术创新、技术共享、协同发展的产业生态。

河南省

一、本地区基本情况

河南省对民用航空产业的发展高度重视，结合河南省的地域优势，已建成了郑州国家通用航空产业综合示范区、安阳市通航产业园、郑州国家通用航空试验区、西华县无人机产业园三大通用航空产业基地。截至 2019 年年底，郑州国家通用航空产业综合示范区服务业法人企业 104 家。安阳市涉航企业有 45 家，其中通航运营企业 4 家，无人机企业 20 家，通航制造和培训类单位 13 家（含 3 所高校）。已建安阳航校机场和林州通用机场、永和通用机场 3 个，起降点 4 个。安阳市无人机产业园入驻无人机整机及配件生产企业 18 家，其中规模以上工业企业 1 家，规模以下工业企业 17 家。西华县无人机产业园入驻无人机生产企业 10 家，现有员工 280 多名，近年来，园区企业获得各项专利技术 96 个，被评定为河南省工业公共技术研发设计中心。

二、生产经营情况

2019 年，郑州国家通用航空产业综合示范区完成固定资产投资 8.02 亿元。服务业营业收入完成 14.48 亿元，工业产值 22.34 亿元，实现税收 1.8 亿元。安阳市完成通航飞行 5733 小时，产销无人机 6200 架，飞控 6000 套，培训飞手 2 万余名，飞防作业面积 2200 万亩，全市航空产业总产值 8.6 亿元。周口市无人机产业园完成销售无人机及配套 3000 余台，销售收入 2 亿元，上缴税金 640 万元。

三、主要产品

安阳市主要产品有：轻型运动飞机、飞行模拟器、航空植保无人机、猎鹰消防无人机、飞行器螺旋桨、小型航空发动机、智能锂电池等。安阳市目前具有固定翼私照、直升机私照、商照培训资质，已先后为国内外培养飞行员 2000 余人。为快速、高效培养航空专业人才，安阳工学院的本科飞行技术专业已被教育部和中国民航局正式批准设立，2012 年实现首批招生，成为河南省第 1 家、全国第 10 家具备飞行员学历教育资质的院校。学生毕业后将在取得本科学历、学士学位的基础上，取得飞行员商照。河南永翔通用航空有限责任公司积极开展农林作业、航空培训、应急救援、航空运动等运营业务。2019 年已累计飞行 2218 小时，农林作业 330 万亩，培训并安排就业飞行员 9 名。上海金汇通用航空股份有限公司入驻试验区，已开始开展直升机轮修、机长飞行培训；河南元捷国际飞行学院已于 10 月 29 日获得 91 部运行资质，可以正式开展飞行员培训工作；金都通航上街航校已开始进行飞行员培训，首批学员 20 余人。除了教育培训，还涉及飞行器与发动机研制、冶金、化工、先进材料、电子、信息、精密加工等技术和产业。

四、产品开发与技术进步

郑州市啸鹰航空有限公司获得 91 部通航经营、运行两个许可证，可开展飞行体验、私照培训、航空展览等业务。郑州海王实业有限公司的海王地效翼船 HW-1 号、2 号已在丹江水库完成淡水试飞试验；海水试飞试验已于 11 月底在天津环渤海海域试飞成功。河南三和航空工业有限公司“太阳之鹰”自转旋翼机取得了型号合格证、生产许可证，2019 年已销售 12 架，近期新签订 100 架的订单，三年内完成交付；新产品 S50“小旋风”开创了大载荷植保无人机新时代。

河南美鹰航空科技有限公司设计生产的全省民间自主生产的首架飞机“安阳一号”试飞成功，安阳飞机整机制造实现历史性突破；无人机方面建成了“两基地三中心”（无人机生产制造基地、人才培育教育培训基地、产业发展中心、无人机飞行中心、检验检测中心），产业集聚初步显现，形成了无人机整机、发动机、飞控、零部件加工、专用药剂研发生产以及飞手培训、飞防服务、检验检测、试飞等产业链完备的无人机产业发展集群。

2017年“农业智能云服务平台”被工业和信息化部评为“2017年制造业双创平台试点示范项目”，2018年“智能云服务平台”被列入河南省制造业“双创”平台。新引进的诺一技术有限公司是国内中高端无人直升机研发和制造的新兴企业、天翼合创是植保无人机全国十强企业，壮龙科技公司将生产世界上首款大载重、长航时多旋翼无人机。

五、重大基础设施建设

郑州市上街区机场改造三期飞行区平整工程按期竣工，导航台消防通道已完成路基建设和路面建设（郑州市上街区机场改造完成1.1万米^{2}机坪改造，完成跑道中线灯安装，完成塔台备用电源改造）；2号机库基础施工已完成，正在搭建钢构（已完成建设）；机场综合服务中心主体已完工，正在进行二次结构施工（已完成续建）。机场正在申报换发A1机场使用许可证；机场C类目视飞行程序已获民航中南地区管理局批复，导航台通过验收，正在协调校飞，上街机场成为全国（中南地区）首例配备导航台的通航机场，可保障中型客货运及以下飞机的顺利起降，机场的保障能力进一步提升。

安阳正在建设豫东北机场，豫东北机场定位为国内民用支线机场，按满足2030年旅客吞吐量55万人次、货邮吞吐量2000吨、起降飞机7971架次设计，飞行区等级为4C。将建设一条2600米×45米跑道及一条垂直联络滑行道、7000米^{2}的航站楼、7个机位的站坪（7C），以及灯光、通信等辅助设施。项目位于汤阴县瓦岗乡，占地约2319.3亩，总投资约12.78亿元，项目于2016年11月获得批复立项。

六、对外贸易与合作

安阳市把节会活动作为发展的发力点。通过连续举办安阳航空运动文化旅游节，叫响“航空运动之都”的城市品牌，实现航空运动中心城市的品牌定位。共承办世界杯赛、全国锦标赛等航空运动赛事39次，举办文化旅游活动96次，签约项目310个，拉动游客近千万人次，形成了独具特色的城市名片，展示了别样的古都神韵。已成为安阳人民不可或缺的盛大节日，成为世人了解安阳、牵手安阳、投资安阳的重要窗口，成为安阳走出河南、面向全国、融通世界的靓丽名片。

七、行业管理

安阳市坚持规划先行，先后出台《安阳通用航空产业综合示范区实施方案》《安阳（汤阴）航空产业园产业及空间布局概念规划》《安阳无人机产业园产业及空间布局概念性规划》等，目前确定了“一区三园”（一区即安阳通用航空产业综合示范区）的发展格局，形成了依托安阳航校机场和无人机基地的航空教育与科技研发园、依托林州机场和滑翔基地的航空运动旅游产业园、依托安阳机场和永和通用机场的安阳航空产业园，三个产业园功能互补、特色突出。

湖北省

一、本地区基本情况

2019 年年底，湖北省民用航空工业企事业单位共计 35 家，涵盖特种飞行器、通用飞机、无人机、航空仪表、飞机座椅、复合材料、飞机维修等领域。特种飞行器、航空救生装备产品研发制造和总体航空维修具有较强实力。

二、生产经营情况

2019 年，湖北省民用航空工业企事业单位实现工业总产值约 120 亿元。

三、主要产品

（一）民用飞行器

AG50 轻型运动飞机、A2C 系列超轻型水上飞机、LF910 地效飞机、卓尔领航者 Skyleader 600 单发双座飞机、领航者 JA600 飞机、晨龙天使 AL8 飞机、“海王”水陆两栖轻型运动飞机，3500 米^{3}民用载人飞艇、LCA-60T 重载飞艇，涵道风扇动力系统，多旋翼、固定翼等系列无人机。

（二）航空设备及系统

各类民机座椅，高功率起动发电系统、航空电动机系列、发电机及发电机组系列、以涡轮膨胀机与换热器为核心的环控系统系列、直升机加油及抛放装置、电动遥控无杆飞机牵引车、新型塔台综合管理台、机载设备、辅助设备、无人机通信指挥车、无人机地面站、无人机地面防空车等。

（三）民用飞机零部件制造

起落架零件、舱门零件、干燥器组件、压力平衡阀、卡箍标准件的研制，发动机支架组成、飞行员及乘客座椅组成、飞控系统、机身结构件及钣金件等，C919 防冰伸缩管、C919 风门组件机载产品，各类温度、结冰、角位移传感器等，ARJ21、“新舟”60、C919 系列拉杆、制冷冲压风门、应急冲压风门等，各类航空紧固件，用新型材料芳纶蜂窝制造的整流罩、机翼前缘、襟翼、方向舵、尾锥、地板、座椅等。

（四）其他民用航空产品

个体防护救生装备、应急救生装置、弹射动力装置、降落伞、航空运动产品、腐蚀防护产品、航空装饰件、精密测绘仪器、FR 系列栓式机场地面加油设备，包括成套的地井、地井阀、软管接头和飞机压力加油接嘴等系列产品。

（五）航空维修及服务

民航整机定检维修、喷涂及改装。波音、空客等现役民用飞机机型及其部件（不含发动机）的维修和服务，如“新舟”60、EMB145、波音 737NG、A320 等型飞机机体维修及整机喷漆业务。机载设备维修，波音 737NG/CL、波音 757、波音 777、A320 系列、A330 等机型提供场内一站式大修服务。航空液压和电子电器产品如助力器、电液伺服阀、涡轮冷却器、散热器、水分离器和各种开关、阀门的维修和零备件生产保障。液压、气动、燃油、飞行操纵、机载应急设备、起落架、机轮 / 刹车、仪表、发电机、电气和发动机等附件维修，范围涉及波音系列、空客系列、CRJ、ERJ、俄制飞机等多个机型的各类附件，电子电气设备、厨房设备、救生附件和座舱附件的修理。航空器舱内设备、飞机内饰等，采用冷气动力喷涂、超声速喷涂、等离子喷涂等对飞机结构件的维修。

（六）相关产业的产品及服务

培训服务种类齐全，包括铝合金结构修理、机身门窗修理、防腐处理、复合材料修理、喷漆等航空部件修理培训，轻型飞机、无人机飞行及培训服务。荆楚理工学院组建了通用航空学院，开设了飞行器制造工程、航空电子电气技术等 6 大专业。卓尔宇航集团、龙浩航校等单位的通航运营与轻型飞机驾驶培训业务稳步发展。

四、产品开发与技术进步

中国特种飞行器研究所（特飞所）正在加紧进行AG600大型灭火/水上救援水陆两栖飞机、“海鸥”300轻型水陆两栖飞机、AG50轻型运动飞机、3500米^{3}民用载人飞艇、LCA-60T重载飞艇等多个型号研制任务和50余项预先研究。

卓尔宇航集团在轻型飞机、飞行模拟器以及特技飞机等领域，不断取得进步，已具备年产100架轻型飞机、300架工业级无人机、60台飞行模拟器的生产能力。产品类型涵盖轻型飞机（领航者600、领航者500、领航者400、领航者200、领航者100和GP One飞机）、特技飞机——挑战者系列（XA42 Gold、XA42、XA41、XA22）、工业级无人机以及飞行模拟器等，首架“卓尔造、武汉造”飞机领航者600实现线上线下同步销售，国内外累计订单260余架。卓尔宇航集团成立了自己的研究院，已成功研发出全球首款拥有自主知识产权的涵道风扇工业级无人机和飞行模拟器。与武汉大学开展产、学、研校企合作，研究领域覆盖“固定翼飞机”（含新能源飞机）、“工业级无人机”、“飞行模拟器”三大板块。共申请实用型专利93项，已经授权的有40项，其中授权发明专利3项。11月27日，卓尔宇航公司的领航者JA-600飞机获得中国民航局颁发的生产许可证。

泊鹭航空已在荆门完成5架海王水陆两用飞机复装运营资质审定。荆门晨龙天使飞机生产线已经全部完成，2019年6月29日，晨龙公司的首架天使飞机进行首飞。

贝迪克凌云（宜昌）飞机维修工程公司获得了CAAC、FAA颁发的维修许可证，可开展“新舟”60、EMB145、737NG、A320等型飞机机体维修及整机喷漆业务。2019年完成了全球首架“蜡染画”波音737-800客机喷漆工作（整机喷漆修理总体周期压缩30%）和4架A320空客飞机深度检（4C+1D）等任务，整机维修实现单机作业到三机并行修理作业的跨越。持续推进专业化能力建设，形成了20余件波音、空客部附件的自主维修能力。

五、对外贸易与合作

目前，特飞所正与法国飞鲸公司合作研发LCA-60T重载飞艇，已完成系统需求定义评审等工作。

卓尔宇航集团通过收购欧洲多家知名飞机制造公司，完成了对欧洲的深度布局，与捷克子公司——捷克领航者飞机公司联合开展领航者400电动版研发工作，与德国子公司挑战者特技飞机公司联合开展XA42 Gold商务版特技飞机研制工作。

晨龙公司已经与萨博公司签订SAAB340飞机机型维护、维修和检查的MRO合同，公司已着手就相应生产线进行设计。积极推动天使飞机打入亚非等发展中国家，包括菲律宾、尼日利亚、巴基斯坦等国都对天使飞机表示出浓厚的兴趣。目前，已签订菲律宾客户正式采购订单2架。

航宇嘉泰公司产品获得FAA和EASA认证，以及取得波音和空客线装资质（加入线装目录），2019年公司对外贸易额增长到817万美元。与英国汤普森公司合作，形成双向的产品线延伸，在强度校核、试验大纲、试验、试验报告和适航验证等方面进行交流，开展高端经济舱座椅国内引进转移工作。每年参与一年一届“德国汉堡航空内饰展”的现场展示，展示公司的最新产品，同时建立和开拓国际市场客户。

六、重大基础设施建设

1. 武汉航达签约成立航空产业园。项目总投资30亿元，占地320余亩，建筑面积约32万米^2，面向飞机机载设备系统和附件的研制、生产、维修、服务基地及配套设施。

2. 航宇救生工业园项目。该项目位于襄阳航空航天产业园内，主要业务包括防护救生与空降空投产品研发制造、民机座椅研发制造等，规划占地1222亩，建筑面积约25.73万米^2，新建4个研发中心、1个工艺中心、4个制造基地、21条大型生产线，总投资20亿元。

3. 宜昌当阳航空装备产业园。计划总投资20亿元，规划占地约350亩，包括航空复合材料制造、客改货备件包、民用教练机制造等业务。

4. 航空器综合测试试验试飞条件建设项目。项目总投资5亿元。改扩建结构强度实验室、铁鸟实验室等，着重提升大型飞机水上迫降、通用飞机整机疲劳试验等核心试验试飞能力。

5. 凌云民用航空产业园二期项目。项目总投资2.5亿元，新建8000米^{2}厂房一栋，10000米^{2}停机坪以及相关设施设备，开展客改货业务，计划年改装飞机10架左右，项目建设周期2019—2020年。

七、行业管理主要工作

1. 强化政策引领，优化产业环境

贯彻落实湖北省委、省政府《关于推进全省十大重点产业高质量发展的意见》要求。编制完成《湖北省航空航天产业发展规划（2019—2022年）》，理清发展思路，强化政策支持，优化营商环境。

2. 规范行业管理，服务产业发展

联合国内知名智库工业和信息化部赛迪研究院，对全省产业发展情况进行调研。开展一系列的企业走访活动，协调解决发展中存在的问题。搞好产业发展氛围营造。联合湖北电视台，对全省无人机产业高质量发展进行报道，营造良好的产业发展氛围。

3. 建设重点项目，带动产业发展

加大对航宇救生工业园、凌云航空科技园、中国特种飞行器研发中心等重点项目的支持，帮助做好产业规划，提供发展信息，协调用地、空域、税收等发展中遇到的困难。支持企业重点项目发展，支持投资航宇救生航空工业园等重点产业项目纳入省发改委重点支持的项目库。

湖南省

一、基本情况

2019年，湖南省航空工业主要依托中小航空发动机产业集群发展，在中国航发南方工业有限公司、中国航发湖南动力机械研究所等企事业单位的带动下，全省民用航空工业得到了有序发展。目前，全省民用航空工业共有规模以上企业约50家左右，拥有享受国务院特殊津贴专家50余人、研究员高工2000余人、工程技术人员8000余人，从业人员20000余人。

二、生产经营情况

2019年，湖南省民用航空工业主要企业实现主营业务收入约105亿元，利润约10亿元，发展质量效益不断提升。

三、主要产品

2019年，湖南大力发展壮大中小航空发动机优势产业集群，形成了从航空动力系统、关键零部件、关键基础材料到航空器整机制造、航空综合服务保障的产业链条以及较为完善的航空装备制造集群。

航空整机方面：2019年，山河科技五座复合材料轻型飞机SA60L已成功完成首飞，是国内依据中国民航CCAR-23部适航法规研制的首款具有自主知识产权的全复合材料五座轻型运动飞机。同时，获颁美国联邦航空局（FAA）适航证，中国自主研发首款碳纤维复材飞机可在美国销售。山河科技、精飞智能等无人机生产企业的产品涵盖大中小型无人机，已广泛应用于应急救援、消防、巡线测绘、航空磁探等多领域；湖南中发军融实业有限公司已与德国RotorSchmiede GmbH签订协议，计划引进VA115共轴旋翼机生产制造。湘晨飞机取得XY100自旋翼机整机生产许可证。

航空发动机方面：2019年，国家航空发动机及燃气轮机重大专项中1000kW民用涡轴发动机、5000kW民用涡桨发动机等型号项目研制进展顺利。南方宇航公司7MW风电齿轮箱获国家首台套奖励。湘潭华联电机有限公司生产的高速电机应用于飞机机舱空调压缩机、燃气轮机发电机，无人机用涡喷发动机等；湖南新韶光电气有限公司生产的动力系统导管加热器应用于中国航发湖南动力机械研究所某涡轮发动机，航空动力滑油加热器应用于新乡航空工业集团某型飞机动力系统。

航空设备与系统方面：2019年，株洲航飞翔数字系统有限责任公司研发出发动机电子控制器监控软件、发动机电子控制器控制软件、自动测试系统软件和支撑软件等19项具有自主知识产权的产品。株洲丰发精工实业有限公司的航空发动机叶片、航空发动机机匣、燃烧室零部件以及株洲南方普惠航空发动机有限公司的轻合金机匣、螺旋桨轴、小型关键旋转件、大型关键旋转件等达到国内先进水平。湖南兆恒材料科技有限公司聚甲基丙烯酰亚胺（PMI）泡沫构件、长沙鑫航机轮刹车有限公司飞机刹车系统已应用到C919大飞机上。

其他民用航空产品：航天捷成是国内最大的机载平显数字像源和头盔数字像源供应商。航天环宇的高端微波天线产品配套用于地面通信系统、高分辨率对地观测系统、C919等型号。景嘉微电子是国内唯一具有完全自主知识产权的高性能GPU芯片的研制企业。融创微电子主要研制的SRAM存储器、OpAmp芯片达到国内先进水平。

四、产品开发与技术进步

含铍碳化硅纤维克服了国内碳化硅纤维耐温低的瓶颈，中南大学所制备的碳化硅（BeO）纤维在空气中耐高温性能满足航空发动机1200℃的要求；同时，为高效科学开发下一代耐高温纤维奠定了理论基础。耐烧蚀 C/C 复合材料已突破了新一代飞行器燃烧室、尾喷管、舱体、翼舵、前缘等耐烧蚀制备技术，制备的超高温陶瓷改性 C/C 复合材料构件通过了航天 11 院、31 所组织的十多次高温风洞考核，大幅提高了 C/C 复合材料的高温抗氧化、耐烧蚀及抗燃气冲刷性能。长沙微纳坤宸研制的金属基复合材料耐高温达 3000℃左右，且轻量化降低了约 50%。

天海航空发动机有限公司正在开展研发航空发动机核心部分——超声速航空旋流压气机；湖南正芯微电子探测器有限公司正在研发 X 射线探测器，目前完成了大面积 SDD 单元样品的制作，并在清华大学测出能量分辨率达到预期目标，产品在航空方面可用于脉冲星导航；湘潭大学主要开展航空发动机热障涂层检测与评价、铁电存储器的研制；湖南科技大学主要开展航空发动机燃料系统控制系统的研制及试验，基于弯扭耦合模型的转子系统 / 静碰摩故障分析及其诊断方法研究，拥有国内领先的原子气室 OTS 修饰的石蜡 /PVDF 抗弛豫镀膜技术和腔多重增强的灵敏度可调原子气室制备技术（用于生产高温高精度原子磁力仪 / 原子陀螺仪等核心器件）、航空机电装备动力学建模与测控技术（解决直升机动部件的动力学仿真与分析、动态控制、状态监测和故障诊断等）。

五、行业管理

一是完善政策体系。2019 年，省政府印发了《大力推进航空航天产业链发展的若干政策措施》，从加强科技创新、促进产业集聚、完善基础设施、发展运营服务、扩大政府采购、强化招商引资等 6 个方面积极支持航空航天（含北斗）产业发展。

二是强化资金支持。2019 年，湖南航空航天产业基金在株洲设立，首期规模 30 亿元，将有效缓解湖南航空产业融资困难问题，促进航空产业高质量发展。

三是深化对接合作。2019 年，湖南成功举办了湖南省航空航天产业发展座谈会，邀请航空工业集团、中国航发集团、中国商飞公司等央企集团来湘。促成航天环宇与中国商飞上飞公司签约，成为国内首家与中国商飞成立合资公司的民营企业；金天钛业与中国航空器材集团有限公司签约，将成为美国波音公司钛材料供应商。

广东省

一、基本情况

广东省航空产业以广州、深圳、珠海等地市为中心，主要分布在无人机、通用飞机制造及维修、机载设备、航空材料领域。2019 年，广东省共有 8 家企事业单位（不含中央在粤企业）纳入全国民用航空工业统计管理信息系统，分别是：广州飞机维修工程有限公司、广州航新航空科技股份有限公司、深圳市大疆创新科技有限公司、深圳市多尼卡电子技术有限公司、深圳中集天达空港设备有限公司、深圳一电航空技术有限公司、珠海保税区摩天宇航空发动机维修有限公司、广东西北航空科技股份有限公司。以上 8 家企业从业人员共 23648 人，其中工程技术人员 8232 人、研究与试验发展人员 4185 人。

二、生产经营情况

2019 年，广东省纳入全国民用航空工业统计管理信息系统的 8 家航空企业实现主营业务收入 318.12 亿元，工业总产值 317.75 亿元，转包生产交付金额 23263.61 万美元，利润总额 49.34 亿元。全年交付民用航空产品 249.49 亿元，其中民用航空器 100.99 亿元（共 133.05 万架）、民用航空器机载系统和设备 0.66 亿元（共 6.07 万套）、民用航空器零部件 0.31 亿元、民用航空器机载系统和设备零部件 0.34 亿元、其他民用航空产品及零部件 13.85 亿元、民用航空器修理 33.58 亿元、民用航空发动机修理 97.96 亿元、民用航空器机载系统和设备修理 1.80 亿元。

三、主要产品

（一）民用航空器

小型多旋翼飞行器、可折叠便携式多旋翼一体机等产品。

（二）航空系统及设备

飞行控制系统及地面站系统、飞行平台、云台系统、数字图像传输系统、无线遥控和成像终端、飞行参数记录系统、综合维修检测系统、空港自动化物流处理系统、航空货物处理系统、现代物流仓储系统、自动化立体停车系统、行李处理系统、飞机泊位引导系统、驾驶舱语音记录仪、机载无线局域网系统、机载音频播放器、机载视频播放器、机载驾驶舱视频监控。

（三）航空维修、改装及服务

飞机、机载设备、零部件及附件的维修，航线和周期性维护及特种检查，适航及服务改装，基地维修，发动机的维护、修理和翻修。

（四）其他民用航空产品

旅客登机桥、航空食品车、升降平台车、机上服务用品等。

四、产品开发与技术进步

2019 年，广东省民用航空工业企业研发人员有 4185 人，占从业人员总数的 17.70%。投入研发费用 22.96 亿元，占营业收入总额的 7.22%，新增取得授权的民用航空产品发明专利 1180 件。

1. 广州飞机维修工程有限公司（GAMECO）：是国家“高新技术企业”及广东省飞机维修工程技术研究中心企业。公司每年开展科技创新项目约 60 项，拥有发明专利 34 项、有效的实用新型专利 131 项，有效的外观专利 4 项，每年新增专利申报 20 多项。为了适应当前新机型、新技术发展，GAMECO 以大数据分析、智能机器人、移动信息化等技术为基础，积极探索“智能维修”。

2. 广州航新航空科技股份有限公司：完成多项机载设备、测试设备产品的鉴定及批产，并分别在新领域取得突破，其中测试设备中标大飞机 C919 机载电子部件自动测试平台国际招标项目，实现民用飞机综合保障技术的突破，打破了国外厂家在民航机载设备自动测试领域的垄断。

3. 深圳市大疆创新科技有限公司：2019 年发布了 10 款新品，年度研究开发费用支出达到 211647.97 万元。国内外专利年均申请总量增长保持 2 ~ 3 倍，截至 2019 年年底，公司全球专利申请量累计超 10335 件，其中 PCT 专利（国际专利）申请量超 3673 件，发明专利占比超 40%。

4. 珠海保税区摩天宇航空发动机维修有限公司：具备了在零部件清洗、高压水剥离、无损探伤检测、表面处理、焊接、机加工、等离子喷涂、热处理、电镀、涂层剥离和高速磨削等方面行业内最高标准的技术能力，能够为客户提供 MTU 全球标准的维修质量和创新服务。现具备 V2500–A5 和 CFM56–3/5B/7B、LEAP–1B 所有单元体、零配件的拆装和 80% ~ 85% 的发动机零部件的深度维修能力，维修项目达 4000 多项，能够出具发动机整体及 14000 多个发动机部件（件号）的产品合格证明，拥有多个资源论证修理资质。

五、对外贸易与合作

（一）对外贸易

2019 年，广东省出口（不含转包生产）民用航空器 59.70 亿元（共 77.65 万架）、民用航空器机载系统和设备 0.26 亿元（共 2.43 万套）、民用航空器零部件 0.29 亿元、其他民用航空产品及零部件 3.91 亿元、民用航空发动机修理 68.27 亿元、民用航空器机载系统和设备修理 0.21 亿元，合计 132.64 亿元。

（二）对外合作

1. 广州飞机维修工程有限公司（GAMECO）

2019 年，GAMECO 与波音公司在广州共同启动一条波音 737–800BCF 生产线，以应对航空货运市场不断增长的需求。这种飞机可以运载重达 52800 磅（23.9 吨）的业载，具有出色的运营经济性。GAMECO 开展的客机改装货机项目能够延长飞机的服务年限。

2. 广州航新航空科技股份有限公司

2019 年 3 月，航新科技收购荷兰航线维护服务 DMHB.V. 公司，拓展了在欧洲、非洲地区的航线维护能力。同年 5 月，航新电子与 ECA AEROSPACE 正式签署合作协议，航新电子成为 ECA 在中国的唯一授权服务中心。授权产品包括所有型号的应急定位发射机。

3. 深圳市大疆创新科技有限公司

2019 年集团出口额约为 15 亿美元，客户遍布全球 100 多个国家。大疆创新占据全球消费级无人机市场七成以上的份额，在全球民用无人机企业中排名第一。2019 年 AirWorks 大会上，大疆创新携手全球多家无人机开发者及战略合作伙伴，共同分享了最新的方案与技术成果，为全球无人机行业深入发展提供技术与服务支持。大会汇集了多场主题演讲与行业案例分享，包括防灾减害、缓解粮食危机、发展数字经济、转化科研成果等方面的积极实践，积极实现在全球发展安全可信的无人机行业创新生态。企业积极参与 ISO、ITU 等国际标准的制定，加入 ISO/IEC JTC1、ISO TC20 SC16、ISO TC23 SC6、ITU SG16、SG17 等多个无人机相关工作组。2019 年 10 月协办召开第四次无人机喷洒系统标准工作组（ISO/TC23/SC6/WG25）会议。

4. 珠海保税区摩天宇航空发动机维修有限公司

自 2003 年正式营运以来先后获得中国民航局 CAAC、欧洲航空安全局 EASA、美国联邦航空局 FAA、日本民航局 JCAB 以及巴西、沙特阿拉伯、印度尼西亚、印度、越南、泰国、菲律宾、智利、卡塔尔、新加坡和马来西亚等国家的适航维修许可证；客户遍布中国、亚洲及欧美各国；与 MTU 各维修基地之间进行全面的技术交流和技术项目转让，与 MTU 集团旗下的 6 家企业在资源、能力、技术、管理、营销、服务、人力资源等方面开展广泛的合作。

六、重大基础设施建设

1. 广州白云国际机场南航 GAMECO 飞机维修设施三期 18 号维修机库工程项目。项目建设期：2019—2021 年，总投资 8.86 亿元，建设内容包括：新建 18 号维修机库、生产辅助用房及周边市政工程，总建筑面积约 9.2 万米 ^{2}。

2. 新科宇航广州飞机维修基地 G3 飞机维修库项目。项目建设期：2018—2020 年，总投资2.1亿元，建设内容包括：新建G3机库（维修大厅、喷漆大厅、附楼）和停机坪，总建筑面积约1.67万米^2。项目建成后主要承担波音767、A320等系列飞机的C检及以下检修和喷漆任务。

3. 美华航空电子研发建设项目。项目建设期：2018—2021年，总投资25亿元，建设内容包括：拟建供教学培训的厂房4栋（分操作培训、授课培训使用），总建筑面积约23.09万米^2。项目建成后将涵盖飞行培训、空乘空保培训、签派员培训以及航空博览等业务。

4. 珠海摩天宇保税区厂区的产能扩建。项目建设期：2019—2020年，总投资1.5亿元，建设内容包括：将其他型号发动机引入到MTU TZ的服务中并将产能从年300台增加到450台。对三期主厂房进行扩建，建筑面积约为1.3万米^2（含夹层平台）。预计2020年年底可以完成设备安装和生产线布局并投入使用。

七、行业管理

（一）加强规划引领

广东省印发的《广东省推进粤港澳大湾区建设三年行动计划（2018—2020年）》提出：推进大湾区世界级机场群建设、深化扩大低空空域管理改革并加快通用航空发展，加快推进广州等临空经济示范区和深圳、珠海通用航空产业综合示范区建设，以及培育壮大包含航空装备的高端装备制造等战略性新兴产业的发展。

（二）出台扶持政策

2019年，广东省印发《关于进一步完善扶持先进装备制造业发展财政政策措施的通知》，调整珠江西岸先进装备制造业发展的财政政策，加大对全省民用航空等产业项目的扶持力度。同时，《广东省首台（套）重大技术装备推广应用指导目录（2019年版）》，加快推进首台（套）航空装备等重大技术装备的推广应用，以提高航空装备创新水平。

（三）推动产业集聚发展，延伸产业链条

广州空港经济区已吸引近1.7万家企业落户，初步形成临空产业航空维修与制造业、航空物流业、跨境电商业、通用航空业、飞机租赁业、航空总部商务等六大临空产业集聚的发展格局。深圳正在推进粤港澳大湾区重要国际航空枢纽建设，已初步形成集低空交通、跨境运输、医疗救护、应急救援、城市巡查、空中游览等多用途的通用航空服务体系。珠海航空产业园已逐步形成以滨海商务区、机场核心运营区和高端产业集聚区为主体的三大项目承载片区，集聚了一批整机制造、工业级无人机、航空培训、新材料研究等相关企业及单位，正在打造集飞机制造和机载配套一体化发展、航空服务业配套发展的华南航空产业集聚区。

重庆市

一、本地区基本情况

经过多年努力，重庆市通用航空产业发展取得明显进步。截至2019年年底，全市已培育以重庆通用航空产业集团、隆鑫通用动力、宗申航空发动机、金世利航空材料、三耐科技为代表的通用航空制造和以重庆通用航空、神龙通用航空、飞行学院重庆通航培训、华夏航空重庆飞行训练中心为代表的运营服务相关企业200余家，其中高新技术企业10余家。尤其是获批通航产业综合示范区以来，全市新注册通用航空相关企业超过100家，有力促进了重庆市通用航空产业发展。

2018年，重庆两江航空产业园升级为重庆两江新区航空航天产业园，位于重庆市两江新区龙兴园区，面积8.6千米^2，拟打造为产业链完善、特色鲜明、具有重要影响的航空航天产业集聚区。2019年园区企业25家，税收贡献3817.65万元，2019年年末就业人数1197人。其中，航空类规上企业4家（金世利材料、亿飞无人机、重庆通飞公司、重庆通航集团航电公司）。

重庆通航集团、重庆通用飞机工业有限公司、重庆通用航空产业集团航电系统有限公司是国家级高新技术企业，重庆通航集团是市级博士后科研工作站、企业技术中心、工程技术研究中心、海智工作站、重点实验室，重庆恩斯特龙通用航空技术研究院有限公司是市级新型高端研发机构。

二、生产经营情况

根据重庆统计年鉴显示，2019年，铁路、船舶、航空航天和其他运输设备制造业规上企业完成工业总产值909亿元，实现营业收入884亿元，利润63亿元。

重庆通航集团实现主营业务收入28856万元，销售收入30181万元，亏损6784万元。

三、主要产品

1. 整机制造。整机制造发展有序推进，通过收购、引进和本土培育等方式，已发展重庆通航集团、美国恩斯特龙、重庆通飞、皮拉图斯等飞机整机制造企业。重庆通航集团是国内首家中美TC/PC分离下由民航局授权的整机制造企业，拥有零部件制造人批准（PMA）资质。目前，重庆市已拥有恩斯特龙、皮拉图斯、贝尔和自主品牌的480B、280FX、TH180、TH111、R44、PC-6、407、AS350、CG231等多个机型，其中恩斯特龙480B直升机已获批重庆市重大新产品、高新技术产品。

2. 航空发动机。通用航空发动机发展进展较快，已拥有C115系列、LA系列、CMD22、GF56等多个型号的航空发动机。宗申航空发动机公司在研产品9项，其中小批量产2项、生产定型3项、设计定型4项。公司C115系列航空活塞式发动机具有自主知识产权，打破了国外垄断，填补了国内空白，年产能1000台，已在彩虹X型、翼龙Ⅰ等多款无人机上应用。公司掌握了点燃式重油发动机技术、航空活塞式发动机高空适应性设计技术等核心技术，技术水平国内领先。点燃式重油发动机技术在C12航空重油活塞式发动机上成功应用，相比国外同类产品具有燃油经济性好、控制精度高、低温启动性好、高空适应性好等优点，可以满足长航时无人机要求。公司高空适应性设计技术应用于C115-HT系列高空型航空活塞式发动机，可提升发动机升限至万米高空且保持最大连续功率不衰减，为边境地区用高空无人机研发奠定了动力基础。

隆鑫通用动力公司成功收购意大利CMD公司，通过自主研发和与国内外顶尖科研机构合作开发方式，加快研发汽油、重油、混合动力等多个动力平台的通航发动机产品，产品功率段覆盖 40 ~ 220 千瓦，起飞重量覆盖 28 ~ 1000 千克。LA600 型发动机已正式量产，并成熟应用于 230 千克级无人机平台；LA100 已完成整机适配工作，准备量产；LA300、LA500、LA900 等研发工作正有序推进。已正向设计完成 CMD22（汽油）和 GF56（重油）两款活塞式航空发动机，CMD22 已通过 EASA（欧洲航空安全局）认证，GF56 正在申请 EASA 认证。

天骄航空动力公司已完成 B201、B205a、MS 型等多款航空发动机生产用厂房建设，TV 型发动机已经实现试车生产能力。

重庆三耐科技公司投资 5 亿元占地 100 亩的航空发动机叶片项目，将建设满足国家“两机专项”的航空发动机、燃气轮机用等轴晶叶片、定向柱晶叶片和单晶叶片的研制基地，达产后产值约 15 亿元。

3. 通航制造配套。航空材料发展成效显著，西南铝业公司与重庆大学合作共建高性能航空材料重点实验室，加强铝合金材料基础共性关键技术和产业化技术的应用研究，开展了航空高表面型材生产技术开发、航空航天用新型铝锂合金材料研制、先进航空铝合金材料质量提升等项目，实现销售收入 2400 余万元。2018 年 4 月，公司通过商飞公司认证，成为国产大飞机国内唯一铝材供应商。同时，公司针对航空用高性能铝材的发展需求，进行了前沿性探索研究，并与民航局第二研究所签订了战略合作协议，共同研发航空用高性能铝材。金世利航空钛合金项目一期投产，成功产出我国第一根钛合金整体电极，实现收入 1600 余万元。积极推进航电装备研发，宗申航空发动机公司在通用航空发动机 TCU、ECU 等电控系统研发、螺旋桨研制等方面取得了突破性进展。川仪股份晶体科技分公司航空宝石轴承系列产品已向太原航空、四川新川航空仪器、四川泛华航空仪表等公司实现常态化供货。

4. 无人机。无人机方面重点发展工业级无人机。亿飞智联公司（原零度智控）研制机型 12 个，其中 4 个已投产；累计生产无人机 416 架、实现收入 2900 万元；成功开发起飞重量 40 千克的 YF-M4 垂直起降无人机。引进匈牙利著名无人机 Rotojet 团队，合资成立两江飞机设计院有限公司并正式运营，R-20、R-100 成功完成首飞，R-17 正在准备小批量试生产。重庆国飞通用公司已成功研发变距多旋翼无人机、应急救援无人机系列、高层灭火无人机等多款无人机，已获得专利 50 余项，其中发明专利 11 项，多项产品填补了国内外空白。九龙坡区积极谋划重庆无人系统产业园，大力推进了长鹰无人机、蜂巢航宇无人机等项目。隆鑫通用 200 千克级 XV-3 通用型无人直升机正进行定制化设计与飞行试验。

四、产品开发与技术进步

1. 多项研究成果填补国内空白。一是成功研发国内首款全玻璃纤维复合材料轻型飞机——CG231 固定翼飞机。二是成功研发全国最大以燃油为动力变距多旋翼无人机；成功研发国内外首款应急救援无人机系列，创造了国内三项第一；研发的高层灭火无人机填补了国内外高层灭火空白，技术全球领先。三是宗申航空发动机公司 C115 系列航空活塞式发动机打破国外垄断，填补国内空白。航空活塞式发动机高空适应性设计技术达到国内领先水平。四是重庆金世利航空材料公司生产出我国首根钛合金整体电极，填补该领域空白。

2. 首次承担国家“两机专项”核心部件任务。中科院沈阳金属所下属重庆三耐科技公司联合中国重型燃气轮机公司参与国家“两机专项”核心部件任务，项目近期将投产。

3. 初步构建较为完善的科研集群。西北工业大学重庆科创中心落户并投用，将建设 5 个研发中心。金世利航空材料联合哈尔滨工业大学、北京理工大学、重庆理工大学建设钛合金领域三个研发中心。重庆通航集团建立了重庆市新型高端研发机构、博士后科研工作站、海智工作站。落户重庆交通大学绿色航空技术研究院，建设李应红院士工作站、先进飞行器技术研究所、先进绿色航空能源动力研究所、先进绿色航空材料与智能制造研究所等。

五、对外贸易与合作

获得中美双边适航协议签署后我国首个直升机生产许可证。重庆通航集团恩斯特龙 480B 直升机于 2017 年获得中国民航局颁发的生产许可证，成为国内首家中美 TC/PC 分离下由中国民航局授权的整机制造企业，拥有零部件制造人批准（PMA）资质。

重庆通用航空集团 2019 年从美国进口直升机整机及航材，金额共计 1057.63 万元，无出口情况。

六、重大基础设施建设

全市通用机场网络已基本完成搭建，已布局建设两江龙兴、永川大安、万盛江南、潼南 4 个 A1 类通用机场和万盛黑山谷一个三类通用机场。其中，龙兴通用机场于 2017 年建成投用，目前已全面具备固定翼、旋翼机起降和保障能力。2019 年新增入驻单位 5 家，总入驻单位达到 8 家，常驻卡 –32、R44 等飞机 15 架。深化与西南空管局全面战略合作，拟共建低空协同中心。成功举办全国无人机蜂窝群竞赛活动。永川大安机场已建成通航。万盛江南机场施工图已通过审查，即将全面开工。在两江新区、北碚区、巴南区、渝中区、开州区等区域设置直升机起降点 5 个。巫山、武隆、万州、黔江等支线运输机场增建了通用航空停机位及相关设施，增加了通用航空功能。

七、行业管理

为支持重庆通用航空产业发展综合示范区建设，重庆市出台了《重庆市通用航空业发展行动计划（2017—2019 年）》，提出加快通用航空全产业链发展、深化低空空域管理改革两大方面，加快通用机场网络建设、发展各类通用航空业务、强化通用航空专业人才培训、做大做强通用航空制造业、完善低空空域划设方案、简化通用航空业务申报程序、建立低空目视视图动态管理机制、推进飞行服务站建设 8 项具体任务。产业发展方面，4 项任务均积极推进，但实施成效未达到预期。深化低空空域管理改革方面，4 项任务得到了国家相关单位的积极支持。

为支持通用航空产业发展，重庆市重点从税收优惠、融资支持、技术改造、技术产品研发、研发平台建设等方面累计支持约 17.4 亿元。其中，财政税收支持 1.37 亿元；金融支持超过 15.9 亿元。

四川省

一、本地区基本情况

四川是我国四大飞机制造基地之一，拥有众多科研院所、生产制造企业和实验研究基地，具有较完整的飞机和航空发动机总体设计、总装制造、系统集成和验证试验体系，产业基础、技术能力、人才资源位居全国前列。

目前四川省从事航空及相关领域的企事业单位有230余家，主要由中国航空工业集团有限公司、中国航空发动机集团有限公司、中国电子科技集团公司在川企事业单位，以及地方直属企事业单位、民口配套单位构成，从业人数近10万人。已建成国家级重点实验室2个、国家级企业技术中心12个，拥有我国唯一的高空模拟试车台和唯一的飞行器空气动力性能验证评估平台，在飞行器总体设计制造、航空发动机研制、航电系统研制和航空先进材料等方面处于国内领先水平。

二、生产经营情况

2019年，纳入四川省民用航空工业统计系统的企事业单位实现主营业务收入199.11亿元，同比增长6.2%。

三、主要产品

（一）民用飞机

主要发展大飞机机头、通用飞机、警用无人机、植保无人机、多功能无人机等。航空整机方面，主要开展大型民用客机C919、新支线客机ARJ21、大型宽体客机CR929机头系统研制生产，实现国产民机机头的模块化交付能力；研制AG600、“新舟”60/700、AC312、“海鸥”300、“小鹰”500等飞机部组件。轻型飞机方面，主要产品包括SL600轻型运动飞机、山河SA60L-T高原轻型飞机及轻型通用直升机等。无人机方面，以工业级无人机为重点，发展通用型支援保障无人机、多载荷无人机、电动旋翼无人机、共轴双桨无人机等。典型机型有“双尾蝎”（TB）、“扑天雕”（TA）、“没羽箭”（HA）及CW-007/10/20/30/100等系列无人机，广泛应用于物流、植保、巡检、测绘等领域。

（二）航空发动机

主要开展航空发动机及其零部件的研发制造，承接国际航空发动机生产转包业务，验证机核心机测试改装设计和高压部件性能试验及各部件试验验证，以及国内首台商用航空发动机核心单元体等32项配套任务等，产品应用机型包括通用公司的LEAP、GE9X等系列、罗罗公司的遄达XWB-100/700/7000等系列、霍尼韦尔公司的HTF7000和HTS900等系列。

（三）机载系统和设备

主要发展航空仪表设备、机载航电系统、机载电源系统等。航空仪表设备主要发展航空燃油测量与控制系统，实现燃油油量测量、燃油流量测量、燃油温度/密度/介电常数测量、加输油控制、重心辅助控制、燃油热管理、油位告警等功能，包括系统级和部件级产品。机载航电系统主要研制C919通信导航系统、数据链系统、客舱核心系统、机载娱乐系统、燃油测量与控制系统等，完成ARJ21飞机氧气系统、S模式应答机、1090ES数据面机载端、便携式ADS-B终端等设备研发，启动了CR929通信导航系统、客舱核心系统、信息系统、机载维护与健康管理系统等的预研任务。机载电源系统主要研发20GNG25、20GNC23等航空镉镍蓄电池组用于飞机机载应急电源，20GNG36-（2）A蓄电池组已为AC312E飞机少量供货。

（四）其他民用航空产品

生产飞机结构件、起落架、航空模锻件及调整控制飞机飞行姿态的关键功率部件产品，为C919、A320/330/350及波音787、运12/12F、

"小鹰" 500、AC313/312C、蛟龙 600、鲲龙 600 等机型大量供货。发展碳纤维航空复合材料、航空钛合金、功能涂层材料等，在飞机结构件、加强件、框、梁、磁性材料、密封件、易熔合金等特殊材料或器材等领域应用广泛。研制飞机管路系统柔性连接器、HB4 管路件、刚性卡箍等产品的制造和试验能力，加快无铆座圈、开缝衬套等冷挤压产品的研制和高压管路系统。承接空客 A320 前 / 后登机门、空客 A350 下垂板和扰流片、G280 公务机机头和后机身以及波音 787 方向舵等项目的转包生产。

（五）相关产业的产品及服务

在空管监视系统领域，主要研制开发 ADS-B 地面站、二次监视雷达、低空空域协同运行中心、测试应答机、测距仪、多普勒甚高频全向信标、移动式管制中心系统、机动式 ADS-B 管制系统、飞行指挥车、AeroMACS 机场宽带无线通信系统、新一代空管低空监视雷达、机场跑道异物检测雷达、机场场面监视雷达、无人机监视雷达等系统及装备等。在整机及航空发动机维修领域，主要发展大型客机、运输机、直升机、通用飞机的整机及主流发动机维修，拥有中国唯一的 CFM56 系列发动机 OEM（原始制造厂）修理厂及全球唯一的 CFMI 授权的维修站；完成 ARJ21-700 民用支线客机、SL600 轻型运动飞机等整机维修改装，完成 AC312C/E、CJ-1000AX 等发动机维修配套服务。在民机加改装领域，主要发展机载无线局域网、EFB 支架、广播式自动 - 相关监视（ADS-B Out）、波音 737-800 飞机海事卫星通信系统加装、飞行数据及座舱音视频记录仪及飞机客改货改装包技术开发、制造（IAI）等业务。

四、产品开发与技术进步

完成大型壁板类组件数字化柔性装配技术、国产大型灭火 / 水上救援水陆两栖飞机机头研制关键技术研究及应用、民用飞机结构部件关键制造技术研究与应用、C919 客机机头数字化先进测量技术攻关等多项前瞻性研究成果，形成一大批科技成果，新申请相关专利近百项；完成了 C919 内缝翼滑轨项目、C919 自由锻改模锻项目、"新舟" 700 项目、利勃海尔项目、赛峰项目等 20 项国内外民机新产品开发。

（一）新产品开发情况

研究生产小型化通航 / 无人飞机 TCAS 系统，解决目前国内 TCAS 系统关键技术研究厂商有限的问题，在民航市场上形成突破。研究生产"双尾蝎"无人机、"扑天雕"无人机、"没羽箭"无人机、"天鹰"无人机、XS 无人机、XC 无人机等整机电缆网，并已进入批量生产阶段，累计完成 200 余架整机电缆网的销售。成功研制 J599/20、J599/26 系列复合材料圆形连接器，开发 9 种标准壳体 73 种标准型谱组合连接器型号 2000 多种。目前上述产品系列均批量用于无人机项目。研制枢纽机场智能运行系统、行李高速自动分拣系统、无人驾驶航空器空管信息服务系统、机场全景增强监视系统等，相关产品在全国 20 多个机场应用，枢纽机场市场占有率达到 70%。

（二）重大技术进步情况

针对机场空地协同监视和安全管控需要，成功研制 X 波段机场场面监视雷达、多点定位系统和 FPD 异物探测系统，以及 ADS-B 系统、陆基导航 DME/DVOR 设备，相关产品已广泛应用于全国主要机场。成功研制受弯矩力作动筒，填补了一项国内空白；自主研发的"华腾 ATES 6 航空电子通用 ATE 系列"被国家科技部评定为"国家火炬计划项目"。

五、对外贸易与合作

推动中国航发成发、成飞民机、凯天电子、爱乐达等企业拓展国际市场，积极承接 A320/350、波音 737/747/767/787 等国外大客机的数千项大型结构件、零部件及发动机零部件国际转包生产业务，特别是在舱门、机匣、起落架、套筒等设备研制上具有较强优势。成飞民机实现 3000 个舱门业务目标，爱乐达承接了 1500 多项零部件业务，中国航发成发成为 GE、罗罗、普惠国内首家同步研发伙伴，以及 GF6 等型号燃烧室外机匣、整流罩等 10 余项产品的全球唯一供应商。积极参与国际知名通用航空学术论坛、参加航空维修专业培训、加强专业人才学术交流等。

六、重大基础设施建设

围绕打造四川省航空整机高技术产业基地

的重点示范项目，四川成都航空产业园于2019年4月开工建设，园区总规划1700余亩、总投资100亿元，当年已有18家企业签约入园，并实现了"当年拆迁、当年建设、当年投产"。中国航发成发为了提高商用航空发动机零部件研制生产能力，持续加大工艺设备和厂房投资，新增的车铣复合加工中心、镗铣加工中心、真空炉、X射线机、平衡机等工艺设备约30台已投入使用，新建的151机加厂房实现交付使用。万航2019年完成6个长线产品配套设备投资项目中电热处理炉、抛丸机及热处理厂配电系统改造的采购、建设及验收，完成移动箱式电阻炉的安装。泛华2019年组织顺利完成006#燃油综合试验验证厂房建设工程项目的EPC及监理招标工作，并且启动项目建设。成都富凯根据国航机务系统的整体战略布局，自主研发了机载娱乐系统的终端附件测试设备，并于2019年年底完成验收。四川凌峰航空液压机械有限公司与上海上飞装备制造有限公司进行合作，成立了广沪智能科技有限公司，建设智能化柔性生产线，进行航空高端零部件生产制造。四川明日宇航工业有限责任公司投资近5亿元，建设包含电镀、阳极氧化、荧光渗透检测、喷漆等12条特种工艺生产线的表面处理中心，项目总建筑面积30579.56米^2，预计2020年12月开始陆续投入生产。

七、行业管理主要工作

（一）统筹谋划，构建民用航空产业发展新格局

将航空与燃机产业列为四川省"5+1"现代产业体系重要组成部分，出台《四川省航空与燃机产业培育方案》等，建立推进航空与燃机产业发展的联席会议制度。省委十一届三次全会明确提出打造航空整机、航空发动机、无人机三个航空产业集群。不断深化四川省与航空工业集团、中国航发集团、中电科集团等战略合作，引进和实施了一批民用航空重大项目。

（二）深化改革，推进低空空域协同管理试点

根据国家批复方案，大力推进低空空域协同管理试点。2019年，创新"低空目视自主飞行"模式，推动空域内飞行由"审批制"改为"报备制"，时间由提前一周申请简化为飞行前1小时报备。试点空域面积拓展至6700千米^2、开放目视飞行通道5条，实现成都与眉山、自贡、乐山、内江、资阳的互联互通。

（三）狠抓项目，推进落实重大工程和计划

狠抓C919、ARJ21、AG600、CR929、"新舟"700机头等重大民机工程项目；着力推动地方民企通用飞机配套、无人机研发制造、航空与燃机零部件制造、民用航空维修服务等重大项目建设。

（四）加强保障，完善配套政策措施

设立8.75亿元航空产业引导基金，推荐4家优势航空企业纳入四川省上市培育库。优先落实四川成都航空产业园用地指标，协调解决环保相关问题。落实国家重大技术装备关键零部件进口免税，实施首台套、首批次、首版次保险补偿试点等政策，支持航空领域产业化和技术创新项目25个，省级财政扶持资金超过1亿元。

贵州省

一、本地区基本情况

贵州省是国家重要的航空工业基地，配套基础较好，依托在黔航空工业企业形成了以无人机、高级教练机、中小推力航空发动机为主机的航空产业体系。全省参与民用航空生产及配套的企业有 38 家，其中，航空工业集团在黔企业 14 家，江南航天集团 4 家，中电振华集团 1 家，中航发集团 5 家，民营企业 9 家，运营服务企业 5 家。

二、生产经营情况

2019 年，贵州省航空产业链主营业务收入 160 亿元。

三、主要产品

（一）整机

贵飞公司是我国无人机、教练机制造、试飞基地；黎阳公司是我国中小推力航空发动机重点企业；贵州通用飞机制造有限公司为贵州省通用飞机制造企业。贵州省航空制造业围绕主机形成了机身结构、控制系统、航电系统、液压件、铸锻件、标准件等较为完整的航空配套产业体系。

（二）总成和系统

贵州黎阳航空发动机生产航空发动机；红林公司生产航空发动机主燃油调节器、加力燃油调节器、油气分离器、滑阀、活塞等；贵阳航空电机公司生产航空二次电源（DC/DC、AC/DC、DC/AC、AC/AC）系列产品，配电产品、电机类产品和结冰信号器等；华烽公司，主要生产航空电机、电连接器、飞行员操纵装置；新安公司主要生产飞机起落架及附件、飞机电源、应急门逃生机构。

（三）零部件

贵飞公司主要从事的配套产品包括飞机框梁、飞机后机身和机翼等结构零部件及飞机导管、电缆组装件等。安大公司主要产品有航空发动机、机身等各类环轧件和闪光焊件，机身、机翼、垂尾、吊挂、翼身组合件等飞机结构锻件。安吉公司为不同类型的飞机、航空发动机、机载设备、航空附件提供各类铝合金、钛合金、镁合金、高温合金等优质铸件。中航标、航天精工为飞机、航空发动机提供螺母（含自锁螺母）、螺栓、螺钉、铆钉等。航天电器公司主要产品包括电连接器、继电器及电气控制组件。力源液压重点配套各类航空液压泵。

（四）地面装备

贵阳高新泰丰航空航天科技有限公司配套直升机起落架、野战移动机场综合起降设备；贵阳黔江机械厂、贵阳航空发动机有限公司配套试飞试验地面保障设备。

（五）其他民用航空产品

目前贵州省共有 25 户企业可为国产民用飞机项目配套，其中商飞公司认定的合格供应商有 8 家，其余 17 家均在自身发展及为商飞公司进行产品配套过程中，积极争取成为合格供应商。配套企业主要包括：贵飞公司、红林机械、贵阳电机、中航标、航天精工、安大锻造、航宇科技等 12 户企业。主要配套产品包括标准件和元器件、铸锻件和零组件、部件和分系统产品。

四、对外贸易与合作

对外转包业务规模稳步扩大，近年来多家企业持续扩展国际市场，对外转包形成较为稳定的业务和规模。

整机：重点企业有贵飞公司、通用飞机制造公司，“一带一路”市场开拓取得积极进展。

航空锻件：重点企业有航空工业安大公司、航宇科技公司，其中，航宇科技成为美国 GE 公司、普惠公司、霍尼韦尔公司、德国 MTU 公司、法国赛峰公司合格供应商，配套全系金属材料的环锻件，是英国罗罗公司的大、中型环锻件在亚太区的主要供应商。

发动机叶片：主要企业有黎阳国际、赛峰飞机发动机（贵阳）有限公司。

五、重大活动和项目建设

贵州黎阳航空动力有限公司中等推力航空发动机生产线建设项目、中国航发高温合金涡轮叶片生产基地项目开工建设。中国航发黎阳动力新型发动机研保能力建设通过评估，新机研制进程显著加快。

六、行业管理

（一）大力推动先进装备制造业发展

2019 年，贵州省成立了由省领导领衔的省先进装备制造业发展领导小组，大力推动先进装备制造业发展，并制定印发了《贵州省先进装备制造产业振兴行动实施方案》，明确深入实施先进装备制造业“6+6+6”战略行动，重点发展航空、航天等六大产业，努力推进产业高质量发展。2019 年，贵州省还通过先进装备制造业专项发展资金支持一批航空产业改扩建、技术创新、智能制造等项目。

（二）开展电镀行业布局研究

在充分调研和综合各方意见的基础上，组织编制《贵州省电镀产业发展布局研究报告》和《贵州省电镀产业发展布局指导意见》，拟在贵阳、遵义等地优先布局 6 个电镀公共服务平台，推动产业集约化、绿色发展。

云南省

一、本地区基本情况

云南民用航空工业在通用航空产业领域有一定发展。云南省从事通航产业的企业以运营为主。据不完全统计，云南省从事通用航空产业企业有 19 家，其中 10 家是通用航空公司和飞行俱乐部，从事旅游、培训、其他服务业。

二、生产经营情况

通航产业制造企业以小微民营企业为主，基础薄弱。云南省民用航空制造企业主要有 9 家（含无人机制造企业）。弥勒浩翔科技有限公司研发生产的 DL–2L 双座轻型运动型飞机于 2014 年成功实现首飞，2019 年 4 月，DL–2L 双座轻型运动型飞机取得中国民航局（成都分局）的《型号合格证》，实现了云南省整机研发制造零的突破；昆明电缆集团航安线缆有限公司生产民用航空导线和耐高温导线产品，2019 年销售收入 80 万元，利润 12.2 万元。

上述企业除了昆明电缆集团外，基本属于民营小微企业，据企业自报，2019 年全省民用航空制造业销售收入仅为 340.85 万元。由于面临许多困难，个别已经尝试进入航空制造领域的企业因技术、工艺、市场、资质认证等原因，又退出了航空制造业。云南省民航产业发展任重道远。

三、主要产品

弥勒浩翔科技有限公司研发生产的 DL–2L 双座轻型运动型飞机；昆明电缆集团航安线缆有限公司生产民用航空导线和耐高温导线产品；云南高科新农科技有限公司开发生产小型无人机。

四、产品开发与技术进步

弥勒浩翔科技有限公司成立于 2007 年，主要研发生产和销售航模发动机，目前已形成 DLE20–200 等 20 型全系列航模发动机和活塞式航空发动机的研制能力，拥有全部自主知识产权。弥勒浩翔科技有限公司航模及其他航空专业领域技术研究重点方向主要有三方面：轻型飞行器设计、小型活塞式航空发动机技术开发、无人机混合动力技术研发。

云南钛业股份有限公司是钛金属材料研发生产的企业，成立于 2009 年，是一家致力于中国钛及钛合金大型锭坯熔铸、钛卷板、线材、型材、钛制品和钛设备工艺技术研发与产业化的国有控股企业。云南钛业股份有限公司“十四五”期间专业领域技术研究重点方向主要有：Ti–Al–V–M 系新型低成本高强韧钛合金开发及应用。

五、对外贸易与合作

2019 年，玉溪云南合美通用航空技术有限公司正在组装美国海明堡 300L 型直升机；云南云上飞鹰航空装备有限责任公司正在从事捷克 Skyleader 600 型 2 座固定翼飞机组装；云南高科新农科技有限公司正在组装生产无人机；红河综合保税区计划与美国席勒公司实施集直升机组装、销售、售后为一体的直升机 5S 项目。

六、重大基础设施建设

云南省民用航空重大基础设施建设的职能部门是云南省发展改革委和云南省交通运输厅（下设“云南省民航管理局”），负责重大基础设施规划、审批、建设、验收等工作。

七、云南省民用航空制造业行业管理

1. 采取各项措施促进云南民用航空制造业发展。发展通用航空业对云南省经济发展具有重要的促进作用。云南省具有相对独立的空域管理区域；全省95%地形为山地，陆路交通不便；旅游资源丰富，这些是云南省大力发展通用航空产业的优势和条件。把通航产业培育成为云南省国民经济新的增长点，对促进云南省先进装备制造业的发展将起到重要的促进作用；同时，也将在云南省加快转变经济发展方式、调整经济结构、发展现代服务业和新兴产业的平台建设中发挥重要作用。

2. 省委、省政府高度重视通用航空产业发展。省委、省政府针对世界和国内通航产业的发展态势，采取一系列措施促进云南省通航产业的发展。

（1）省政府领导直接谋划云南省通航产业发展工作，连续多次召开专题会议，听取有关工作汇报，研究云南省通航产业发展问题，确定工作重点，指派相关部门和有关同志专人负责。省工信厅进一步加强了通航产业发展的协调工作力度，确保各项决策部署落到实处，加快云南省通用航空产业的发展。

（2）成立通航产业发展的协调领导机构。经省政府同意，云南省成立了由省政府领导牵头的"云南省通航产业发展协调领导小组"，在省人民政府领导下，统筹协调企业投资全省通用航空产业所涉及的相关工作；加强对云南省企业投资通用航空产业发展的宏观指导，研究解决有关企业在整合全省通用机场建设中的重大问题；协调推动全省通用航空产业发展及有关政策措施的细化和落实。

（3）继续发挥已有的民用航空联席会议、协调机制的作用。近年来，随着国家和省对发展通用航空产业高度重视，相继出台了一系列促进通用航空产业发展的政策措施，同时，为解决通用航空产业发展中的技术、标准、管理等问题及协调各方的利益关系，云南省于2014年建立了云南省通用航空发展联席会议制度。2019年上述协调机制总体顺畅。

4. 继续做好《云南省通用航空产业发展规划（2018—2025年）》贯彻落实。通航产业属于新兴高新技术产业，云南省在许多方面仍是发展空白。2018年，省工信厅组织中国航空系统工程研究所编撰了《云南省通用航空产业发展规划（2018—2025年）》，对指导和促进全省通航产业未来7年内的健康、快速发展，促进全省国民经济的转型升级、加快有关重点通航项目落地，促进云南省高端制造业的发展，促进全省工业的增长方式的转变，发挥了积极作用。经过一年多的贯彻落实，目前，该规划执行情况良好。

陕西省

一、本地区基本情况

陕西是我国航空工业重要基地，经过60多年的建设和发展，已形成集飞机设计制造、试验试飞、产品支援、综合服务保障及教学培训为一体的较为完整的航空工业体系，综合实力居全国前列。现有航空工业企业19家、科研院所5家和中国航发企业2家，从业人员12万余人。省内为航空工业进行专业化配套的机械、电子、冶金化工企业有300多家。全省拥有25个国家重点实验室、23个国防重点实验室、32个国家级企业技术中心和347个省级企业技术中心。陕西省航空产业园区（基地）建设情况良好，具体情况如下：

1. 西安阎良国家航空高技术产业基地。西安阎良国家航空高技术产业基地是国家发改委2004年8月批准设立的首个国家级航空产业基地，2010年6月被国务院批准为国家级经济技术开发区。目前已累计注册企业1300余家（民营企业占比超过80%），有300余家企业从事航空相关业务，已基本完成一期8千米^{2}的开发建设，二期23千米^{2}的开发建设已全面展开，初步形成了一个产业特色明显、配套条件完善、集群效应凸显的航空产业聚集区。成功举办2019中国国际通用航空大会，共邀请了国内外240架飞行器参展，数量和种类均创历史新高。支持保障重点项目，促成全球最大300MN等温锻项目启动建设，支持辖区势加动力公司成功交付国家重点项目发动机整机。构建核心产品体系。强化金融服务扶持，引导撬动社会资本，成功组建规模1亿元的“西安航空科技创新风险投资基金”，前期储备项目共计30余个，经过筛选10余项重点项目进入储备项目库，目前已经完成对区内兴航航空、势加动力共计投资入股1060万元。搭建公共服务平台。“技术平台＋服务平台”双管齐下，形成需求良好对接、资源共享共赢的良性格局。西安航空中小企业服务中心揭牌运营，为中小企业提供政策、金融、技术、知识产权等全方位、一站式服务；成功搭建“低慢轻小”无人机飞行测试所需产业平台——西安航空基地旋翼无人机超低空飞行试验场，并已获得空域管理部门批准；打造西安航空大数据中心，以腾讯云工业云基地为依托，逐步推进信息系统平台与工业综合服务平台建设，形成覆盖全国的航空产业大数据云平台。

2. 汉中航空智慧新城。规划总面积27.8千米^2，中期规划建成15千米^2，人口达10万人；远期规划到2030年，总投资1000亿元以上，总人口达15万人，入园航空及配套企业100余家。已建成30余千米骨干路网、20万米^{2}保障房和安置房、“三路两厂一馆”等项目，目前正在建设总投资30多亿元的“十路一廊”路网、污水主干管、航空小镇、安置区等项目，建成后将极大地提升新城航空产业承载能力。新城企业全年完成工业总产值180亿元，固定资产投资29.5亿元，完成土地收储400亩，累计入园企业达到46户。

3. 渭南蒲城通用航空产业园。园区规划占地20千米^2，主要从事飞机制造、装备、试飞及零部件加工、维修，同时建设航空培训学校、航空俱乐部等，建成后将成为以生产、研发、教育、休闲娱乐为一体的国际现代化通用航空产业园区。国家已批准园区为“中国国际通用航空大会”永久会址，已成功举办了五届通用航空大会，参展飞机数、参会企业数、签约金额逐届提升，“西安航展”的品牌效应受到业界广泛关注。

4. 西咸新区空港新城。依托陕西航空产业优势，形成航空维修、航材供应、航空零部件制造检测、航空培训等较为齐全的航空产业链，打造国内领先和知名的航空产业维修、生产基地。空港新城已被国家民航局批复为西安国家航空城实验区，是我国首家以发展航空城为定位的国家级临空经济区。

二、生产经营情况

2019 年，陕西民用航空工业实现主营业务收入 104 亿元，实现利润 4.4 亿元 。

三、主要产品

（一）民用飞机

“新舟”60/600 系列飞机。“新舟”飞机实现系列化发展，“新舟”60/600 飞机累计交付 110 架。

通用飞机。陕西直升机股份公司已引进完成 20 余架贝尔 407 直升机组装工作，正在构建覆盖全省、西北地区及全国的直升机服务网络。

无人机。主要以整机制造、飞控系统研发、零部件生产、飞行培训等为主，产品涵盖无人直升机、固定翼无人机、多旋翼无人机等多种机型，已初步形成了包括基础研究、研发制造、行业应用、产品销售、人员培训、检测试飞的无人机产业链。西工大无人系统国家工程研究中心、西咸无人机产业化基地和榆林靖边试飞鉴定中心项目顺利推进。

（二）航空发动机及燃油控制系统

涉及发动机压气机、燃烧室、涡轮、机匣等关键部件，包括盘类、环类、封严类、轴类、机匣类、涡轮叶片和压气机叶片零件及其他结构类零件等，产品零件种类过千种，为全球 20 多型发动机提供配套。航空发动机控制系统包括液压、燃油、空气控制系统等航空发动机燃油控制附件，以及近 40 种发动机控制系统附件的研制、生产与修理。

（三）航空设备及系统

涉及航空机轮、刹车装置、刹车盘片、防滑刹车系统及 PMA 产品、起落架、高升力系统、飞机电源系统、飞控系统、机载计算机、飞行环境监视系统、无线电导航系统、机载娱乐系统等。

（四）航空新材料

包括钛材、锆材等；碳纤维、织物、预制体、预浸料及复合材料制品；轻质高强度镁锂合金材料等。

（五）其他航空民用产品

包括飞机训练模拟器和工程模拟器、机场助航设备、通用航空产品、空港培训设备、飞机地面保障设备、登机桥整体调平自动装置、智能旅客登机桥、电动式钢结构机库大门和柔性堆积式机库大门、飞机照明光源、车载式助航灯具光强检测仪、无线电高度表、多普勒雷达、气象雷达、飞机除冰 / 防冰液和机场道面除冰 / 防冰液、导光控显面板等。

四、产品开发与技术进步

（一）民用飞机及部件

“新舟”700 飞机。“新舟”700 飞机项目静力试验机实现交付，首飞机已进入全面总装阶段。为确保“新舟”700 飞机项目研制及未来商业化成功，西飞民机自我革新，开展市场化改革：实施混合所有制改革，建立现代企业法人治理架构，构建基于矩阵管理的组织模式，建立市场化用人机制，推行职业经理人制度，建立激励约束有效的市场薪酬机制。

“新舟”系列飞机。完成一架“新舟”600F 货运飞机交付，这是该机型的全球首次交付。向中国科学院交付了一架自主研发的高性能“新舟”60 遥感飞机。至此，中国科学院向西飞民机公司订购的两架“新舟”60 遥感飞机全部交付。“新舟”60 遥感飞机的研制成功，填补了我国大中型航空遥感飞机研制空白。

C919 大型客机。西飞公司承担中机身、中央翼、外翼翼盒、前缘缝翼、后缘襟翼、副翼 6 个工作包研制任务，同时还承担了翼身组合体试验件研制任务。全年完成三架机部件工作包研制交付任务。庆安集团公司开展了配套三型 LRU 的鉴定试验和三架机产品的交付；陕西宝成航空仪表公司完成 C919 配套应急型号撤离系统蓝标件交付，完成手持话筒、机翼电缆伸缩装置产品样机设计。西安航空计算技术研究所完成 C919 飞机 101—106 架信息处理计算机、光电转换器装机件交付。西安飞行自动控制研究所持续推进鉴定试验和型号取证工作，完成了首飞维护功能软件、飞行控制模块、托架和作动系统等产品及试验件的交付。宝钛集团有限公司承担了 C919 飞机首飞用国产钛合金材料装机应用研究试验用料研制科研任务，并与商飞公司签定了横向科研合作合同。陕西航空电气有限责任公司研制交付 AC105、AC106 架机产品，并确保主配电箱准时交付，为试飞提供全力保障。

ARJ21-700 新支线飞机。西飞公司承担机身、机翼、翼身整流罩等 60% 的机体研制生产任务。中国飞机强度研究所承担了全机静力试验、疲劳试验、地面共振试验、结构研发和零部件适航符合性验证试验等。西安航空计算技术研究所配套提供中央维护系统机载软件。陕西宝成航空仪表公司完成 ARJ21 配套手持话筒研制取证和小批交付。陕西宏远航空锻造公司承担 17 项飞机项目锻件研制。国营长空精密机械制造公司承担飞机前缘锋翼齿轮齿条组件研制生产，是国内唯一供应商。宝钛集团、西部超导公司承担飞机钛合金材料研制。

“小鹰”700 飞机。由中国航空工业集团有限公司与通航国际（西安）飞机技术有限公司合作研发的国内具有自主知识产权的轻型多用途通航飞机“小鹰”700 在位于陕西西安阎良的航空工业试飞中心机场成功首飞。

无人机。由航空工业一飞院研制的“探路星”无人机完成地面试验和中、低速滑行，通过首飞技术质量和放飞评审，达到首飞技术状态；“启明星”无人机实现自主滑行和试飞。

西北工业大学“魅影太阳能 Wi-Fi 无人机”项目获得第 47 届“日内瓦国际发明展”杰出创新特别大奖和金奖。魅影太阳能 Wi-Fi 无人机由西北工业大学特种无人飞行器研究所的魅影团队研制开发。该项目将太阳能、无人机、无线路由器三个社会热点相结合，采用太阳能为自供给能源，持久留空无人机与 Wi-Fi 技术相结合构建空中基站进行区域覆盖，解决偏远地区、广域海上和灾区等应急场所快速搭建信息桥梁的难题。

中国飞行试验研究院作为试验牵总单位，完成了国产民机 C919、ARJ21 改型、AG600、“海鸥”300 飞机等多型民机试飞的年度任务。

（二）航空发动机

西安航空发动机（集团）有限公司与中国航发、商发共同搭建民用航空发动机深度发展的战略合作平台，双方签署了《关于民用航空发动机研制的战略合作协议》开展深入合作。重点在“核心机燃烧室、高压涡轮、高压涡轮零组件、性能试验”等方面开展科研试制。目前已完成 CJ 系列发动机 26 个件号 33 个零件试制，圆满完成各项科研生产任务。

西安航空动力控制公司积极开拓国际市场，将市场开拓作为重要的发展战略。全年累计新增 49 项首件试制订单，其中 43 项产品完成首件交付。CJ 系列项目总体进展顺利，部分产品已按照计划实现小批交付。

（三）刹车及机轮装置

西安航空制动科技有限公司承担了“新舟”700 飞机项目机轮与刹车控制系统研制，开展了机轮刹车系统原理件的设计制造。加强工业和信息化部绿色滑行和高可靠课题研究，积极争取机载能力提升计划，夯实民机产业基础；同时开展民机研制、适航管理、供应链管理体系运行完善，为型号研制提供坚实保障。

（四）航空锻件

陕西宏远航空锻造有限责任公司西安新区世界最大螺旋压力机热试圆满成功。该设备是航空工业宏远公司创建 50 多年来装备的最大锻压设备，也是目前世界最大螺旋压力机，将进一步推动我国飞机和航空发动机等大型精密锻件的研制和生产。2019 年 9 月 21 日，300MN 等温锻液压机项目奠基仪式在西安举行，此项目将建设全球最大的等温锻造液压机。该项目的建设与该公司现有的 400MN 模锻液压机、2500 毫米环轧机形成大、中、小结构件、盘环件的完整生产线。

（五）航空机载设备及系统

西安飞行自动控制研究所积极开展 CR929 宽体客机飞控、导航工作包的项目竞标准备工作，承担的 AG600 项目已启动电传飞控系统研制，完成了民用直升机 AC312E/C 自动飞行控制系统研制项目的产品装调、系统综合和机上联试。陕西航空电气有限责任公司承担的 C919 电源系统、“新舟”700 一次配电系统、AG600 电源系统研制生产任务均按计划节点推进。陕西宝成航空仪表公司紧抓 ARJ21 飞机小批和 C919 国产化机遇，通过加大市场开发力度，提升了音乐播放器及合并式乘务员话筒等民机产品订单份额，2019 年民机产品订货量首次突破千万元。西安计算技术研究所顺利完成C919飞机101—106架信息处理计算机、光电转换器装机件交付以及“新舟”700飞机信息系统、电气系统控制器产品交付，成功研制新一代低成本通用飞机航电系统。陕西东方航空仪表有限责任公司加强多领域型适航产品申报，发展适用通用飞机的航空产品，多种产品已扩展配套至“小鹰”500、“海鸥”300等多种小型民用飞机。陕西千山航空电子有限责任公司承担了多型国产民机配套新品研发，覆盖“新舟”系列、AG600、AC312系列、运12F等国产民机型号项目。完成了无线快取记录器、快取舱音记录器、远程数据集中器等新技术产品研制，开展了民机抛放、PHM等新技术产品预研，填补国内空白。陕西凌云电器公司通过充分运用在无线电导航、卫星导航领域的经验，发展民用航空机载导航设备，形成了组合接收设备、无线电罗盘、测距器等产品，已通过民航适航认证，并已装备多型民用飞机。

五、对外贸易与合作

2019年陕西航空单位共完成出口产值27.05亿元。

西飞公司广泛开展同波音、空客等国际知名航空制造企业的合作，2019年与空客公司正式签署空客单通道机身系统安装项目合同，该项目是中国航空工业集团与空客公司继单通道机翼总装项目后又一重大合作里程碑。2019年出口产值达18.67亿元。西航公司加大力度承揽国外航空零部件转包生产，与英国罗罗、美国GE、法国斯奈克玛等多家世界知名厂商建立了转包生产合作关系。2019年民机外贸出口产值16.73亿美元。庆安集团公司积极开拓民用航空市场，与法国赛峰集团、美国柯林斯公司、穆格公司、霍尼韦尔公司、派克公司等国际民用航空机载设备公司建立了不同程度的业务合作关系，主要供应飞机起落架系统、作动系统、货运系统、电源系统、机轮刹车系统等多项零组件。2019年实现收入2.95亿元。西安航空制动科技有限公司与法国赛峰公司共同推进CR929机轮刹车项目合作，全面开展竞标工作。在2019年柯林斯公司亚洲供应商大会上，获“柯林斯亚洲先进供应商”荣誉。2019年实现外贸收入1556万元。西安航空动力控制公司积极承接铸件壳体类、异形件类和轴套类零件加工业务，收缩与主业关联度较低和盈利能力较差的国际合作项目。陕西宏远航空锻造有限公司主要为波音、空客、古德里奇、道蒂等公司配套生产航空锻铸件毛坯。连续三年荣获赛峰公司“全球最佳供应商表现奖”。2019年航空外贸产品实现销售收入13646万元，同比增长23.2%。西安飞行自动控制研究所与美国霍尼韦尔公司、派克公司合资成立的西安鸿翔飞控技术有限公司、鹏翔飞控作动系统（西安）有限公司运营良好。陕西宝成航空仪表公司航空仪表和转包零件出口美国、德国、捷克，已被美国克瑞公司列入优先可增长战略合作供应商。陕西长空齿轮公司通过和派克、穆格、宝马三家公司合作，采用转包生产形式，为波音787、空客A380提供齿轮零件、结构件等。西工大365所持续开拓外贸市场。2019年来累计签订民品及外贸合同金额约7000万元。

六、重大基础设施建设

1. 蒲城民机试飞跑道建设项目。蒲城民用飞机试飞跑道及其辅助设施建设项目先行用地申请获得自然资源部批复。飞行区主体工程主跑道全线贯通，取得阶段性胜利，滑行道、联络道、停机坪、试车坪等场道工程按计划推进。2019年11月16日，C919、ARJ21-700、“新舟”60等国产民用飞机集中亮相陕西省蒲城县卤阳湖航空新城，在我国唯一的国家民机科研试飞基地成功进行了主跑道全面建成贯通后的首次飞行试验试起降活动，标志着基地飞行区主体工程建设接近尾声，开始进入场道工程及配套设施建设阶段。

2. 蓝田通航机场建设项目。蓝田通航机场是西安当前空域下唯一能够选址落地的通用机场，对于加速构建陕西省通航机场网络体系具有重要战略作用。项目建设周期为15年，分三期实施。近期规划为通用机场及产业配套区，面积1.6千米^2，投资20亿元，建设周期为5年。目前、土地报批、征地拆迁等基础工作正在加快推进。

3. 工业类无人机产业化生产线建设项目。此项目为爱生无人机西咸新区发展有限公司

“沣西无人机产业化示范基地”建设子项目，总投资 1.1 亿元，拟建设现代化工业类无人机制造生产线批量生产厂房以及生产制造技术研发楼（总建筑面积约 5 万米^2），购置生产制造、装配测量、系统测试等设备 110 多台套。目前一期项目已建成。园区正式用电已接入，部分生产经营设备已陆续进行搬迁。全部建成可形成年生产能力达 300 架的工业类无人机产业化生产线。

4. 靖边无人机试验测试中心建设项目。无人机试验测试中心建设项目位于榆林市靖边县，规划用地 5000 余亩，获批高度不限空域 50 千米 ×100 千米，旨在面向行业提供无人机飞行试验测试环境与服务，以解决无人机试验测试受限问题，满足无人机的飞行试验测试需求。截至 2019 年年底，除土地报批外，项目建设其他专项论证和行政报批工作全部完成。中心一期建设完成部分工程招标及场地平常设计、总平设计和施工图设计等工作。

七、行业管理

1. 积极推动战略合作。陕西省与航空工业集团签署了《战略合作框架协议》《共建汉中航空智慧新城战略合作框架协议》《深化国产民机产业发展合作协议》，不断深化航空产业战略合作。省财政出资 1 亿元参与航空智慧新城发展基金组建。陕西省与中国航发集团签订了战略合作框架协议，出资 12 亿元参与航发动力定向增发，共同推动航空发动机产业发展。陕西省与中国商飞公司两次签订深化战略合作框架协议，深入开展 C919 大型客机、CR929 宽体客机和 ARJ21 涡扇支线客机项目合作，在部件、机载系统研制上给予了项目支持。与航空工业集团民机部就落实民机项目合作协议、推进富平通用机场和“新舟”700 项目建设等事项进行工作座谈，推进双方战略合作协议事项落实。

2. 支持推进汉中民用货机项目发展。协调西工大、陕飞公司、汉中市等单位共建汉中民用货机产业研究院，起草协议文本，参加汉中民用货机项目启动大会，并与汉中市、西工大等签署汉中民用货机研究院共建协议。

3. 协调支持陕文投集团与航空工业集团开展文化产业项目合作。按照省委、省政府领导批示要求，就陕文投提出的航空工业集团公司拟在陕西省建设中国航空博物馆和文化产业项目合作事宜协调西北工业集团考察了选址方案，参加双方对接会，并就工作推进情况及建议向方光华副省长作了专题报告，协调推进文化产业项目合作。

4. 成功举办 2019 中国国际通用航空大会。邀请国内外 240 架飞行器参展，数量和种类均创历史新高，吸引逾 20 万人次观展，近 500 家国内外参展商展出了超过 3000 件展品，137 家参展企业达成交易或合作意向，中央电视台 5 次报道，湖南卫视、江苏卫视等 8 家媒体持续关注，微博话题阅读量突破 1 亿。

甘肃省

一、本地区基本情况

2019年，甘肃省现有涉及航空类企业8家，分别是航空工业万里机电有限责任公司、航空工业兰州飞行控制有限责任公司、航空工业天水飞机工业有限责任公司、甘肃长风电子科技有限责任公司、神龙航空科技有限公司（简称神龙航空）、甘肃澳雷通用航空有限公司、甘肃席勒航空工业有限公司和甘肃东舟公共飞行服务有限公司。其中，前三家公司隶属于中国航空工业集团有限公司，目前，仅有一家企业即神龙航空科技有限公司纳入中国民用航空工业统计。

甘肃省航空产业主要业务为六大类：一是自动驾驶仪及控制增稳系统；二是电动舵机类产品；三是有人机、无人机雷达设备研发生产；四是航空类飞机及民用航空雷达修理；五是无人机整机的生产组装及配件生产；六是医疗救护、空中游览、飞行驾驶执照培训、航空器代管、航空摄影和城市消防等众多民用服务类业务。民用航空产品主要以无人直升机为主，产品类型单一，此外，通航运营、航空培训、通航维修等业务刚刚起步，产业体系仍待完善。

神龙航空科技有限公司是一家拥有自主知识产权，专门从事无人机和通用航空轻型飞行器研发、生产及培训为一体的高技术民营企业。作为甘肃唯一一家生产无人直升机和通用飞机的企业，持有无人机生产资质及驾驶员、机长培训资质，也是甘肃地区无人机驾驶员、机长执照考试的唯一考点，被列为国家科技部“十二五”科技支撑计划、国家公共安全应急装备关键技术研究与装备研制项目任务单位。经过近20年的技术积淀，神龙航空已掌握多项无人机核心技术，拥有双杠对置式航空发动机、新材料机架结构、设备搭载云台，实用型发明专利和技术创新成果26项；成功开发出工程应用型无人直升机等8个系列32种机型；自主研发的高性能数字信号传输系统及52cc和80cc无人直升机专用航空发动机处于无人机行业的领先地位。SLA系列无人直升机已被广泛应用于影视空中拍摄、地震洪涝灾情调查、森林火情监测、消防侦察、边境巡逻、地质勘察、环境监测、城镇规划、电力巡线、特高压输电线路架设、农业植保精准化作业、农作物灾情调查、农作物疾病防治及估产等诸多领域，产品性能也在实践飞行中得到了社会各界的普遍认可和好评，特别是拥有自主知识产权的神龙瓦尔辛-02（WILD THING-02）轻型双座固定翼载人飞机成功下线，进一步完善了神龙航空系列产品，奠定了西部通用航空的领先位置和轻型通用飞机的市场先机。作为甘肃最大的无人机及轻型通用飞机生产基地，神龙航空在自主设计、研发、制造无人直升机的同时，与北京航空航天大学、西北工业大学、上海同济大学、兰州交通大学等多所大学进行产学研合作，并与材料专家孙卓院士联合建立了“神龙院士工作站”，为公司发展奠定了强大的科技人才支撑。

二、生产经营情况

2019年，生产无人机1345架、通用轻型飞机4架、双座动力伞96架，实现工业总产值8057万元。

三、主要产品

（一）飞行器系列

SLA-GH26、SLA-GH52、SLA-GH111、SLA-GH111H2、SLA-GH111H3、SLA-GH111H4、SLA-GH170、SLA-GH170H1、SLA-GH170H2、SLA-GH170H3、SLA-GH190、SLA-GH190H1、SLA-GH500、SLA—GH1000旋翼式无人直升机，SLA-D26H电动旋翼式无人机，

SLA-D6×0.75Z、SLA-D8×0.75Z 多轴飞行器，SLA-30、SLA-50、SLA-60、SLA-90 航模运动旋翼式无人机，SLA-521-I 型软翼飞行器，WILD THING（瓦尔辛）两座单发轻型固定翼飞机。

（二）航空发动机

SLA52cc、80cc 无人直升机双缸对置活塞式专用航空发动机。

（三）航空配套产品

SLA 两轴云台、SLA 起落架联动两轴云台，SLA 三轴云台、SLA 起落架联动三轴云台，SLA 两轴托板云台，SLA 质子磁力仪抗干扰挂载云台，SLA 防凌破冰炸药自动投放引爆系统，SLA 农药植保施药系统，SLA 生命探测仪挂载云台，SLA 警用高空视频音频传输系统、利用北斗导航的无人直升机自动驾驶系统。

（四）航空维修改装及服务

航空维修主要发展工程类 SLA-GH260、SLA-GH520、SLA-GH111、SLA-GH170、SLA-GH500、SLA-521-I 型软翼飞行器、SLA-D6×0.75 多轴飞行器、SLA-D8×0.75 多轴飞行器及 WILD THING（瓦尔辛）两座单发轻型固定翼飞机等机型的维修、托管作业承包等服务。

（五）人员培训

已先后培训无人驾驶航空器系统驾驶员 1550 人，同时与甘肃交通职业技术学院、白银矿冶职业技术学院等大专院校签订了联合开办无人机专业培训的意向协议。

四、产品开发与技术进步

新产品的开发主要围绕 WILD THING（瓦尔辛）两座单发轻型固定翼飞机及 SLA—GH1000 旋翼式无人直升机工程化应用开展研发，在现有机型的基础上，生产开发出了 SLA-GH111H2、SLA-GH111H3、SLA-GH111H4、SLA-GH170H1、SLA-GH170H2、SLA-GH170H3、SLA-GH190H1、SLA-GH500、SLA—GH1000 等多种机型，其中 SLA—GH1000 有效任务载荷可达 100 千克以上，极大地提升了执行任务的能力。在自主研发的 52cc 双缸对置式活塞汽油发动机的基础上，又成功研制了 80cc 风冷双缸对置式汽油发动机，实现了无人直升机发动机的国产化，经过长期载荷试验运行，现已定型并能实现量产，动力系统具备长寿命、低油耗、高推重比的要求，为企业批量生产奠定了基础。

WILD THING（瓦尔辛）两座单发轻型固定翼飞机，是公司消化吸收德国技术，自主研发的第一款载人固定翼飞机，该飞机具有安全系数高、飞行稳定、操作简单、对起降场地要求低等优点，2018 年年底已经完成该机地面滑行验证工作。

截至 2019 年年底，已取得 28 项发明专利和实用新型专利技术，其中发明专利 5 项，实用新型专利 23 项，另有“一种抱箍式大型无人机尾管承载固定装置”“一种高效的无人机半圆弧同步带传动装置”“一种无人机发动机起动离合装置”“一种新型燃油无人机自动控温冷却散热系统”等 4 项技术正在申报发明专利或实用新型技术。

五、对外技术合作

坚持自主创新的基础上，采取“走出去、请进来”的策略。白银神龙邀请了亚太材料科学院（APAM）孙卓院士组建了“神龙院士工作站”进行完成航空材料的科学研究。在研发基于北斗导航的无人直升机自动驾驶系统时，神龙公司与兰州理工大学合作，引进该校博士、教授李策作为项目带头人，负责项目总体设计，提高关键技术的研发能力。2019 年，继续通过甘肃省外国专家局，聘用了德国、罗马尼亚等国家的经济技术专家 4 人，专门负责 WILD THING（瓦尔辛）两座单发轻型固定翼飞机项目进度管理监督，负责拟组建的飞行员培训学校的体系建设及教学管理工作，负责该公司所有与轻型载人飞机相关的配套产品引进及国际市场开拓等工作。

六、重大基础设施建设

总投资 66000 万元，占地 86 亩的年产 500 架无人机及轻型通用飞机生产基地项目已经进入建设施工阶段，各项工作正在有序推进。

第三部分

企业发展概况

中国航空工业集团有限公司

一、企业基本情况

中国航空工业集团有限公司（简称航空工业集团）是由中央管理的国有特大型企业，是国家授权投资的机构，2008年11月6日由原中国航空工业第一、第二集团公司重组整合而成立。集团公司设有航空武器装备、民用运输类飞机、直升机、通用飞机、机载系统、通用航空、航空研究、飞行试验、专用装备、汽车零部件、资产管理、金融、工程建设等产业，下辖100余家成员单位、25家上市公司，员工逾44万人。

中国航空工业集团有限公司以新理念、新思路、新举措大力发展民用航空产业，自主研制AG600大型水陆两栖飞机，系列化发展“新舟”60、“新舟”600、“新舟”700等“新舟”系列支线飞机，AC311、AC312、AC313、AC352等AC系列民用直升机，大力发展运12系列，“海鸥”300、SF50轻型公务机，AG50、AG100等AG系列通用飞机，全力支持C919大型客机、ARJ21新支线飞机发展；承接国际航空转包生产任务并成为优秀供应商；同时，航空工业还大力发展通用航空、航空运输等服务业务。积极实施型号牵引与技术推动相结合的民用飞机科研项目，完善民用飞机技术体系、突破瓶颈技术和关键技术注重成果转化和加快技术成熟，为型号研制提供技术支撑；大力开拓民用飞机维修、运营、客户支援与服务等业务领域，致力于打造民用航空产业链，实现民用航空跨越式发展。

二、生产经营情况

2019年，航空工业集团民用航空产品销售收入为246.3亿元，同比增长17.1%。转包生产和国际合作交付额达20.9亿美元，同比增长7.8%。

三、主要产品

2019年航空工业集团在产在销的主要民机产品有：“新舟”60/600涡桨支线飞机及以客机为平台改进的货机、增雨机、遥感机等多种用途飞机；AC311A、AC312E民用直升机，运12系列、“小鹰”500、运5B通用飞机，A2C超轻型水上飞机、载人观光气球等。

四、产品开发与技术进步

2019年，航空工业集团承担的民机型号研制项目进展顺利，取得了不错的成绩。AG600飞机持续推进科研试飞和机组培训，以及基于客户要求的改进优化论证及设计工作；“新舟”700完成详细设计阶段工作，顺利转入全面试制与验证阶段；AC352完成调整试飞，持续开展条款验证试飞；AC312E取得中国民航型号合格证（TC）。

航空工业集团作为主要供应商和合作伙伴，积极支持中国商飞开展C919研制批飞机生产和试飞，ARJ21飞机批产等工作。ARJ21项目大部件生产已具备年产30架份批产能力，按要求完成批产部件交付以及全机疲劳试验和试飞任务。C919项目完成全部研制批结构部件和机载产品的生产交付任务，积极开展批产准备工作，西飞、成飞民机实现首件开工，完成首飞后极限载荷试验等全机极限载荷静力试验，开展全机疲劳试验准备工作，先后新接收两架试飞机、实现三机同场试飞。

五、对外贸易与合作

（一）航空零部件转包生产

2019年，航空工业集团零部件转包生产业务继续保持快速发展，重点转包生产项目实现上速率目标，并持续按时、高质量稳定交付，合作范围不断拓宽、层次不断提升。2019年9

月，在国家总理李克强和德国总理默克尔的见证下，航空工业西飞与空客签署了 A320 机身系统安装项目合同，这是航空工业与空客进一步扩大工业合作的重要里程碑。此外，西飞在空客 A320 机翼总装项目上顺利实现月产 6 架份速率爬坡目标，总装机翼累计交付超过 400 架份，翼盒累计交付超过 500 架，双构型混线生产运转良好；沈飞民机承担空客 A220 飞机 60% 以上机身结构部件生产，项目已进入快速爬坡阶段，满足总装线交付需求；成飞民机实现向波音交付第 1000 架份波音 787 方向舵；沈飞民机波音 737MAX 机身 48 段项目上速率至 10 架份 / 月；多个国际转包项目获得波音、空客卓越绩效奖、卓越质量奖等表彰。

（二）国际经济技术合作

与空客、波音等合作伙伴继续保持高层互访和沟通交流机制，积极参加国家有关部门组织的各类航空产业国际合作峰会，积极协调、配合国家有关部门持续推动与空客、波音扩大和深化工业合作。与波音、空客联合召开多次集团级协调会议，并积极参加各主制造商供应商大会，增进交流，协调推进现有合作项目，争取潜在合作机会。

在客舱业务整合和对外合作方面，航空工业集团所属中航客舱已完成组织架构搭建，建立初步管控体系，伦敦运营总部开始正式运营。在市场营销和品牌方面，中航客舱在 2019 年 4 月首次以整体形象亮相汉堡内饰展。在生产运营方面，嘉泰生产体系进一步获得空客认可，经济舱座椅线装资质升级为“完全供应商”；汤普森（TAS）产能提升和生产提速取得显著进展；在业务协同方面，TAS 超级经济舱座椅项目向嘉泰转移已开始启动；用于 A320 厨房项目生产转移的镇江菲舍尔新内饰厂房开始动工建设；艾姆（AIM）、TAS、嘉泰之间实现联合竞标，市场协同取得实效。

在合资合作方面，与空客合资成立的哈飞空客复材制造中心作为 A350XWB 飞机方向舵、升降舵、机腹整流罩等部件的全球唯一供应商，各项产品交付绩效良好；航空工业集团、天津保税区与空客共同合资投建的亚洲宽体机完成和交付中心 A350XWB 项目合作协议顺利签署，项目准备工作全速推进；与波音公司合资投建的天津波音复合材料公司订单数量饱满、运营情况稳定良好，实现了连续 1000 万安全生产工时。

在培训合作方面，航空工业 – 波音制造创新中心 2019 年培训约 800 人次；与空客联合组织 10 余期“提质增效”系列专题培训，参加人员达 500 余人次。

六、通航运营

截至 2019 年年底，航空工业集团下属控股参股通航运营企业 21 家，含海外运营 1 家。国内主运营基地分布于全国 14 个省、自治区、直辖市，从事航空护林、人工增雨、遥感物探、飞行培训、通勤运输等通航业务，作业范围覆盖全国绝大部分省份，航空工业集团通航运营企业机队规模 301 架，拥有飞行员超过 500 人，年飞行量约 10 万小时。

2019 年 10 月，结合山西通航飞行大会，航空工业集团成功组织举办了第三届航空工业“通航日”活动，配合通航日活动主题，同时策划启动网上航空知识答题和航空企业厂所开放等活动，据统计各项活动吸引全国参与人数超过 5 万人次。经过三年的培育，通航日活动影响力逐步扩大，对传播航空文化，向社会传递“开放、共享”的发展理念，起到了积极作用。

中国商用飞机有限责任公司

一、企业基本概况

中国商用飞机有限责任公司（简称中国商飞）是实施国家大型飞机重大专项中大型客机项目的主体，也是统筹干线飞机和支线飞机发展、实现我国民用飞机产业化的主要载体，主要从事民用飞机及相关产品的科研、生产、试验试飞，从事民用飞机销售及服务、租赁和运营等相关业务。

中国商飞于2008年5月11日成立，总部设在上海。中国商飞由国务院国有资产监督管理委员会、上海国盛（集团）有限公司、中国航空工业集团有限公司、中国铝业股份有限公司、中国宝武钢铁集团有限公司和中国中化股份有限公司出资组建。2018年年底新增股东单位中国建材集团有限公司、中国电子科技集团有限公司、中国国新控股有限责任公司。

中国商飞的使命是“让中国的大飞机翱翔蓝天”，愿景是“为客户提供更加安全、经济、舒适、环保的民用飞机”，目标是“到2035年，把商用飞机项目建设成为新时代改革开放的标志性工程，创新型国家和制造强国的标志性工程，把公司建设成世界一流航空企业；到21世纪中叶，把商用飞机项目建设成为社会主义现代化强国的标志性工程，把公司建设成为‘四个世界级’航空强企”。

截至2019年年底，中国商飞所属单位有上海飞机设计研究院、上海飞机制造有限公司、上海飞机客户服务有限公司、北京民用飞机技术研究中心、中国商飞民用飞机试飞中心、上海航空工业（集团）有限公司、上海《大飞机》杂志社有限公司、中国商飞美国有限公司、中国商飞四川分公司、商飞资本有限公司、商飞集团财务有限责任公司、商飞大学（商飞党校）。与俄罗斯联合航空制造集团公司（UAC）合资成立中俄国际商用飞机有限责任公司，作为CR929宽体客机研制主体。设立美国办事处、欧洲办事处，参股中国航空发动机集团有限公司、成都航空公司、浦银金融租赁公司等。截至2019年年底，中国商飞从业人员14471人。

二、生产经营情况

2019年，中国商飞总体运行平稳，全年实现营业总收入62.69亿元。

三、主要产品

（一）型号研制稳步推进

1. ARJ21飞机竞争能力稳步提升，围绕“好制造、好维修、好运行、降成本、能竞争”的总体要求，不断改进产品，单机制造成本、直接维修成本、典型航段油耗明显下降，首架公务机完成改装。

2. C919飞机有序开展取证。围绕“策划要精细扎实、取证要爬坡过坎、交付要提前谋划”的总体要求，2019年三架机实现首飞，总装效率显著提升。试验全面铺开，01架机完成取证前全机静力试验，起落架静力试验、国内首次冰风洞试验通过EASA目击认可，试飞稳步提速。

3. CR929飞机初步设计有序推进。围绕“合作机制要清晰、需求捕获要完整、项目工作要扎实”的总体要求，与俄方达成共识，确定在两国分别设立工程中心，分别负责加长型和基本型研制。需求捕获成效显著，完善总体技术方案，推进复材机身攻关，实施机载系统联合定义，合资公司运营良好。

（二）市场营销取得重大突破

1. 签约三大航。中国商飞与中国国际航空股份有限公司、中国东方航空股份有限公司、中国南方航空股份有限公司签署105架ARJ21飞机销售协议。

2. 大力开拓市场。中国商飞与中飞通航、江西航空、尊翔公务航、中航货运、澜湄航空签订购机协议，启动与东航 C919 合同谈判，开展 CR929 启动用户工作。

3. 做好市场研究和策划。深入研究甩飞、支 - 支、高高原、货机等市场，探索航旅协同模式，优化海外市场评估模型，研判民机发展方向，构建产品竞争力评估体系，发布市场预测年报。

4. 打造国产飞机品牌。成立品牌管理委员会，联合三大航成立竞争力创新中心。开展云南地区演示飞行，开展大兴机场校验试飞。CR929 展示样机亮相莫斯科航展，获得广泛好评。

（三）批产交付提质提速

1. 批产不断提速。ARJ21 第二条生产线投产、交付 13 架机，C919 批产首架机零部件正式开工，新增东营和南昌空域，取得浦东 ARJ21 飞机试飞许可。

2. 创新生产管理。以日计划拉动问题解决，实行脉冲式贯改，完善绿皮飞机管理，基于节拍计划推进均衡生产，推广精益工具方法，建成生产运营管控中心，开展精益生产专项审核。

3. 强化供应链管控。产品配套基本满足生产需求，短板逐渐补齐。开展密封件、锻件等集谈分采，完成航电等系统的降成本谈判，新增 36 家供应商。

（四）航线运行平稳顺畅

ARJ21 飞机在天骄航空成功开航，成都航空开通首条国际航线，新增航线 14 条、通航城市 11 个，2019 年安全运行 1.5 万小时、累计 2.3 万小时，2019 年运送旅客 46 万人次、累计 69 万人次。

四、航空科研

2019 年，中国商飞大飞机创新谷实现开谷，35 个创新项目入谷运行，构建“创新生态圈”；依托公司专业总师系统，编制发布《公司民机技术图谱（第三版）》，并组织制定各专业发展路线图；与中国工程院联合举办“支线运输市场及支线飞机发展论坛”；与北京航空航天大学、澳大利亚蒙纳士大学联合举办了第三届 COMAC 国际科技周；与英国帝国理工学院揭牌成立“商用飞机机翼技术研究中心”；与蒙纳士大学签署《中国商飞 - 蒙纳士技术中心合作协议》；“ARJ21 喷气支线客机工程”成果获得 2019 年度国家科技进步奖一等奖。公司“民用飞机制造 5G 创新示范应用”成果获评第六届世界互联网大会成果奖。“ARJ21 喷气支线客机”等 7 项科技成果荣获 2018 年上海市科技进步奖。

五、资本运营

（一）优化国有资本运营配置

中国商飞认真贯彻落实党中央、国务院决策部署，统筹推进“处僵治困”专项工作。2019 年，完成了上海赛意马达有限公司关闭注销工作，完成中航商用飞机有限公司吸收合并工作。

（二）完善投资制度体系

2019 年，中国商飞进一步修订了《股权投资管理规定》，严格按照投资制度体系，把控各个投资环节，对各类投资主管部门和风控、监督部门责任再拧紧、再压实；明确了公司层面决策流程，指导各所属单位建立健全了相应制度。

六、机构调整和体制改革

（一）推进 COMAC 管理体系建设

2019 年，中国商飞全面推进 COMAC 管理体系建设，发布 44 份过程定义文件，推动管理显性化、科学化、精细化；推进一体化管理体系建设，提出体系融合建设方法，推动内控、质量、设计保证、合规管理等 10 个分管理体系融合，组织开展“总部机关化”问题专项整改工作，组织修订并印发《公司组织手册（2019 版）》；优化完善公司组织机构设置，策划并推动完成项目组织机构调整、监察专员办公室设立等调整事项；组织开展公司新设机构评估和延伸机构评估；持续开展“效率改进”专项工作，推进管理者标准作业试点，研究统筹公司问题管理，组织开展 26 项年度管理类课题研究。

（二）推进混合所有制改革

2019 年，中国商飞结合发展实际情况，主动寻找合作机会，探索合作模式，引入国际航空业界一流企业先进管理经验，发挥中国商飞公司自身优势，积极探索将党的建设融入法人治理结构，形成了运转协调、有效制衡的决策执行监督机制，稳步推进混合所有制改革工作。

（三）完善二级单位法人治理机制

2019 年，中国商飞根据管理现状，结合全面深化改革工作推进情况，积极完善公司二级单位法人治理机制，将公司二级单位执行董事制度逐步转变为董事会制度，完成了上海飞机制造有限公司、上海飞机客户服务有限公司、上海航空工业（集团）有限公司、商飞资本有限公司、商飞集团财务有限责任公司等 5 家子公司董事会试点组建，加强对二级单位的监督管控能力，提高二级单位经营决策权的履职能力，激发二级单位经营活力，提高经营效率，进一步提升公司一体化管控水平。

中国航空发动机集团有限公司

一、企业基本情况

中国航空发动机集团有限公司（简称中国航发）是中央直接管理的企业，由国资委、北京国有资本经营管理中心、中国航空工业集团有限公司、中国商用飞机有限责任公司共同出资组建。中国航发注册资本为 500 亿元，注册地位于北京市海淀区，2016 年 8 月 28 日成立，下辖 29 家直属企事业单位，拥有 3 家主板上市公司，现有职工 7.9 万人，拥有包括 7 名院士、200 余名国家级专家学者在内的一大批高素质、创新型科技人才。具有较强的科研生产能力，以及较为完整的航空发动机、燃气轮机研发制造体系与试验检测能力。

中国航发坚持“动力为本、质量制胜、人才强企、合作共赢”的经营方针，从事航空发动机、辅助动力、燃气轮机、飞机和直升机传动系统的研制、生产、维修和服务，以及航空材料及其他先进材料的研发与制造。中国航发设计生产的涡喷、涡扇、涡轴、涡桨、活塞式发动机和燃气轮机等产品，广泛配装于各类飞机、直升机和大型舰艇、中小型发电机组，客户涉及航空、航天、船舶、能源等多个领域，为我国国民经济发展做出了突出贡献。

二、生产经营情况

2019 年，中国航发集团民用航空产品销售收入为 47 亿元。

三、主要产品

中国航发现有的民用航空发动机产品主要有涡轴 -8A/D、涡桨 -6 等。现有直升机传动系统产品主要有配装国产 AC311、AC312、AC313 直升机的传动系统，以及配装空客直升机公司 H175 直升机的尾传动系统。

四、新产品开发

在民用航空发动机方面，针对 C919 国产干线客机需求，开展大型客机发动机原型机 CJ-1000A 项目研制，稳步推进相关部件、核心机和整机试验工作。针对中法联合研制的 AC352 中型直升机需求，与法国赛峰集团联合研制涡轴 -16 发动机，取得了中国民航局颁发的型号合格证，并积极支持 AC352 直升机开展取证试飞。为满足 5 ~ 6 吨级民用直升机对动力的需求，开展 1000 千瓦级民用涡轴发动机（AES100）研制，实现整机性能达标。开展 5000 千瓦级民用涡桨发动机工程验证机（AEP500）研制，实现核心机性能达标。在民用直升机传动系统方面，积极开展未来 5 ~ 6 吨级直升机传动系统研制工作。

五、航空科研

针对大型客机发动机研制对材料的需求，开展大型客机发动机关键材料与应用技术研究，逐步实现工程化，满足发动机适航对材料的要求。

六、航空零部件转包生产

2019 年，中国航发持续开展航空发动机国际转包业务，主要为 GE 航空、赛峰公司、罗罗公司、普惠加拿大公司、普惠公司、霍尼韦尔公司等国际主要航空发动机厂商提供零件产品，全年航空零部件转包生产交付额约 6.4 亿美元。

七、国际经济技术合作

2019 年，中国航发以“谋发展、促合作、图共赢”为原则，务实开展国际合作。组织参加中欧、中荷、中俄、中英、中法政府间合作机制，充分利用政府间合作的影响力，在设计、试验、适航等领域达成 10 余项合作意向。与赛峰公司和霍尼韦尔公司召开战略合作委员会会议。与俄罗斯联合发动机公司联合竞标 CR929 宽体客机发动机。在德国设立海外代表处，国际资源配置能力进一步提升。在中法两国元首见证下，与赛峰公司签署《涡轴 -16 发动机产业化合作协议备忘录》。首次走出国门参加莫斯科航展主宾国活动，携 5 型展品精彩亮相，引起国内外各界广泛关注。

八、机构调整和体制改革

2019 年，中国航发坚持聚焦主业，坚持深化改革，根据内外部环境变化和运营需求，对集团总部部分机构及名称进行了调整。深入推进纪检监察体制改革，成立中国航发纪检监察组。积极推进“总部机关化”专项整改，将集团总部办公厅的机构名称调整为综合管理部。大力推进“双百行动”，实施中国航发商发激励机制改革，加大科研骨干激励力度，基本建立起差异化、精准化薪酬机制；制订中国航发南方宇航混合所有制改革方案，与潜在战略投资者初步达成意向。完善中国航发动控所转制实施方案。理顺精密铸造业务管理关系，完成中国航发精铸资产重组。对中国航发动科业务进行重组，与沈阳市共同出资组建中国航发燃气轮机有限公司，理顺了集团燃气轮机业务的管理关系。持续完善现代企业制度，加强和改进董事会工作，在中央企业董事会评价中排名提升 9 位。开展直属单位组织机构优化及定岗、定编、定员工作，提高科技人员占比。深化薪酬分配改革，健全工资总额预算调控机制，对人才特殊津贴等事项给予重点支持。加速推进中国航发 - 北航“两院”建设，设立南航、厦大航空发动机创新中心分中心，与北航、大连理工等高校新建创新平台 13 个、支撑团队 3 个。

中国航天科工集团有限公司

一、企业基本情况

中国航天科工集团有限公司（简称航天科工）是我国发展航天事业的中坚力量。航天科工前身为1956年10月成立的国防部第五研究院，先后经历了第七机械工业部、航天工业部、航空航天工业部、航天工业总公司、中国航天机电集团公司的历史沿革，于1999年7月在航天总公司部分企事业单位的基础上组建，2017年11月完成公司制改制，更名为中国航天科工集团有限公司。现由总部、6个研究院、16个全资或控股公司、500余家企事业单位和机构组成，其中包括9家上市公司。

二、生产经营情况

2019年实现营业收入近2600亿元、利润总额180亿、净利润159亿元，位列世界企业五百强第322位，世界品牌500强第366位。

三、主要产品

（一）无人机领域

1. HW-310A多用途无人机，作为通用飞行平台可搭载多种载荷，全自主起降，可执行监视、跟踪、高精度测量等任务，为各种工作提供可靠、准确的信息。

2. HW-210/A长航时无人机，该无人机系统具有续航时间长、作业半径大、稳定性高等特点。该系统可实现车载或弹射起飞，场地适应能强。

3. HW-X210六旋翼无人机，该无人机是一款小型超近程垂直起降六旋翼，具有载荷能力强、续航时间长、飞行精度高、可靠性高、使用维护简单的特点；采用多模导航、实时差分定位，飞行精度高；具有自动预警、自动返航等保护功能。

4. HW-V210垂直起降无人机，是一款电动垂直起降固定翼无人机，具备全自主垂直起降功能，降低对起降场地要求，同时较多旋翼无人机具有续航时间长、作业半径大等优势，可应用于区域巡查、目标搜索等领域。

5. HW-X120背包式无人机，背包式多旋翼无人机整机轻巧，可折叠便于携带，单人短时间内迅速展开作业，全自主起降及飞行，系统性能可靠。

6. HW-120小型电动无人机，是一款小型电驱动无人机，稳定性强，可在复杂环境下飞行作业；可携带高清摄像机、高清数码相机等载荷，该机已在四川、西藏等高原地区得到应用，满足小面积、高海拔应用需求。

7. HW-X270A四旋翼植保无人机，采用基于差分GPS系统实现高精度定位，实现全作业流程全自动飞行控制，无须人工遥控操纵飞行，具有基于地块的作业航线智能规划、一键起飞、到点自动开启喷药、自动按规划航线飞行、无药自动停喷并自动返航、并支持断点续喷、一站四机并行作业等功能。

（二）高性能结构复合材料领域

2009年5月，正式成为中国商飞C919国产大飞机九大机体结构供应商之一，截至2019年已完成7架份后机身后段、3架份副翼、4架份后机身前段复材零件、5架份垂尾壁板复材零件以及许用值试验件的交付；在无人机领域，也针对客户的不同要求，完成了上飞院除冰项目闪电防护和组件级试验件的以及鸟撞试验件的研制，完成了科技工程中心项目压损试验件的研制。

（三）民用航空紧固件领域

为西飞公司“新舟”60民用机型提供紧固件产品配套，主要涉及航标、西飞企标（4A系列）等常规紧固件；为沈飞民机公司提供民用飞机机体用紧固件产品配套；为中国商发公司“CJ- 1000”“CJ-2000”系列型号发动机配套。

同时重点开展C919、ARJ21-700和AG600等重点民用机型用紧固件的研发和配套工作。

（四）国际民用航空零部件领域

在配套GE-A公司的基础上，积极开发其二级供应商苏州SAM公司，成功配套LEAP发动机且形成稳定批量供货；深挖巴基斯坦PAC公司，完成首个批产合同的承接及交付；同时完成了GE POWER供应商审核认证，成为其全球战略采购供应商；为GE油气德国采购商完成2个件号的首件试制，完成客户验收；为美铝分公司ARCONIC（奥科宁克）做表面处理工序加工。积极参加德国汉诺威展会、美国拉斯维加斯紧固件展、俄罗斯装备展，多渠道推广品牌。稳步推进与GE航空、巴基斯坦PAC集团、庞巴迪合作项目，成功加入GE能源、GE油气合格供方目录。

四、产品开发与技术进步

（一）无人机领域

1. 小型长航时无人机系统HW-350，属于一款多用途无人机，具有续航时间长、作业半径大、稳定性高等特点。民用领域可广泛应用于海洋环境监视、应急通信、对地测绘、灾害现场普查、环保监控等。具有航时长、机动灵活、使用便捷及稳定性好等显著特点，可在通用机场条件下完成起降和地面保障。通过加改装不同任务设备，可应用于海域监控、应急通信、气象探测等多个领域。目前该型无人机已完成了试样机首飞试验并完成了系统优化，2019年完成产品定型。

2. 临近空间超长航时无人机，可在20千米以上临近空间高度进行数天超长航时飞行，具有航天、航空技术融合特征，可形象比喻为在临近空间高度飞行的“准卫星”，具有重大应用价值。采用涡轮增压活塞动力和太阳能动力两条技术途径发展临近空间超长航时无人机，前者侧重大载重能力方向，后者侧重超长航时能力方向。

（二）高性能结构复合材料领域

在CR929客机方面，完成CR929宽体客机（JCDP）机身前段、后段机体概念方案及复材研制技术难点分析等工作，确定后机身后段自动铺丝整体成形试验件、框梁试验件、后压力框试验件作为典型试验件，开展自动铺丝工艺大尺寸复杂铺层设计等关键技术的工艺攻关工作。

在国产航空发动机方面，签订CJ-1000A进气道关键结构试验件研制合同，签订了CJ-1000A发动机复合材料无损检测项目长期合作协议。

（三）民用航空紧固件领域

在前期基础上，航天科工大力推进民用航空配套业务，开展CJ-1000型号发动机用紧固件的研制。产品主要包括螺栓、螺母、销子、螺桩等，材料主要以GH4169、GH738等高温合金为主，通过加工工艺优化、特种工艺的研究、关键产品的质量控制，攻破螺纹精度、锁紧性能等技术难点，各项技术指标均符合设计图样、工艺规程和技术条件的要求，500余项产品具有批产能力，满足CJ- 1000系列发动机相应机型的装配使用要求。

五、航空科研

航天科工加快推进重点项目培育步伐，积极投入，组织所属单位围绕无人机、高性能结构复合材料、民机用紧固件开展技术攻关、产品系列化工作，提升在技术开发、材料研制、系统集成、产品生产等多方面能力。

无人机领域，积极开展了水上回收技术、高速轮式起降技术、精确着网回收技术、垂直起降太阳能无人机技术和多机协同组网控制技术攻关。

高性能复合材料领域，积极开展C929项目联合设计和高性能复合材料工艺论证，CJ-1000A进气道关键结构试验件研制和发动机复合材料无损检测论证，KT-1太阳能无人机飞行设备加工工艺优化等工作。

民用航空紧固件领域，尽快形成“1818紧固件”发展的技术图谱和路径；积极开展高温钛合金TA33材料紧固件产品的研制及性能试验；进行紧固件实海环境涂/镀层验证试验及实海试验紧固件研制，深入研究海洋环境紧固件防腐技术。

中国电子科技集团有限公司

一、企业基本情况

中国电子科技集团有限公司（简称中国电科）是经国务院批准、在原信息产业部直属研究院所和高科技企业基础上组建而成的国有重要骨干企业。主要从事国家重要大型电子信息系统的工程建设，重大装备、通信与电子设备、软件和关键元器件的研制生产。

中国电科所属二级成员单位 50 余家、上市公司 10 家，分布在全国 20 多个省、自治区、直辖市，现有职工近 19 万人，其中，中国工程院院士 11 名。拥有国家级重点实验室 18 个、国家工程中心 3 个、国家级 / 部级质量检测机构 21 个、博士后科研工作站 27 个、流动站 1 个，拥有一批国内一流的中试线、生产线、装配线和机加工中心，形成了国内电子领域最完整的研究、设计、试制、生产及试验能力体系，有完备的质量保证体系，取得了一批领先或接近国际水平的重大科技成果，在一些关键技术领域始终保持着国内领先、国际先进的地位。在民用航空产业领域，形成空中交通管理系统、通用航空产品、航空电子产品、航空运营服务等四大业务体系，并取得了显著成绩，品牌地位逐年提升。

二、主要产品

在民用航空领域，中国电科重点研发了机场场面监视系统、塔台视景系统、机载通信导航设备、信息系统、客舱系统、塔台综合显示系统、飞行流量管理系统、飞行环境监视系统。包括一次 / 二次监视雷达、气象雷达、多点定位系统、机场场面监视雷达、ADS-B 等多个系列化产品，以及空管监视系统整体解决方案，实现飞机航路、进近、起降和机场场面的全空域监视，为空管提供精确的目标位置信息。同时还有钻石飞机、特种飞机、无人机、复合材料等产品。

三、新产品研发

中国电科围绕空中交通管理、通用航空、航空电子、航空运营服务等四大业务，全面拓展和提升民用航空产业领域的技术产品水平。在民用航电系统关键技术研究和开发取得重大突破，多项技术居国际领先水平，并有多项专利获得受理和授权。国内首家获得民航总局颁发《民用航空空中交通通信导航监视设备使用许可证》《民航空管主用系统使用许可证》，首家通过民航第三方软件测试。

低空空管方面，中国电科在低空运行领域实现了基于网络扁平化和数据驱动的一体化分布式系统架构，在飞行服务系统中集成并验证基于大容量高效融合技术的北斗 RDSS 系统、基于 3G（WCDMA）的空地宽带通信系统和基于 VoIP 的语音组网系统，整体技术达到国内领先水平。

在民机航电系统领域，通过实施民机航电系统相关项目，掌握民机航电系统总体设计、设备研发、航电软件开发、系统集成、产品生产、适航取证等关键技术，建立起完善的民机航电系统研发和生产的质量适航管理体系，提升了民机航电系统及设备的设计开发、系统集成、生产制造、适航取证和服务保障等方面的能力。以国家 C919 大型客机项目为契机，构建航空电子产业平台，开展国际交流与合作，将国际先进的技术、成熟化的产品与国内需求相结合，大力推进国产大型客机航电系统的国产化进程。

此外，中国电科进一步向航空运营服务领域迈进，开展了航空维修业务，并取得航材分销商证书、航空运营人承修商证书、德国 TMG 发动机授权维修中心认证等多项资质认证。

四、国际经济技术合作

中国电科按照拟定的发展规划，确定了"通过国际合作高起点切入民用航空电子领域"的实施战略。2019年，中国电科继续大力推进国际合作，在夯实与柯林斯、泰雷兹、钻石公司等国际公司合作成果的同时，拓展合作领域、建设合作渠道，探索宽体机、重型直升机等新项目的合作可能性，并拓展卫星通信、训练模拟、通飞航电等新的合作领域，以支撑公司产业规划落地。成立了中电科芜湖钻石飞机欧洲研发中心以及飞机生产物料欧洲集中采购中心，开展新型号飞机概念设计及碳纤维复合材料技术研究合作，大幅提升行业影响力。

五、重大项目建设

中国电科在民品产业发展过程中，积极推进内涵式与外延式相结合的经营策略，从体制机制上，探索出一条国有资本、民营资本、地方政府资本互相融合的投资与资本运作的发展模式。

中国电科在成都和芜湖分别建立航电产业园和通用航空产业园。在航空电子业务方面，与柯林斯和泰雷兹分别合资成立了中电科柯林斯航空电子有限公司（以下简称"电科柯林斯"）和中电科泰雷兹航空电子有限公司（以下简称"电科泰雷兹"）。电科柯林斯成立于2013年12月，依托C919项目，业务涉及商用飞机的航电系统及其衍生产品的设计、研发、制造、修理和维护；电科泰雷兹成立于2013年2月，以C919项目为契机，致力于成为全球单通道飞机客舱娱乐系统的卓越中心，专门从事民用航空电子领域机载娱乐系统和设备的设计研发、产品集成、生产和维修服务。

在通用航空板块，投资成立了中电科芜湖钻石飞机制造有限公司（以下简称"飞机公司"）和中电科特种飞机系统工程有限公司（以下简称"特飞公司"），增资控股了成都华太航空科技股份有限公司（以下简称"华太航空"）。2013年12月，以引进钻石公司DA42、DV20E两条飞机生产线起步，主要业务包括三类7款通用飞机和无人机的研发、生产及销售，是国家发改委批准的首个国家级轻型通用飞机国家工程设计中心；特飞公司成立于2014年12月，主要包括特种飞机、无人机（KJB、LJ、HJJ、HJ等）、低空管控与服务三方面业务；华太航空主要从事航空维修保障业务。

西安飞机工业（集团）有限责任公司

一、企业基本情况

西安飞机工业（集团）有限责任公司（以下简称“公司”）创建于 1958 年 5 月 8 日，是中国航空工业集团有限公司的成员单位，是我国大中型飞机研制生产的重要基地。先后自主研制生产了 30 多种型号的飞机。企业从业人员 1.8 万余人，经济规模与综合实力居于国内同行业领先水平。

2019 年，公司贯彻中央推动制造业高质量发展部署与航空工业集团新时代发展战略，积极应对挑战，奋力攻坚克难，全面实现了科研生产经营目标，各项经营指标同比进一步改善。2019 年，公司超额完成全年科技成果鉴定申请指标，荣获省部级科技成果奖 5 项，数量居行业前列。圆满完成专利申请指标，获得国家专利授权 70 项。其中，发明专利 18 项，实用新型专利 52 项；年末拥有有效发明专利 464 项。

2019 年公司先后荣获“中央企业先进集体”“全国企业文化优秀成果特等奖”“新中国 70 年企业文化建设优秀单位”“全面质量管理推进 40 周年杰出推进单位奖”，在第十一届全国精益管理项目上，参赛的 6 个项目全部获奖，分别获得 4 个一等奖、2 个二等奖。

二、主要民用航空产品

公司主要民用航空产品包括：自主研制的“新舟”700 民用支线客机、“新舟”60 系列客机；承担重要大部件研制任务的 C919 大型民用客机及 ARJ21-700 新支线民用客机；与世界著名飞机制造企业合作的航空零部件转包生产等。

2019 年，公司自主研发的“新舟”700 民用支线客机完成了主要系统工作包关键设计评审（CDR），全面进入研制批大部件装配阶段，随着“新舟”700 完成静力试验机、首飞机的部件交付，标志着项目研制工作取得重要进展。

2019 年，公司向中国科学院交付第二架“新舟”60 遥感飞机，这标志着双方携手开启战略合作的新里程，对推动中国科学院空天信息创新研究院各项遥感技术落地应用有着重要的意义；向中航货运交付 1 架“新舟”600F 货运飞机，实现货运市场新的突破。

公司国内民机转包业务全面完成年度各项科研生产任务和目标。全年合同交付波音、空客等客户 1469 架份部组件，实现出口交付额 3.58 亿美元，同比增长 10%，位居航空工业成员单位前列。

三、产品开发与技术进步

2019 年公司科技活动经费支出占全年营业总收入 15%。较上年进一步提升。

2019 年 5 月，“新舟”700 项目静力试验机中机身大部件完成制造并顺利下线，达到提交主制造商接收检查状态。此次下架的中机身大部件是“新舟”700 飞机首个总装下线的大部件，是研制进程的重要里程碑；9 月，“新舟”700 飞机成功完成了机身与机翼精准对接。翼身对接的完成，标志着飞机结构制造关键技术取得全面突破，工装工艺得到充分验证，为后期项目顺利开展奠定了坚实基础；12 月，“新舟”700 飞机大部件——机翼翼盒总装下线，标志着“新舟”700 飞机研制取得重要进展。

“新舟”60 飞机 D 级数据包通过评审，公司随后将开展“新舟”60 飞机模拟机的数据升级工作，以 D 级模拟机为“新舟”60 飞机飞行人员提供真实有效的飞行训练保障，进而保证飞行安全。本次“新舟”60 飞机模拟机“D 级数据包”全部工作均为公司自主规划和实施，拥有自主知识产权，填补了该领域的多项技术空白，并为后续“新舟”700 飞机 D 级模拟机数据包的开发奠定了坚实的技术基础。

2019 年是公司 C919 大型客机项目研制的

收官年，通过技术引进，采用数字化、自动化、柔性化的外翼翼盒、襟副翼、中机身数字化装配生产线，实现装配部件数字化协调和数字化检测，运用机器人自动制孔技术，在提高产品质量的同时，提高装配效率，通过产品验证满足大客C919飞机长寿命高标准设计要求，并同时在10002架外翼工作包上首次实现部件零保留交付。

在ARJ21-700新支线客机项目上，通过对数字射线检测技术在金属蜂窝壁板类零件上应用特点的研究，对项目金属蜂窝类零件射线检测工艺方法进行了改进，提升了数字射线检测技术能力，将零件检测效率提高了60%；通过对螺栓类零件镀铬均匀性的控制研究，解决了飞机螺栓类零件因镀铬厚度偏差严重，导致磨削后同心度超差的问题。

公司与华南公司签订AG600飞机后续投产框架协议，编制《AG600飞机机翼壁板喷丸工艺验证试验任务书》及《AG600飞机机翼壁板喷丸工艺验证试验大纲》，提前开展机翼壁板喷丸成形技术研究。

四、对外贸易与国际经济技术合作

2019年，“新舟”60飞机向吉布提客户销售1架份；交付贝宁用户1架份，转场安哥拉用户2架份，完成向马拉维客户销售的技术方案制订，与吉尔吉斯斯坦、所罗门群岛进行了产品推介，协助印尼鸽航开展飞机恢复与资产处置工作。

2019年9月，在中国总理李克强、德国总理默克尔的共同见证下，公司与空客签署了A320机身系统安装项目合同，该项目的签署将进一步提升公司系统安装、集成、测试等核心技术能力，为后续参与空客本地化、结构化合作带来更大的机遇，为公司民机部件模块化、集成化交付奠定基础。

2019年11月，公司成功交付第500架空客A320机翼翼盒，交付速率攀升至6架/月，是公司与空客合作的又一里程碑事件，是对西飞作为空客一级供应商综合管理能力提升的有力佐证；顺利完成737MAX内襟翼-10构型、ATR72客改货项目的研制交付；全年共接受外部审核12次并全部通过，其中7项审核零问题通过，受到顾客、认证机构及适航当局的高度好评。

2019年11月，由西飞民机主办的“2019年支线航空与国产支线飞机发展论坛”在西安阎良顺利举行。本届论坛主题为“共商、共建、共享，促进‘一带一路’民航深度合作”，围绕“一带一路”国家航空发展与合作、区域支线航空环境建设、支线航空与机场运营、国产支线飞机发展等问题进行了广泛探讨。

五、企业改制改革

2019年，公司以运营管理体系为依托，以落实公司深化改革方案和高质量发展为主线，继续实施“一企一策”运营策略，统筹推进“瘦身健体”、企业办社会职能分离移交工作，有序推进非主业退出，保证了业务平稳过渡和国有资产保值增值。

（一）根据“一企一策”进一步推动投资企业改革发展

制订了两家非航空投资企业的处置方案并通过了公司决策，进一步理清非航空投资企业改革思路和发展策略。

（二）全面完成2019年度“瘦身健体、提质增效”专项任务

完成了原物业公司股权无偿划转后的工商变更，西飞法人户数减少1户；取得西飞进出口公司破产终结裁定，完成了“僵尸企业”处置工作。

中国商飞上海飞机制造有限公司

一、企业基本情况

上海飞机制造有限公司（简称上飞公司）是中国商飞公司全资子公司和总装制造中心。前身为始建于1950年的飞机修理队，后更名为上海飞机制造厂，于2008年5月11日整建制进入中国商飞公司。2009年6月6日，实现公司制改造，由上海飞机制造厂改制成为上海飞机制造有限公司。2018年3月9日，按照现代企业管理制度和国企改革要求，上飞公司成立第一届董事会，推动法人治理机制建设。

上飞公司现有两大基地：大场基地位于上海市静安区，面积489亩，主要承担ARJ21新支线飞机总装、交付和航空零部件转包生产等任务。浦东基地位于上海市浦东国际机场南侧上海航空产业基地内，面积4049亩，作为国产支线系列飞机、大型客机和宽体客机的制造基地，主要负责全机总装、系统集成和部分关键部件制造。

上飞公司从飞机修理起步，修理和改装过30多种型号、3400多架飞机。20世纪70年代以来，研制了我国自行设计、拥有自主知识产权的运10飞机，完成与美国原麦道飞机公司合作生产35架MD82/83飞机的总装制造任务，并作为主制造商完成2架机体国产化率70%的MD90-30干线飞机总装制造。当前，上飞公司承担ARJ21-700飞机批产、C919大型客机和CR929宽体客机研制任务，以及面向全球领先航空制造企业的转包生产工作，具有大型飞机总装能力、先进的部件对接技术、国际规范的测试和校验设备、可靠的质量保证体系。

二、生产经营情况

2019年，上飞公司全年总收入56.88亿元。

三、主要产品情况

C919大型客机。静力试验机完成全尺寸复材部段极限载荷试验、副翼全尺寸限制载荷试验、垂尾全尺寸极限载荷研发试验。研制批第4架～第6架机实现首飞。实现5架机水平尾翼下架。研制批5架飞机实现转场。

ARJ21新支线飞机。打通浦东基地部总装生产线，9月12日浦东首架机总装下线。完善运行支持体系，健全飞机批产交付体系，完善生产管理体系。4个维修改装项目获得局方批准。支持成都航空、天骄航空异地维修7批次。

CR929宽体客机。推进多项关键工艺研发和验证。中俄制造团队开展4次联合办公，完成多份G3转段交付物文件签署。展示样机亮相莫斯科航展。

转包生产。实现波音737扰流板首架交付。完成年度波音737NG/MAX水平安定面、波音787着陆灯整流罩、波音777背鳍等交付。

四、重大设施建设

完成技能人才实训基地建设并交付使用。完成成品校验中心主体工程等单项验收。完成数控内外圆磨床等关键生产设备交付使用。完成热压罐等关键核心工艺设备购置。完成生产系统提升、工艺试验验证项目可行性研究报告及初步设计，联合国内多家企业完成ARJ21部总装生产线的自主设计和制造，启动浦东基地整机喷漆厂房建设。

五、技术进步

全年新立项国家、地方等科研课题22项，其中工业和信息化部1项、上海市8项。制订《上飞公司2019年智能制造与人工智能行动计划总体规划》和《基于5G的数字化转型智能制造战略规划》。联合中国联通、华为公司、上海交大等国内技术领先校企、科研院所成立5G制造创新生态联盟和5G工业制造联合创新中心。构建基于5G的大飞机智能制造系统，建成全球首个5G工业园区。“民用飞机制造5G创新示范应用”方案入选第六届世界互联网大会“世界互联网领先科技成果”。《5G赋能民用飞机制造综合解决方案》获工业和信息化部5G应用征集大赛全国一等奖。

六、国际经济技术合作

与湖南航天环宇通信科技股份有限公司合资成立湖南飞宇航空装备有限公司。与江西华赣航空产业投资有限公司合资成立商飞（江西）飞机生产试飞有限公司。完成与英国吉凯恩公司、中航供应链公司金属复材结构件合资项目谈判。参股商飞软件有限公司。

七、企业改革改制

编发《上飞公司2019—2021年发展纲要》，启动“十四五”规划编制。全面推进10个领域深化改革，完成制造工程技术中心改革总体方案以及多个内设机构的调整。成立大飞机产业园推进办公室，建立入园项目内部筛选机制，确定首批具备签约条件的企业。12月27日，祝桥航空产业园和大飞机创新谷联合启动仪式暨上海市航空产业链大会在上飞公司召开，与首批企业签订《入园意向协议》。与临港自贸区管委会、上海海关、临港集团形成日常工作机制。

中国商飞上海飞机设计研究院

一、企业基本情况

作为中国商飞公司设计研发中心，中国商飞上海飞机设计研究院（简称上飞院）承担我国民用飞机项目的工程设计任务和技术抓总责任，承担大型客机、支线飞机、远程宽体客机三个系列飞机的设计研发、试验验证以及关键技术攻关等任务；承担三个系列飞机批生产阶段的联络工程、工程技术服务；承担建设基本完整的民用飞机研发相关的专业、技术、能力体系任务；开展与民用飞机研制有关的各项工程试验、国家重大课题、试验验证中心（国家重点实验室）建设工作。

上飞院的发展目标是打造国际一流商用飞机设计研发中心，形成世界级的商用飞机设计研发能力。标志一为关键核心技术自主可控，标志二为引领产业向中高端迈进。围绕目标，做强一条主轴，建成两套体系，夯实三项基础，形成四项支撑，强化六种能力，培育一个集群。

二、生产经营情况

2019 年，全年营业总收入 23.37 亿元。

三、主要产品

（一）C919 大型客机项目

C919 试验试飞爬坡过坎。总装支持精准对接，支持 104、105、106 架机顺利实现首飞，104 转场东营，105 转场南昌并完成全机模态耦合试验。试验验证全面铺开，首架交付准备有条不紊，技术难关不断突破，开展试飞问题回归验证。

（二）ARJ21 新支线飞机项目

ARJ21 竞争能力节节攀升。设计优化打造“精品工程”，完成高高原运行、驾驶舱显示优化等。批产工程支持效率不断提升，保障安全运营面面俱到，开展航线运行问题攻关，以客户为中心贯穿始终，积极推进三大航、澜湄航空等国内外市场开拓。三大航选型需求平稳落地，系列化发展稳步推进。

（三）CR929 宽体客机项目

CR929 项目正向设计全面贯彻。需求体系建设扎实，覆盖工程、客服、制造、试飞的全领域全生命周期。总体技术方案日臻完善。展示样机在莫斯科参展，得到两国领导人高度赞誉。G3 转段评审顺利通过，奠定公司级转段基础。潜在供应商评估进展顺利，复材攻关试验全面展开。

四、重大设施建设

完成科技创新大楼竣工验收，并移交投入使用，完成大飞机文化沙龙竣工验收并投入使用，电磁环境效应试验室开工并完成桩基工程。

五、技术进步

承担国家或省部级的科技计划新立项目 8 项。完成 7 项上海市科技进步奖申报，承担 29 项国家部委课题、7 项上海市课题、20 项公司创新课题。完成大型客机辅助冷却系统设计研究、短舱防火结构设计及验证技术研究、民用飞机增材制造（3D 打印）技术规范体系研究等 11 项公司创新课题的结题验收。

六、国际经济技术合作

分别在国外铝合金关键验证试验、大型客机可变弯度机翼气动设计技术验证风洞试验等预先研究方面，与国外大学及企业进行了技术合作。

七、企业改革改制

2019 年，上飞院深入学习贯彻习近平新时代中国特色社会主义思想，全面落实党中央、国务院关于全面深化改革的战略决策，按照公司2019年全面深化改革工作要求，积极有序推进全面深化改革工作。深入探索与国内机体供应商合作共建联合设计中心，打造“大飞机生命共同体”。成功挂牌组建上飞院（沈阳）机体设计中心和上飞院（南昌）机体设计中心，筹办设计中心理事会，建立顶层长效工作机制。开展大飞机创新谷建设，打造自主可控载体。组建大飞机创新谷推进建设工作领导小组及办公室，落实大飞机创新谷建设主体责任，形成大飞机创新谷建设战斗力。举办“绿色发展中心”“知识产权中心”成立揭牌仪式。优化专业能力建设体系，驱动科技创新发展。2019年，上飞院在改革领域深入挖掘“堵点、痛点、难点”，破解发展难题、激发运行活力，推动高效率研制、高质量发展，改革工作取得显著成效。

空中客车（天津）总装有限公司

一、企业基本情况

空中客车（中国）天津总装有限公司（简称空客天津公司），由空中客车公司投资股份 51%（控股）、天津保税区投资公司和中国航空工业集团有限公司组成的中方投资联合体投资股份 49% 组成。坐落在滨海新区保税区空港经济区内，占地面积约 60 万米 ^{2}，建筑面积约 11.4 万米 ^{2}，总投资 70 亿元。厂区常驻供应商和合作方 200 多人。空客天津总装线自 2009 年交付首架飞机以来截至 2018 年已累计交付飞机 420 余架，达到月产 5.5 架的设计生产能力。

二、生产经营情况

2019 年，空客 A320 飞机年底实现月产 6 架，全年共总装 A320 飞机 63 架、交付 A330 飞机 4 架；2019 年年底在职员工 731 人，2019 年企业主营业务收入 8.41 亿元。2019 年形成月产 2 架空客 A330 飞机的稳定生产能力。

三、主要产品

空客天津公司主要由一条空客 A320 系列飞机总装、喷涂生产线组成，完成总装、喷涂、性能测试、取证后，再交付给另外一家由总部独资的交付公司。该生产线是空客公司在欧洲以外的第一条飞机总装线，主要总装 A319 飞机和 A320 飞机（单通道双发中短程 150 座级客机）。空客 A330 项目位于滨海新区空港经济区，紧邻空客天津 A320 系列飞机总装线，占地面积 34 万米 ^{2}，于 2016 年 3 月开工建设，总投资额约 16 亿元，完成了飞机机库、喷漆车间等 10 个单体建筑建设，建筑面积 6.4 万米 ^{2}。空客 A330 项目主要负责飞机接收、客舱安装、飞机喷漆、发动机试车和飞行测试，以及飞机交付和客户接收等工作。

四、产品开发与技术进步

2019 年，空客 A320 达到月产 6 架能力。A350 项目厂房改造顺利推动，已完成厂房通风设施、地面标识的改造，正在进行生产工装夹具的采购和安装。

五、经济技术合作

在空客 A320 项目一期成功合作的基础上，中外双方决定，继续扩大合作范围，在天津建立 A330 宽体客机完成和交付中心，项目占地面积约 28 万米 ^{2}。2019 年 7 月 12 日，中外合作双方签署 A330 完成交付中心扩展至 A350 机型的框架协议。

六、重大设施建设

积极推进空客 A320 第二条生产线落户天津，2019 年完成生产线及机身结构组装项目选址调查问卷。

中航通飞华南飞机工业有限公司

一、企业基本情况

中航通飞华南飞机工业有限公司（简称公司）成立于2012年7月，属大型国有企业，隶属于中国航空工业集团有限公司（简称航空工业集团），是中航通用飞机有限责任公司（简称通飞公司）旗下的全资子公司。2019年年底，公司资产总额322918万元，拥有员工504人。

公司现已通过国家级高新技术企业、AS9100D质量体系、广东省安全生产标准化二级企业、珠海市技术中心及珠海市“三高一特”企业、珠海市“海智工作站”等资质认证，并取得省长杯工业省级大赛新材料应用专项奖及赛区一等奖、市长杯工业设计大赛一等奖、广东省创新成果一等奖、航空工业集团优秀团队奖。

二、生产经营情况

公司经营范围包括：航空产品、非航空产品整机或零部件的研发、制造、维修、试飞、交付、销售及销售支持服务；工装、工具等工艺装备的设计、制造、销售及销售支持服务；转售材料等。

当前，公司是专业从事大型特种飞机和中高端公务机研制生产的飞机主制造商，主要承担特种飞机和通用飞机的部装、总装、试飞、产品交付、销售支持服务，以及飞机复合材料零部件制造等工作。

三、主要产品

公司作为主制造商在研的飞机产品包括大型灭火/水上救援水陆两栖飞机“鲲龙”AG600、单发涡桨轻型公务机AG300；在产并实现批产的产品有单发活塞轻型系列飞机SR20/SR22、双发中型喷气公务机奖状xls。2019年，AG600已成功实现水上首飞；西锐SR总装生产线项目成功打开国内市场，与中国民用航空飞行学院和北大荒通用航空有限公司签订共计86架机销售合同，并于2019年12月实现1架机交付。

四、产品开发与技术进步

公司以大型水陆两栖飞机和中、轻型公务机为主打产品，大力开展科技创新，共完成工业和信息化部民机科研、航空工业创新基金、创新团队项目等科研课题共计12项，拥有有效专利61项，其中发明专利23项、实用新型38项，并与深圳圆梦、华南理工、吉林大学珠海学院等多所企事业单位和高校建立了战略合作关系。公司核心技术接近行业领先水平，现已掌握大型特种飞机总装技术、低成本非金属工装制造及试飞技术、通用飞机研制工艺技术和碳纤维复合材料结构低成本制造及检测等技术，拥有独具特色的飞机复合材料零部件制造、飞机装配和生产交付试飞等能力。

五、国际经济技术合作

公司在研产品——大型灭火/水上救援水陆两栖飞机AG600，通过“引进来”和“走出去”相结合的战略，广泛开展国际合作交流，学习国外先进水陆两栖飞机研制经验，引进一名结构强度专家，并借助该平台与外籍技术专家开展了技术咨询；同时，选派试飞员赴加拿大国际试飞员学校（ITPS）学习、与俄罗斯别里耶夫洽谈国际合作，快速提升技术水平，满足研制所需。

与美国西锐公司合作，采用TC证（型号合格证，归属西锐公司）与PC证（生产许可证，归属华南公司）分开的形式，建立国内西锐飞机总装生产线，实现散件进口后国内装配、国内销售，快速切入公务机产业链，快速提升零件生产和装配技术。

六、重大设施建设

公司毗邻广东省珠海市金湾机场，占地面积750亩，基础设施和科研生产条件完备，具备极强的区位优势和发展潜力，是集通用航空研发、制造、销售、服务为一体的综合性高科技企业。公司建有各类办公生产厂房10栋，建筑面积85205.52米^2；另有停机坪1个，建筑面积81500米^2；拥有AG600装配生产线一条，含工艺装备241台套，另有专用及通用类科研生产设备271台套，具备年产4架的总装和交付能力，改造后可实现年产5架。

七、企业改革改制

继2018年公司与同属于通飞公司旗下的中航通飞研究院有限公司（研发机构，独立法人）、珠海中航通用飞机客户服务有限公司（独立法人，后保留客服业务、实体剥离）、市场营销部（销售部门）整合形成“珠海通用航空研发制造基地”后，2019年公司进一步深化研发制造一体化改革，按照统筹规划、分步实施、聚焦核心、轻装上阵的思路，聚焦AG600项目研制，完成下属子公司（珠海中航赛斯纳飞机有限公司）剥离，并通过内设机构调整、中层领导竞聘、“三定”工作开展、AOS管理体系构建，从组织架构、岗位架构和文件架构层面，打通“市场—研发—制造—销售—客服”一体化通道，推进组织由职能型向流程型转变，助力产品研制高效运行。

华北飞机工业有限公司

一、企业基本情况

中航通飞华北飞机工业有限公司（简称航空工业通飞华北公司）是由中航通用飞机有限责任公司、中国航空科技工业股份有限公司、河北航空投资集团有限公司三方在航空工业石飞基础上共同出资组建，注册资金 15 亿元。

航空工业通飞华北公司是航空工业集团所属成员单位，是航空工业通飞的核心骨干企业。公司占地面积 1091 亩，厂房面积 14 万米^2，拥有 1200 米跑道 A1 类通航机场一座，资产总额 30 亿元，在职员工 1000 余人。公司以通用飞机研发制造为核心业务，是国内以研制生产通用飞机为主的专业化主机厂，具有机加、钣金、钳焊、铆接、复合材料加工及飞机部装、总装、试飞等综合能力，积累了丰富的通用飞机研发、制造管理、适航取证、持续适航的经验和能力。公司通过了 AS9100D、GJB/Z9001B 质量体系认证，被认定为高新技术企业、省级企业技术中心。

企业定位“一体两翼、三个支柱”：即以航空制造为主体，以整机生产销售服务和航空航天结构件配套为两翼，形成通用飞机研制生产、工业级无人机制造、航空航天零部件生产三大支柱产业。公司秉承“航空报国、航空强国”使命，打造成为航空工业京津冀协同发展窗口和通航产业发展示范基地。

二、生产经营情况

面对整机销售下滑，公司调整策略，积极应对，大力开拓结构部件市场，实现总量增长。公司 2019 年实现营业总收入 34863 万元，同比增长 28%。各型飞机交付 5 架（其中运 5B 飞机 3 架、赛斯纳 208B 飞机 1 架、国王 C90 飞机 1 架），飞机大修及改装 6 架份。

三、主要产品

1. 运 5B 飞机

公司主要产品运 5B 飞机作为公司建厂之初就投入生产的经典机型，是国内生产量最大、销售量最大、市场保有量最大和年飞行作业量最大的通用飞机机型。运 5B 飞机符合民航局 CCAR-23 部适航标准，广泛应用农林作业、飞行员培训、空中游览、航拍航测、空投伞降、客货运输、勤务用机等多个通航领域。

公司为进一步提升运 5B 飞机飞行性能，降低运营成本，强化产品核心竞争力，重新焕发经典机型的市场活力，实施了运 5B 飞机换装涡桨发动机项目，换发完成后，运 5B 飞机的性能及技术水平将在同级别机型中处于先进水平；公司将持续实施运 5B 飞机改型改进，根据客户实际需求，适时推进加装综合航电、改善座舱环境等项目。

2.“小鹰”500 飞机

公司主要产品“小鹰”500 飞机，是我国目前唯一严格按 CCAR-23 部航空规章进行设计、生产、试验试飞、取证的具备完全自主知识产权的 4~5 座轻型飞机，填补了我国通用航空领域 4~5 座轻型多用途飞机的空白。“小鹰”500 飞机可广泛应用于飞行培训、私人飞行、旅游观光、农林作业、航拍航测等通用航空领域及侦察打击、巡逻监测、搭载轻型武器等用途。

3. 运 5B 无人机

公司以现有运 5B 飞机为平台，进行运 5B 无人机系列型号的研发，重点目标市场为吨位级无人机物流货运。目前，以活塞式发动机为动力的运 5B 无人机已成功实现首飞，正在积极开展后续工作，早日实现交付用户。下一步，运 5B 换装涡桨发动机项目成功实施后，华北公司将联合各方主导研发采用涡桨发动机的运

5B 无人机，拓展应用领域，实现商业成功。

4.“小鹰”500 无人机

公司开放“小鹰”500 飞机平台进行无人机研发，目前与合作方共同开发的“小鹰”500 无人机已完成第一架样机的改装、地面试验、滑跑等工作，后续将进行首飞，重点推向物流货运、人工影响天气等领域。未来，公司将主导实施“小鹰”500 无人机系列化发展项目，拓展应用领域，以自身技术及型号优势，开拓航空物流运输、航拍航测等领域。

5. 其他工业级无人机

企业依托自身资质及制造能力优势，进一步拓展无人飞行器这一全新的发展方向，重点向市场推出 150 千克以下工业级无人机，重点包括油动无人直升机、系留无人机、垂直起降固定翼无人机、警用无人机、微型旋翼无人飞行器等多种型号，应用范围涵盖警用安防、消防灭火、边境巡线、应急救援、空中监视监测、通信保障、航拍测绘等领域。目前系留无人机、微型旋翼无人机两款产品已基本研制完成，正在参与部队招标，后续将实施民用化推广。系留无人机可搭载通信、光电、红外等专业设备，主要应用于区域监视、应急保障、大气监测等。微型旋翼无人机主要应用于单兵侦察、监测、目标搜索、生化探测及民用航拍航测等领域。

6. 航空航天零部件配套

公司利用装备承制单位资质，发挥通用航空制造优势，以主机厂为目标客户，以提升能力和创造效益为中心，依托自身机加、钣金、热表处理、装配等制造技术能力优势，充分释放富余产能，大力发展高端装备制造配套生产，积极承揽航空、航天系统结构件配套业务，与国内相关主机厂深入合作，承担 AG600 等飞机产品大部件的配套生产；深化与航天系统的合作深度和广度，开展全方位的合作，先后承担弹翼、舱段等零部件配套。

7. 通航运营

旗下的河北中航通用航空公司、内蒙古航空股份有限公司，除了继续做好传统通航业务外，重点开拓新业务，提供新服务，实现新突破。公司以通勤航空、包机服务、航空旅游、人工影响天气、应急救援、政府服务为重点，为经济社会发展提供方便、快捷、高效的增值服务。

四、产品开发与技术进步

为满足市场多元化需求，提升产品的竞争力，根据细分市场情况，加快实施现有产品改进改型，实现系列化发展。

2019 年，“小鹰”500 飞机（综合航电系统）加装制冷空调系统项目完成适航验证试飞并获得适航批准；换装 CD-155 航煤发动机项目推进验证试飞；HO300 飞机符合性试飞工作积极推进；运 5B 机型换装涡桨发动机项目全力推进；运 5B 无人机完成部分调整试飞；“小鹰”500 无人机项目完成滑行；运 5/ 运 5B 系列飞机加装防除冰系统项目，完成首架机改装、鉴定放飞等工作，并开展批改项目准备工作。

五、国际经济技术合作

公司与美国德事隆共同出资组建的合资公司——石家庄中航赛斯纳公司，增加了纬度 680A 公务机的一四五能力建设并获得 CAAC 批准，取得了赛斯纳 208 系列飞机和国王 350 系列飞机更高级别的维修资质。

六、企业改革改制

2019 年，公司贯彻集团公司和通飞公司“瘦身健体”部署，完成石家庄机电公司股权转让，引入外部投资；完成河北中航通航公司、内蒙古通航公司改革工作；持续推进“三定”工作，优化组织机构；制定《员工职业发展体系管理办法》，深化人事、用工、分配制度改革，建立“长、家、匠”分离机制，优化职业发展通道，形成各类人才多渠道齐头并进的员工成长体系。

中航通飞研究院有限公司

一、企业基本情况

中航通飞研究院有限公司（简称研究院）成立于2012年4月，隶属于中国航空工业集团有限公司（简称航空工业集团），是中航通用飞机有限责任公司（简称通飞公司）旗下的全资子公司，是我国从事通用飞机、水面飞行器和浮空飞行器等研究开发的唯一主机研究院所。截至2019年年底，资产总额13114万元，拥有员工461人。

研究院现已通过AS9100D质量体系认证，获得国家高新技术企业、广东省新型研发机构认定及国家二级保密资质。

二、生产经营情况

主要经营范围包括：飞行器设计研究、航空航宇推进理论与工程研究、航空宇航制造工程研究、航空宇航人机与环境工程研究、机电工程与自动化研究、机械电子工程研究、机械设计与理论研究、车辆工程研究、船舶与海洋结构设计研究、流体机械及工程研究、软件开发、腐蚀防护与控制技术研究、地面设备设计研究、实验设备设计研究；工装模具设计、车辆产品设计、机电类产品设计。

三、主要产品

研究院主要研发产品有大型灭火/水上救援水陆两栖飞机（“鲲龙”AG600）、单发涡桨轻型公务机（AG300）、轻型水陆两栖飞机（HO300）等多用途飞机研发。其中，AG600项目作为研究院核心研发项目，属国家重点科研项目，2009年6月国家正式批准立项，其研制目标是为满足我国森林灭火和水上救援迫切需要，并为国家航空应急救援体系建设提供装备，填补了国内大型水陆两栖飞机的研制空白，形成具有自主知识产权的设计研发体系，提升我国水面飞行器的设计制造能力和产业化能力。

四、产品开发与技术进步

立足现有型号及未来发展，研究院在创新方面取得了长足发展。研究院研发转化成果包括：一种大型灭火水陆两栖飞机、一种大型救援水陆两栖飞机、水上起降飞机水密舱排水阀等14个专利产品。专利申请总数177项，其中发明专利123项、实用新型48项、外观设计6项。授权专利总数51项，其中发明专利7项、实用新型38项、外观设计6项。软件著作权授权7项。与国内知名高校北京航空航天大学、南京航空航天大学、西北工业大学、哈尔滨工业大学等开展各类技术培训及人才培养。

“通用飞机集成研发平台开发与应用”获航空工业集团科学技术奖三等奖，“基于智能配线的通用飞机航电系统试验平台”获航空工业集团公司科技进步三等奖。基于对AG600飞机的设计，2018年获得了中国好设计金奖和第二十届中国专利设计金奖各1项。为广东省和珠海市取得了较大的社会效益，也同时为珠海市航空产业的发展和企业集聚起到了较好的示范和引领作用。

五、国际经济技术合作

公司在研产品——大型灭火/水上救援水陆两栖飞机AG600，通过“引进来”和“走出去”相结合的战略，广泛开展国际合作交流，学习国外先进水陆两栖飞机研制经验，引进一名结构强度专家，并借助该平台与外籍技术专家开展了技术咨询；同时，选派试飞员赴加拿大国际试飞员学校（ITPS）学习、与俄罗斯别里耶夫洽谈国际合作，快速提升技术水平，满足研制所需。

六、重大设施建设

研究院毗邻广东省珠海市金湾机场，占地面积750亩，基础设施和科研生产条件完备，具备极强的区位优势和发展潜力。研究院现有仪器设备874台/套，办公和科研场所1.1万米^2。作为国家通用飞机及水面飞行器的主力研发单位，研究院建有飞机总体、气动、结构、强度、航空电子、飞行控制、动力、环控、可靠性等专业研究室，在数字化设计能力方面，实现全三维MBD在线关联设计、基于唯一数据源在线审签、更改、发放，基于电子样机协调设计，设计、工艺、工装的协同；实现跨地域、跨厂所异构平台的数据交换，设计与制造单据全电子化审签、发放，通过单一数据源方式实现设计制造一体化的全新的全数字化研发技术体系。试验能力方面，研究院拥有航电综合试验室、飞行试验室、飞控液压试验室等专业试验设施，具备完整的飞机研发体系及试验条件建设。

七、企业改革改制

继2018年研究院与同属于通飞公司旗下的中航通飞华南飞机工业有限公司（独立法人）、珠海中航通用飞机客户服务有限公司（独立法人，后保留客服业务、实体剥离）、市场营销部（销售部门）整合形成“珠海通用航空研发制造基地”后，2019年公司进一步深化研发制造一体化改革，按照统筹规划、分步实施、聚焦核心、轻装上阵的思路，聚焦AG600项目研制，通过内设机构调整、中层领导竞聘、“三定”工作开展、AOS管理体系构建，从组织架构、岗位架构和文件架构层面，打通“市场—研发—制造—销售—客服”一体化通道，推进组织由职能型向流程型转变，助力产品研制高效运行。

哈尔滨飞机工业集团有限责任公司

一、企业基本情况

航空工业哈尔滨飞机工业集团有限责任公司（简称航空工业哈飞）创建于1948年，是我国“一五”时期156个重点建设项目之一，曾支援航空工业20余个厂所的建设。设有国家级技术中心和博士后工作站，是我国直升机、通用飞机、先进复合材料构件的主要研发制造基地。

近年来，公司聚焦航空主业，加快推进航空产品升级换代，形成了以“AC312系列、AC352”直升机和“运12E、运12F”固定翼飞机为代表的产品体系，构建起了一机多型、系列发展的产品格局，全方位满足客户需求。

公司拥有获得国际权威适航当局认可的、健全的设计研发制造体系，同时具备直升机和固定翼机设计研发制造能力。复合材料设计与验证等多项技术处于国内领先地位，是国内最大的航空复合材料零部件生产基地。

二、生产经营情况

2019年，公司生产交付AC312E直升机1架、H175机身大部件14架份、F7X短舱风扇罩24架份、GKN发动机短舱35架份。全年实现民用航空产品产值8.8亿元，同比增长2.5%。

三、主要产品

（一）AC312E直升机

AC312E直升机是我公司在AC312A型机基础上，通过换装大功率、低油耗的ARRIEL 2H发动机，高集成度的航电系统，优化和改进其他系统研制而成的，具有在昼夜及复杂气象条件下飞行的能力。该型机具备优异的高原飞行性能，填补了国内双发轻型直升机高原领域空白，目前已取得CAAC型号合格证和生产许可证，并签订了7架机订单。

（二）运12系列飞机

运12飞机是我公司自行设计制造的具有自主知识产权的轻型多用途飞机，已研制生产出多种型号。目前供应市场的是19座级、最大起飞重量5670千克的运12IV型和运12E型。运12系列飞机取得了中国、英国、美国、法国、印尼、澳大利亚和新西兰7个国家型号合格证。截至目前外销到30余个国家和地区。

（三）运12F飞机

运12F飞机以运12E飞机为基础，通过换装大功率发动机和对机翼、机身、起落架等改进设计，提高了飞机的飞行速度、增大商载能力和航程，改善乘坐舒适性，降低使用维护成本，在非增压座舱竞争飞机中处于先进水平。运12F飞机以其更优良的性能扩大销售、拓宽市场、增加出口创汇，成为中、短途支线客运为主的飞机。运12F飞机于2015年12月取得CAAC型号合格证，2016年2月获得美国FAA型号合格证，EASA型号合格证的取证工作正在进行中。

三、产品开发与技术进步

（一）AC352直升机

AC352直升机是我公司与空直采用项目对等合作的形式联合研制的一款6吨级通用直升机，可广泛应用于通用运输、近海海域作业支援、搜救、警用反恐等民用领域。该项目于2019年全面进入申请人条款验证试飞，2020年年底完成次高原试飞，预计2022年取得CAAC型号合格证。

（二）AC332直升机

AC332四吨级双发高原型民用直升机是我公司按照CCAR-29最新要求全新设计的机型，在高温高原环境下具有优异的飞行能力。该型机瞄准紧急医疗救护、警用执法、应急救援、高原作业、海上作业等目标市场，在项目论证阶段充分调研用户使用需求，明确市场定位，确定设计特点和产品优势，销售前景向好。

四、国际经济技术合作

公司有着 30 多年的国际合作转包历史，通过风险合作、合资公司、转包生产三种模式成功融入了世界航空产业链，成为了世界知名的航空零部件供应商，尤其是在复合材料技术方面，领军国内的同时，也在世界范围内享有广泛的声誉。多年来，与美、俄、英、法等 10 余个国家在整机和大部件开展了合作，具备丰富的国际合作经验，对国际航空产品研发规律、管理理念和先进技术具有充分的认知。

目前，公司与空直、英国 GKN 等公司有着直接的合作，现有 Z15/H175 直升机、赛峰 F7X 短舱风扇罩、GKN 发动机短舱等国际合作项目；旗下与空客合资成立的哈飞空客复材制造中心，生产 A350 系列飞机方向舵、升降舵等部件以及 A320 系列飞机方向舵。

江西昌河航空工业有限公司

一、企业基本情况

航空工业江西昌河航空工业有限公司始建于2002年，隶属中国航空工业集团有限公司，具备研制和批量生产多品种、多系列、多型号直升机和航空产品零部件的能力，是中国直升机科研生产基地和航空工业骨干企业。公司具有雄厚的科研生产和技术实力，与清华大学合作成立了直升机先进制造研究院，设有博士后科研工作站，是国家企业技术中心、工业和信息化部首批"智能制造试点示范单位"和江西省通航应急救援基地。公司拥有智能物流配送中心，数字化集成制造、复合材料加工、直升机动部件生产等处于国内先进水平。公司现有资产总额144亿元，占地面积46万米^2，职工5000余名，其中1200余名具有中高级技术职称、8名享受国务院政府特殊津贴、5名航空工业首席技术技能专家、17名特级技术技能专家。

二、生产经营情况

2019年公司实现工业总产值96.8亿元，营业收入90.3亿元，利润总额5.2亿元。

1. 民机研制：按计划开展了AC311A、AC313、AC313A型机研制任务。

2. 民机生产交付：完成了1架AC311系列直升机的生产交付。

3. 民机租赁业务：完成了10架AC系列直升机的租赁，其中中国通航2架AC313直升机、云南环球通航2架AC311直升机、华夏九州1架AC311直升机、上海和利2架AC311直升机、1架AC311A直升机及上海和利景德镇分公司2架AC311直升机。较2018年提升了7.7%，提升了公司民机市场占有率。

4. 通航业务：完成了天津直博会3机飞行保障、南昌飞行大会6机飞行保障、景德镇航空产业大会飞行保障、昌飞航空应急救援演练4机飞行保障、景德镇大火4机同场灭火组织等活动，有效展示了AC系列直升机突出的任务性能、广泛的应用价值，有效了提升国产民机的品牌知名度。

5. 国际转包业务：完成了1架S–76直升机机身结构铆装和总装生产交付、16架份S–92尾斜梁生产交付；波音767客改货项目按订单要求完成生产和交付，与美国Schweizer RSG公司合作的S300型机完成PC取证及6架整机总装生产。

三、公司主要产品

公司始终坚持自主创新和国际合作相结合的发展思路，不断开拓民用直升机产品，与美国西科斯基公司、阿古斯特直升机有限公司、波音公司建立了良好合作关系，拥有1吨、2吨、3吨、6吨和13吨等多种民用直升机型号，已形成自主创新和国际合作齐头并进的产业模式。先后研制生产的民用直升机型号有：

1吨级：S300机转包生产；

2吨级：AC311系列型机；

6吨级：S76C++型机，S76D机身结构铆装；

13吨级：AC313型机；

其他：C919型机部件，S92尾斜梁和水平面，波音767、波音787零件转包生产。

四、公司产品开发与技术进步

公司针对市场推进民机及客户化改装研制，开展了AC311系列民机任务设备取证，完成了医疗救护STC取证。完成AC313型机仪表着陆系统加装及适航取证。完成了AC311A直升机、AC313消防构型和水上构型、国内首例直升机应急漂浮系统研制。

C919 襟翼前梁成形、三维激光立体切割、激光增材制造、超大模压系统研制等关键技术攻关取得重大突破；开展了 D 形梁成形工艺、桨叶二次胶结模压共固化成形工艺等技术可行性研究；突破了动部件关键零件自适应控制、在机检测及智能补偿加工等技术难点，实现了连接件提效 40%；装配集成智能化、铆装自动制孔、总装飞行安全工序智能检测等前沿技术取得实质性突破，公司基础制造能力与装配技术正在向数字化、自动化、智能化迈进。

深圳市大疆创新科技有限公司

一、企业基本情况

深圳市大疆创新科技有限公司（简称大疆创新）成立于2006年，是全球领先的无人飞行器控制系统及无人机解决方案的研发和生产商，产品线涵盖高端无人机飞行控制系统及地面站系统、专业影视航拍飞行平台、顶级商用云台系统、高清远距离数字图像传输系统、专业级无线遥控和成像终端以及智能的模型飞行器产品。深圳市大疆创新科技有限公司，以“未来无所不能”为主旨理念，致力于成为全球飞行影像系统先驱。技术创新是大疆创新的发展命脉，以梦想为源动力，凭借精湛的技术力量和高端人才力量，大疆创新从商用自主飞行控制系统起步，填补了国内多项技术空白，在全球同行业中独占鳌头，重新定义了“中国制造”的内涵，带给世界极大震撼。大疆创新现有员工14000多人。

二、生产经营情况

目前，大疆创新已经是小型民用无人机行业的领先者。根据IDC的数据统计，大疆创新占据着全球消费级无人机市场七成以上的份额，在全球民用无人机企业中排名第一。消费级无人机、行业应用级无人机和手持设备用户遍及全球百余个国家和地区。2019年集团销售额约220亿元，出口额约为15亿美元，客户遍布全球100多个国家。

三、主要产品

从可远距控制拍摄的一体化小型多旋翼飞行器到全新一代可折叠便携式多旋翼一体机，大疆创新不断引领行业新趋势。随着“精灵”Phantom 4在2016年的推出，多旋翼飞行器正式步入了机器视觉时代，通过“计算机视觉”与“机器学习”实现障碍物躲避及智能跟随等创新功能。探索未知世界、激发创作灵感是大疆创新一直以来的卓越追求，通过不断提升的空中相机方案，将人类的视野从地面延伸至空中，创造出观察世界的全新角度。通过持续的创新，大疆创新致力于为无人机工业、行业用户以及专业航拍应用提供性能强、体验佳的革命性智能飞控产品和解决方案。

2019年，大疆创新一共发布了10款新品，包括Robomaster S1、“御”Mavic mini、T20农业植保机、“精灵”4多光谱版、“经纬”M200 V2等产品。大疆创新以技术和产品为核心，建立屹立于世界之巅的野心和梦想，希望通过完美的产品带给人类前所未有的飞行体验。在大疆创新的研发实验室里已储备了未来2~3年的新科技，并持续融入自己的创造力和想象力，使得这些超前的科技成果可以被应用到解决各种实际工业和商业问题中去。大疆创新对企业技术中心的投入不做上限，近三个会计年度2017—2019年的研究开发费用支出金额分别为101985.02万元、151879.65万元、211647.97万元。

四、产品开发与技术进步

作为国家级高新技术企业，大疆创新一直非常重视知识产权的创造、管理、实施与保护工作，坚持以自主创新作为公司的经营方针，积极创造自主知识产权，并形成了知识产权保护的立体网络。公司自成立之日起就开始进行知识产权的相关申请工作，公司国内外专利年均申请总量增长保持2~3倍，截至2019年年底，公司全球专利申请量，累计超10335件，其中PCT专利（国际专利）申请量超3673件；同时公司不仅重视知识产权数量，更重视知识产权质量，以专利为例，发明专利占比超40%。大疆创新致力于持续推动人类进步，自2006年成立以来，在无人机、手持影像、机器人教育及更多前沿创新领域不断革新技术产品与解决方案，重塑人们的生产和生活方式，并且大疆创新与全球合作伙伴携手开拓空间智能时代，让科技之美超越想象，近些年也获得了全球科研机构及权威媒体高度评价。

五、国际经济技术合作

大疆创新重视行业间技术交流与进步，重视国际间技术合作与交流。大疆创新在 2019 年举办 AirWorks 大会，携手全球多家无人机开发者及战略合作伙伴，共同分享了最新的方案与技术成果，为全球无人机行业深入发展提供技术与服务支持。同时，大疆创新致力于进一步开拓无人机技术生态，与各个行业领域的开发者及合作伙伴在建立信任的基础上展开深度的技术合作，在数据安全、公共服务、农业、能源、建筑和基础设施等领域带来更多价值，推动行业发展。大会汇集了多场主题演讲与行业案例分享，包括防灾减害、缓解粮食危机、发展数字经济、转化科研成果等方面的积极实践，积极实现在全球发展安全可信的无人机行业创新生态。

大疆创新也积极参与到 ISO、ITU 等国际标准的制定中。目前已加入 ISO/IEC JTC1、ISO TC20 SC16、ISO TC23 SC6、ITU SG16、SG17 等多个与无人机相关工作组。并且，大疆创新已有多名专家加入国际标准化组织 ISO JTC1 SC17、TC20 SC16 和 TC23 SC6 等工作组。在 ISO TC20/SC16 中正在牵头制定“无人机能源系统”国际标准，承担了“无人机产品系统”中飞行器动力和飞行器结构等部分的标准编写工作，约占总篇幅的 25%。随着植保无人机在全球范围内的逐步普及，植保无人机行业标准与规范的制定将成为推动整个行业发展的关键因素。大疆创新于 2019 年 10 月协办的第四次无人机喷洒系统标准工作组（ISO/TC23/SC6/WG25）会议于深圳召开。来自中国、美国、英国、德国、西班牙、韩国、日本等国的专家和代表出席了会议，深入审议植保无人机 ISO 国际标准。这也是无人机喷洒系统标准工作组会议第一次在中国召开。

中国航发商用航空发动机有限责任公司

一、企业基本情况

中国航发商用航空发动机有限责任公司（简称中国航发商发）成立于2009年1月18日，是由中国航空发动机集团有限公司与上海烟草集团有限责任公司、上海电气（集团）总公司、上海国盛（集团）有限公司共同出资组建的股份多元化企业。中国航发商发位于上海市闵行区，注册资本60亿元，主要从事商用飞机动力装置及其相关产品的设计、研制、生产、总装、试验、销售、维修、服务，拥有职工总数1855人、硕士及以上学历占比79%的高素质商用航空发动机产业队伍。

中国航发商发作为大涵道比涡扇商用航空发动机总设计师单位和总承制商单位，负责发展国家大涵道比商用航空发动机，产品规划涵盖窄体客机发动机、宽体客机发动机和支线客机发动机三个产品系列，致力于在上海打造商用航空发动机产业基地。中国航发商发坚持“主制造商－供应商”民机研发模式与“两头在内、中间在外、关键在手”的民机商业模式，建设闵行和临港两个基地，以满足商用航空发动机产业从设计开发到产品制造、验证、交付和使用维护全生命周期发展需要。闵行基地位于上海市闵行区，重点建设设计研发和客户服务能力。临港基地位于上海市浦东新区临港产业基地，重点建设总装集成，关键部件制造，整机、零部件、系统试验测试和维护大修能力。

中国航发商发秉承“创新驱动、质量制胜、人才强企”的集团战略，以“提供商用大涵道比涡扇发动机系列产品及相应服务”为使命，以“成为商用航空发动机全球主制造商之一”为愿景，秉承“责任、包容、开放、共赢”的价值观，构建商用航空发动机的设计研发、总装制造、适航取证、供应链管控、市场营销和客户服务六大核心能力，打造强劲“中国心”，助力实现“中国梦”。

二、生产经营情况

2019年，中国航发商发实现营业收入22.68亿元。

三、主要产品

中国航发商发主要规划发展窄体客机发动机CJ-1000系列、宽体客机发动机CJ-2000系列和支线客机发动机CJ-500系列三个产品系列。

四、产品开发与技术进步

2019年，中国航发商发聚焦项目任务，项目研制与技术攻关取得新突破。CJ-1000A产品研制加快推进，核心机试验验证与整机试制取得突破。CJ-1000AX项目研制稳中有进，核心机、整机试验实现预期目标。CJ-2000AX项目首台核心机研制取得新突破。

中国航发商发取得中国商飞合格供应商清册入册证书，正式成为中国商飞合格供应商。中国民用航空局正式受理CJ-1000A产品型号合格证申请，适航审定中心全面介入研发活动，支撑适航取证的设计保证系统与质量保证系统持续夯实完善。

中国航发商发着力攻克关键核心技术，2019年组织开展CJ系列发动机关键技术攻关项目83项，结题4项。全年获得集团科学技术成果一等奖、二等奖、三等奖各1项；中国航空学会科学技术成果三等奖1项；上海市科学技术成果三等奖1项；上海市航空学会科学技术成果二等奖、三等奖各1项。全年申请专利51件、授权发明专利13件、授权实用新型专利6件，申请软件著作权28件。

五、国际经济技术合作

2019 年，中国航发商发持续深化国际合作，充分利用中欧、中荷、中俄、中英政府平台交流机制，重点开拓德国、英国、俄罗斯、乌克兰等国家和地区的潜在合作资源。

六、重大设施建设

2019 年，中国航发商发研制保障条件建设取得新成效。“两机”专项研保建设项目获国家正式批复，一批部件与强度试验器投入使用，220kV 电站建成并投入运行，产品研制急需试验验证条件建设工作稳步加快。

七、企业改革改制

2019 年，中国航发商发系统推进“三项制度”改革，完成基于绩效的市场对标薪酬套改，全面优化职位与绩效考核体系，持续推进职业经理人管理机制、工资总额预算管理机制与中长期激励机制研究，构建了“干部能上能下，工作能左能右，员工能进能出，薪酬能高能低”长效机制，完善选人用人机制，激发组织活力，打造商用航空发动机人才高地。

航天海鹰（镇江）特种材料有限公司

一、企业基本情况

航天海鹰（镇江）特种材料有限公司（简称海鹰特材公司）成立于2011年4月，位于江苏省镇江市航空航天产业园内，由中国航天科工集团第三研究院、航天特种材料及工艺技术研究所和镇江新区高新技术产业投资有限公司共同出资组建，注册资金1.69亿元。公司占地面积为155亩，建有厂房面积25000米^{2}，购置各类航空部件生产和测试设备50余台套。

海鹰特材公司秉承航天攻坚克难的精神，继承航天技术，致力于包括高性能结构复合材料和先进隔热保温材料两个领域的航空航天新材料的创新及产业化，以C919业务为中心，围绕CR929宽体客机、国产航空发动机、对外合作、商业航天、无人机研制开展工作。公司具有较强的航空复合材料制造、机加、装配、检测、计量等能力，有完善的信息化系统，能实现自动化和数字化生产。公司现已申请发明专利和实用新型专利共计40件，已授权发明专利7件，授权实用新型专利8件。

二、生产经营情况

2019年公司实现营业收入15385.06万元，同比增长31.22%，完成全年预算指标的108.35%；利润总额915.51万元，同比增长101.73%，完成全年预算指标的176.06%；成本费用占营业收入比率99.44%，同比改善0.43个百分点；经济增加值381.92万元，同比改善562.28万元；盈余现金保障倍数7.55倍，超出指标倍数6.45；应收账款96.96万元、存货3797.95万元，均超额完成指标任务，实现连续五年经营业绩考核“优秀”，公司经营能力稳步提升。

三、民用航空主要产品

2009年5月，海鹰特材公司正式成为中国商飞C919国产大飞机九大机体结构供应商之一，2019年已完成7架份后机身后段、3架份副翼、4架份后机身前段复材零件、5架份垂尾壁板复材零件以及许用值试验件的交付；CR929宽体客机方面，公司联合浙江大学开展CR929试验件研制工作，完成了自动铺丝框、梁试验件和后压力框试验件研制工作；在无人机领域，公司也针对客户的不同要求，完成了14架份各型号无人机复材零件的生产研制工作；在其他复合材料方面，完成了上飞院除冰项目闪电防护、组件级试验件以及鸟撞试验件的研制，完成了科技工程中心项目压损试验件的研制。

成都飞机工业（集团）有限责任公司

一、企业基本情况

航空工业成飞（简称成飞）创建于1958年，是国家和省市重点优势企业，公司本部占地近5千米^2（含机场），在职职工总数17000余人。在民用航空领域，成飞研制生产了ARJ21、C919、AG600等民机机头，转包生产了波音757尾段、波音787方向舵、空客A320后登机门等大部件，具备民机机头、舱门、翼面和壁板类的制造专业化优势。公司在零部件制造、整机装配、试验试飞及维修服务等方面具有强大的优势和核心竞争力，整体实力处于国内行业领先地位。

成飞拥有雄厚的技术实力和与国际接轨的质量保证体系，获得国家和省部级科技进步奖500余项，拥有专利700余项，一批具有世界先进水平的新技术、新设备、新工艺、新材料被广泛应用于产品设计制造过程中。公司为国民经济建设做出了重要贡献，荣获全国“五一”劳动奖状、全国质量奖、中国企业自主创新奖、中央企业先进集体、首届中国质量奖提名奖、“全国两化融合突出贡献单位”、全国企业文化建设典范企业等数百项省部级以上荣誉。

二、民用航空生产经营情况

2019年，公司实现营业收入305.05亿元。

三、主要民用航空产品情况

公司民用航空产品主要包括国外转包项目和国内民机项目。

（一）国外转包项目

主要包括波音737前登机门、波音787方向舵、波音737方向舵、波音747-8平尾/副翼/扰流片、A350下垂板和扰流片、A320前/后登机门、A320地板和一号框、A320前起落架舱、F7X壁板、F8X壁板、G280机头、G280后机身、波音737客改货、波音767客改货等国外转包项目。

（二）国内民机项目

主要包括CR929大型民用客机机头、C919大型民用客机机头、ARJ21新支线客机机头、AG600大型水陆两栖飞机机头、“新舟”700支线客机机头。

四、民用航空产品开发和技术进步

成飞公司完成了“大型飞机机头装配方案研究”等7项内部课题结题验收，以及“国产大飞机超大型蒙皮零件的智能/精密制造工艺技术研究”“民用飞机智能化表面处理车间”“飞机大部件模块化系统集成制造技术研究与应用”三项外部课题的结题验收；完成A350扰流片及下垂板项目固化曲线验收标准优化、褶皱消除等工作，获得空客公司颁发的全球最佳质量奖和技术奖；完成波音737/787方向舵材料合并套裁、多件进罐等技术改进，极大提升了复材加工效率；完成了技术创新课题立项申请5项；专利申请11项，其中发明专利6项。

五、国际经济技术合作

（一）C919机头数字化装配生产线设计与建设项目

2019年，1月24—25日，成飞公司（CAC）在成都组织召开了“C919机头数字化装配生产线设计及建设”项目的关键设计方案评审会（CDR）。AIS公司按照双方确定的关键设计评审范围及内容开展了详细设计工作，并提交了工艺分离面及装配工艺方案、详细的容差分配方案、详细的机头装配质量控制方案、详细的生产线布局、详细的物流方案等相关技术资料。评审组专家同意通过CDR评审，实现新的里程牌。

（二）空客项目 APQP 培训和实施

2019 年 3 月 17 日，空客公司发函要求 A350-1000 项目按照空客最新颁布的 APQP（先进产品质量计划），从工艺准备、风险评估、试验件制造、验证试验、首件鉴定等方面进行新项目研制过程质量控制。公司按要求组织质量、技术、生产等专业人员赴德国空客参加 APQP 专项培训，对 APQP 的工作内容进行了分解，并按计划提交了相关质量控制证明资料。

（三）空客项目 FACC 培训

为快速掌握 A350-1000 零件制造工艺，公司组织项目管理人员、精益专家、质保人员、复材和数控技术人员、工人共计 18 人赴奥地利 FACC（费舍尔高级复材制造公司）进行复材修补培训。主要学习了欧洲先进的项目管理、精益生产安排、现场生产可视化管理等内容。

六、重大设施建设

2016 年 2 月，公司开展民用飞机《复材件喷漆厂房建设议案》项目立项工作，同时下达投资计划。截至 2019 年 12 月底，该项目已完成交付使用，累计完成投资 1293.93 万元。

2019 年，中航成飞民用飞机有限责任公司（简称成飞民机）作为成飞公司的所属企业，全年完成投资 1706.54 万元，主要围绕购置 204 台套工艺设备及停车场修建工作。

七、企业改革改制

公司持续推进产品产业结构调整，建设国家高端航空装备技术创新中心，以航空装备创新发展集聚效应带动地方经济发展。

一是着力打造航空产业园。2019 年，成飞公司与新都区政府协同布局四川成都航空产业园，打造一般能力社会化配套承载平台。产业园按照“1+1+N”合作模式，借助地方政府配套、服务、政策的优势，与新都区政府协同布局四川成都（新都）航空产业园，进一步完善供应链战略管控，引导培育配套供应商聚集发展，打造专业化航空产业配套集中发展区，实现航空零部件从工序外协向完整交付转变，并将园区建设成为零部件重要供应基地。2019 年已有两批次共 12 家企业与新都区政府集中签约并陆续入驻。9 月 20 日完成入园企业首批零件生产交付，实现了“当年拆迁、当年建设、当年投产”的重大节点目标。

二是提升与中国商飞的合作层级，拓展合作范围，创新“主制造商－供应商”合作模式，打造大飞机“生命共同体”。与中国商飞上飞院合作成立民机机头设计中心，通过 CR929 项目合作建设民机研发设计队伍；在打造机头研制基地方面，2019 年完成 CR929 机头工程样机设计、机头鸟撞试验件设计、CR929 原型机机头方案阶段设计，5 月完成“新舟”700 机头总装下线。机头系统集成方面，8 月启动首架 ARJ21 机头系统集成开工，并于年底前完工。

三是积极开拓市场，策划多种应用场景方案，翼龙Ⅱ无人机成功中标甘肃省政府人工增雨项目，无人机产业正逐步走向一机多型、系列化发展的新模式。

沈飞民用飞机有限责任公司 / 沈阳沈飞国际商用飞机有限公司

一、企业基本情况

1. 中航沈飞民用飞机有限责任公司（简称沈飞民机）成立于 2007 年 8 月 28 日，目前注册资本 62488 万元。公司经营范围为民用飞机零部件的设计、试验、生产、销售及相关技术转让、技术咨询和进出口贸易等。2019 年年底拥有员工 2468 人，资产总额 36.49 亿元。

2. 沈阳沈飞国际商用飞机有限公司（简称沈飞国际）成立于 2010 年 4 月 8 日，注册资本 12.1 亿元。公司经营范围为民用飞机及其零部件设计、试验、制造、销售、售后服务及相关技术咨询与进出口贸易。2019 年年底拥有员工 636 人，资产总额 21.64 亿元。

二、生产经营情况

1. 沈飞民机 2019 年实现营业收入 163930 万元，同比增长 52%，出口交付额 1.98 亿美元，同比增加 15.8%。

2. 沈飞国际 2019 年实现营业收入 79275 万元，同比增长 71%，出口交付额 1.11 亿美元，同比增加 71%。

三、主要产品

1. 沈飞民机主要产品包括 A320 机翼前缘 / 电源箱、波音 737 尾段、波音 777 复材壁板 / 翼尖、波音 787 垂尾前缘及翼尖、Q400 机身连接 / 尾段、ARJ21 尾段 / 发动机吊挂 / 电源中心 / 无线电架 / 机身电缆、C919 发动机吊挂 / 后机身前段 / 垂尾 /APU 门、“新舟” 700 后机身前段 / 舱门等工作包。

2. 沈飞国际主要产品包括 A220 飞机前机身 / 中机身 / 后桶段 / 尾锥 / 舱门 / 翼身整流罩和中央翼盒等工作包，其中翼身整流罩和中央翼盒工作包正在转回谈判中。

四、产品开发与技术进步

CR929 项目签订联合研制协议，并完成工作包研制竞标方案；A220 项目各工作包均实现了零保留交付；“新舟” 700 项目克服了研制阶段更改频繁，材料和零件供应不及时等困难，按计划完成交付任务。中国商飞授予公司“优秀供应商银奖”；波音公司第三次授予公司“卓越绩效奖”。

完成了 C919 自动化生产线上线验证及复材零件技术攻关，以及“新舟” 700 项目柔性装配平台和自动对接技术应用验证。扩大 MES 和工具管理平台的应用范围，完成了三维工艺开发和 CPM 系统在供应链上的推广应用。2019 年完成了工业和信息化部科技计划立项 2 项、辽宁省重大科技计划立项 1 项，荣获集团公司科技进步三等奖 1 项、集团公司科技成果 4 项，获得了 25 项专利授权。

在民用飞机机体结构、型号工装、增材制造等设计领域开展了智力服务；在联络工程、辅助建模等方面提供工程支持；设计批准组织（DOA）资质方面已完成适航条款符合性分析，开展了典型案例验证。

五、重大设施建设

重大设施建设顺利开展，A04B、A10 装配厂房已通过验收。C919 研保条件建设项目后机身和垂尾自动化生产设备 2019 年已投入试生产。

江西洪都航空工业（集团）有限责任公司

一、企业基本情况

江西洪都航空工业（集团）有限责任公司（简称洪都），为国有独资公司，隶属中国航空工业集团有限公司，是新中国“一五”时期156项重点工程之一，也是我国航空工业奠基企业之一，是新中国第一架飞机和第一辆边三轮摩托车诞生地，累计创造新中国“十个第一”。

洪都拥有1个国家级企业技术中心、1个国家级博士后科研工作站、1个省级院士工作站、4个省级工程技术研究中心/重点实验室等企业科技创新平台。曾先后诞生过2名中国工程院院士、有90多位政府特殊津贴享有者；现有全员人数10000余人，本科及以上学历占比约44%，博士、硕士研究生800余人。

在民用航空领域，洪都充分发挥航空技术、管理、人力资源等优势，积极开拓民用产品市场，先后开发了一系列民用航空产品，在转包生产方面，不仅成为美国波音公司、GE公司等多家国际知名企业的优秀供应商，还成为中国C919大飞机项目的主要供应商之一，承担了C919大飞机前机身和中后机身的研制生产任务。

2019年全年实现管理合并营业收入68.5亿元、利润总额2.63亿元。

为了适应洪都战略发展和能力提升需要，洪都在南昌高新区瑶湖建设南昌航空城，园区规划占地75千米^2，其中洪都科研生产区占地10千米^2；北区已经建成并投入使用，南区基本建成并投入使用，瑶湖机场也建成并投入使用，并成功开展C919和ARJ21的科研试飞，初教6飞机也取得TC/PC证。2019年8月，洪都实现总体搬迁并入驻南昌航空城，标志着洪都科研生产能力得到较大提高。

二、民用航空生产经营情况

洪都主要民用航空业务是民用飞机研制和航空转包业务。民用飞机主要有大客机C919机身段、N5B农林飞机、初教6飞机等；国外航空转包业务主要为波音747-8项目。

2019年，洪都坚决贯彻航空工业集团各项决策部署，紧紧抓住国内外转包业务“优质高效低成本保交付”这一核心环节，开拓进取，精心组织，各项业务均实现了准时交付，赢得了客户的肯定和信任。

三、主要民机产品运营情况

1. 国内民机研制生产情况

C919飞机研制方面，2019年洪都累计交付2架份前机身及中后机身，研制批任务圆满收官；另外，制造工艺方面取得了21项特殊过程的认证，为项目研制提供了坚实的技术保证；同时，开展了C919飞机批产合同签订的准备工作。

CR929研制方面，洪都参与了CR929宽体客机中后机身项目的投标工作，并积极协调地方政府在条件保障方面予以支持。为了夯实洪都在大型复材结构件方面的工艺基础，洪都高标准完成了0.5米级、1米级、3米级的复合材料单曲壁板研制工作，在典型复材结构件上对复合材料长桁壁板制造所涉及的自动铺贴成形、自动铺贴+热隔膜预成形、自动铺贴蒙皮+已固化长桁共胶结成形等工艺方法进行了验证。

2. 民机试飞工作情况

洪都2019年全力保障了C919、ARJ21飞机试验试飞以及首届南昌飞行大会飞行表演任务，瑶湖机场的影响力进一步得到提升。

2019年3月，在中国商飞、江西省政府的大力推进下，东部战区批准同意了瑶湖机场划设国产民机试飞空域。

2019 年 9 月，ARJ21-700 飞机转场瑶湖机场，开展最大商载动响应试飞、空域、遥测、通信验证试飞等科目，共飞行 4 个架次完成 29 个起落、6 个科目、27 个试验点，共计飞行 12 小时 35 分钟。其中，27 个试验点中有 22 个满足着陆接地点 ±40 米的严苛要求，成功率达到 81.5%。11 月 14 日，中国商飞试飞中心在上海召开了瑶湖机场试飞工作总结会，会议认为 ARJ21-700 飞机在南昌瑶湖机场试飞情况总体良好。

2019 年 12 月，C919 飞机 105 架机转场瑶湖机场，历时 17 天，圆满完成了结构模态耦合试验，这是 C919 大型客机 105 架机转场南昌后开展的第一个全机级大型 MOC5 试验。

3. 国际转包及对外合作交流情况

国际航空转包业务波音 747-8 项目圆满完成了 100 个工作包的交付，实现交付总值 188 余万美元。

在国际民机转包市场开发方面，洪都精心组织团队，积极开展市场研究，提炼公司竞争优势，分析发包方和竞争者数据，参与了多个项目的开发，包括波音 737 舱门项目、波音 777 客改货项目、波音 777X 蒙皮工作包、波音 737-800 客改货项目、赛鹏紫玄 A321 客改货舱门项目等。

洪都与波音公司长期保持良好的联系沟通，在波音全球供应链战略转型的关键时期，洪都努力争取竞标机会，同时积极组织有关人员参与波音 MIC 中心的培训，提高相关人员的专业能力，以适应国际转包市场严格的管理和专业需求，提高公司开发和管理波音项目的能力。

中航复合材料有限责任公司

一、企业基本情况

中航复合材料有限责任公司于2010年6月17日注册成立，注册资金7.94亿元，是中航高科的全资子公司，位于北京市顺义航空产业园，占地面积546亩，现有人员500余人，其中，研究员39人、高级工程师147人，博士学位者58人、硕士学位者193人。公司主要从事复合材料技术开发、原材料生产（树脂、预浸料与蜂窝）、工程试制和综合技术服务。公司技术力量雄厚，现拥有两个国家级重点实验室，研发团队最先在我国开展复合材料技术研究，并首次将复合材料技术应用于飞机和发动机结构，是我国航空复合材料研发工程化的核心力量，起着引领我国航空复合材料技术未来发展的重要作用。

二、生产经营情况

2019年全年公司共交付预浸料198万米^2，交付芳纶纸蜂窝4872米^3，交付铝蜂窝10120千克，顺利完成全年生产交付任务，有效保障了主机厂的需求。公司经济指标呈逐年上升趋势，2019年公司实现营业收入19.5亿元，同比增长30%；利润总额3.5亿元，同比增长37%。

民用航空方面，近两年公司为满足国际民机市场对大尺寸芳纶纸蜂窝的需求，投资建成了南通大尺寸芳纶纸蜂窝生产线；2019年1月11日，公司与中航高科合作建设的民用预浸料生产线也在南通市正式投产，为推动民用复合材料实现产业化发展贡献了新力量。

三、主要产品及技术

公司拥有国际上最先进的复合材料结构设计软件和工艺设计软件，并具备如热压罐成形、液态成形（RTM、VARI）、自动铺带、缠绕等众多复合材料制造工艺技术，为复合材料的设计和制造提供了强大技术支持。在高性能树脂、预浸料、蜂窝等方面已形成系列化产品。产品覆盖面广，包括树脂、预浸料、芳纶纸蜂窝料、胶黏剂以及复材构件等。

四、国际合作与交流

积极开展国际交流与合作。加强了对英国、加拿大、俄罗斯及欧盟国家的技术交流与合作，形成了多项研究成果，并与空客中国新签订了“生物质复合材料研发”与“导电复合材料研发”两个项目。同时，持续参展法国JEC展会，成功主办了2019年SAMPE国际学术会议及展会。作为协办单位，参加了第四届中国国际复合材料科技大会（CCCM-4），承办了“聚合物基复合材料”分会场和“复合材料在航空领域的应用”分会场。此外，还承办了2019中国智能检测与评估大会，不断扩大行业影响力。

沈阳飞机工业（集团）有限公司

一、企业基本情况

航空工业沈飞是以航空产品制造为核心主业，集科研、生产、试验、试飞、服务保障为一体的大型现代化飞机制造企业，是中国航空工业集团有限公司骨干企业之一。公司以智能制造为牵引，围绕航空制造技术发展趋势和高端航空产品研制需求，突破并掌握了一系列核心、前沿技术，建成了数字化制造、自动化装配、多项目协同的加工制造和系统集成平台，形成了面向新一代航空产品研制生产的技术支撑体系。飞机装配集成、钛合金制造和复合材料加工等制造技术处于国内外领先水平，部分技术填补了我国航空工业领域的空白。建设了国内首条较为完整的数字化、柔性化、自动化航空铝合金结构件加工生产线，在智能制造领域取得新突破。

二、生产经营情况

2019 年，公司以“一心、两融、三力、五化”战略为指引，聚焦又好又快产品实现，大力推进“1122”党建工作体系和 AOS 运行管理体系，持续提升经营管理、技术管理、质量管理、生产管理能力，圆满完成全年科研生产经营任务，均衡生产取得历史性突破，经济运行质量显著提高。实现营业收入 237.6 亿元，同比增长 17.7 %。

三、主要产品

公司承担的主要民机零部件产品有：A220 项目前机身、中机身、尾椎、后桶段、舱门；ARJ21 项目、787 项目、A320 项目等。

四、产品开发与技术进步

（一）A220 关键零件实现转回自制

A220 中机身铝锂侧蒙皮规格为：7.92 毫米 ×5300 毫米 ×1200 毫米，为连接机身桶段、翼身整流罩和中央翼盒的重要过渡流线结构件，是多曲面集成和拟合处，结构复杂，因尺寸较大，所涉设备多为大型“独生子”设备，是 A220 项目单价最高的一项零件。通过开展三维转二维展开数据优化建模工作，优化厚度多变的减轻槽铣切方案，确定近似退 R 原理交线较大偏移的技术验收标准，进行多维度机械性能理化分析工作，最终实现零件转回自制。

（二）关键零件实现整体精度、质量提升

1. 大角材类零件

A220 项目四项大角材零件为后机身和后桶段压力隔框连接机构，是重要的承压零件，工程要求严格。通过技术攻关，运用仿真软件开展前期研究，结合实际工艺经验进行优化，同时利用增压梗结构，修订合理毛料尺寸，实现了大角材类钛合金零件的整体贴胎度，由通用的 0.75 毫米降低至 0.5 毫米，整体精度提升 30%，为后续钛合金类热成形零件贴胎精度提升，提供了宝贵经验，满足了客户严格的工程要求。

2. 门包角类零件

零件外表面仅有一层钝化膜，金属基体表面状态清晰可见。安装后零件外表面裸露在外，因此客户对零件表面质量要求严格，不许有目视可见的擦痕、工具痕、打磨痕和色差等表面外观缺陷。通过工艺方法改进，消除零件成形工艺带来的质量缺陷。加强过程控制，通过技术手段增加技术防错器具，建立零件独立包装流程。实现了 24 项门包角零件无可视痕迹、无色差的外观要求。

庆安集团有限公司

一、企业基本情况

庆安集团有限公司（简称庆安公司）创建于1955年，是国家“一五”计划中156项重点建设项目之一，是专业从事飞机作动系统、货运系统和制冷系统科研生产的大型企业。

二、生产经营情况

2019年，庆安公司总产值约41亿元。

三、主要产品

庆安公司以“机载作动技术和压缩机技术”为核心，主要配套产品有高升力系统、货运系统、舱门作动系统、主飞控作动系统、发动机作动系统、发动机反推力系统等产品。

四、产品开发与技术进步

1. C919飞机

庆安公司作为T2级供应商为C919飞机配套研制了高升力系统翼尖刹车装置、支持轴承、扭力杆组件等三项LRU，2019年完成了研制批产品的交付，目前产品正随飞机开展试飞试验，同时庆安公司内部也在开展鉴定试验，预计2021年6月完成适航取证。

庆安公司作为T1级供应商为C919飞机配套应急门作动器，2019年项目完成了初步方案评审、关键设计评审，目前产品正在进行样件制造，预计2021年6月完成适航取证。

通过C919飞机项目研制使庆安公司正式进入国际民用航空产品研发领域，初步具备了民用航空部件级产品研制能力。

2. “新舟”700飞机

庆安公司作为T1级供应商为“新舟”700飞机配套研制高升力系统、舱门作动系统、起落架收放作动筒、前轮转弯装置等12型产品，包括57项LRU，是“新舟”700飞机机载设备与系统的主要供应商，产品涉及机械、液压、电气、控制、电子等专业。2019年，产品完成了12型产品关键设计评审，发布了详细设计文件，目前产品正在进行样件制造和首飞前的安全试验。

其中高升力系统是庆安公司首次严格按照ARP4754A、ARP4761等民机研发适航条款开展研制的复杂系统，通过型号研制，使庆安公司初步建立了符合民机适航要求的复杂系统研发工作流程，型号研制过程得到主机的高度认可。

3. AG600飞机

庆安公司作为T1级供应商为AG600飞机原型机配套研制了高升力系统、主飞控作动系统、舱门作动系统、投汲水系统、风挡雨刷系统等13型产品，2019年主要是保障主机开展试飞试验，同时根据主机要求进行了AG600飞机03架机高升力系统、舱门作动系统、投汲水系统等5型产品的改型研制工作，正在开展01架机试飞试验保障和03架机详细设计。

4. 运12F飞机

庆安公司作为T1级供应商为运12F飞机配套研制了货运系统，2019年主要完成了详细设计评审和样件制造，目前正在进行首飞前安全试验。

五、国际经济技术合作

1. 对外合作

2019年，庆安公司根据国内航空产业的发展需要，结合公司航空产品研发过程遇到的问题，积极开展国际合作，充分利用国外技术资源，弥补公司能力不足，多方面提升公司航空产品研发能力和民机市场开发能力。

在“新舟”700飞机高升力系统研制中，庆安公司与德国TechSAT合作开展系统开发与控制电子研制，完成了详细设计评审与样件研制。根据型号研制需要，庆安公司与乌克兰 FED 公司开展变排量液压马达技术合作，弥补国内在该技术方面的空白，大幅提高国内装备性能。庆安公司与美国穆格公司、德国 TechSAT 公司、慕尼黑工大等机构组成联合团队，以庆安公司为主开展 CR929 飞机高升力系统竞标工作，庆安公司与各方签订了合作备忘录、确定了合作分工，联合向 CR929 飞机主机单位中俄国际商用飞机有限责任公司（CRAIC）回复了项目竞标建议书，并联合向 CRAIC 进行了多轮汇报；同时庆安公司与美国柯林斯公司合作竞标 CR929 飞机和 ARJ21-700F 飞机货运系统，双方签订了合作备忘录，确定了初步合作分工，并联合向主机单位 CRAIC 公司和中国商飞回复了项目竞标建议书，竞标中庆安公司作为 T1 级系统供应商，柯林斯公司作为次级供应商，主机单位对庆安公司的竞标方案进行了反复的沟通、讨论。

2. 转包生产

庆安公司从 1998 年起，开始从事国外航空民机机载设备零组件的转包生产。20 余年来，庆安公司已陆续与法国赛峰集团、美国凯旋公司、伊顿公司、柯林斯公司、穆格公司、伍德沃德公司等世界上主要民用航空企业开展了转包生产业务合作，为客户提供起落架系统、作动系统、货运系统、电源系统、机轮刹车系统用零组件及产品。2019 年，庆安公司转包生产销售收入达到了 2320 万美元，较 2018 年同比增长 14.9%，2019 年共获得新品订单 42 项，其中赛峰集团及凯旋公司 39 项新品均为 A320 项目，机型稳定，市场份额大，产品类型符合庆安公司专业发展方向。

六、重大设施建设

1. 生产设备数量持续增加

2019 年，通过庆安公司技改项目实施，新增数控镗铣床、卧式加工中心等数控精密设备共计 2 台，主要用于民用航空精密壳体零件型面铣削及精密尺寸加工等，进一步增强了公司的机械加工能力。

庆安公司从瑞士进口火焰喷涂系统 1 套，可对不锈钢零件、高强度钢零件进行喷涂，可代替镀铬工艺，在满足国际航空作动筒产品的各类生产工艺要求的同时填补了庆安公司无喷涂表面处理的空白。

2. 新品专用测试设备投入使用

2019 年，在庆安公司的技改项目中继续投入了新的专用测试设备，交付使用专用测试设备 30 台（套），多数专用测试设备具有计算机自动检测功能，建成了民用高升力系统、蛟龙 600 等系统平台试验条件，满足庆安公司对民用新机的研制需求。研制了产品试验所需的齿轮齿条转弯机构性能试验台、襟翼丝杠作动器综合测试试验台、FPDU 动力驱动单元性能试验台、作动筒性能试验台共计 4 项试验台，为“新舟”700 项目产品的顺利研制、试验与交付提供了保障条件。

七、企业改革改制

为了更好地促进民机业务，庆安公司将民机相关业务部门逐步整合，成立民机事业部，同时为确保民机事业部顺畅运行，在民机事业部内成立民机公司筹建机构，负责民机事业部及民机公司的筹建等工作。按照分步建设的思路，逐步将民机相关的科研管理、民机研发、制造、产品检验、检测、物料采购、仓储保管、设备及动力能源管理、供应链管理、客户服务管理等业务调整至民机事业部，将民机事业部逐步建设成为集市场—科研（型号与预研项目）—制造（工艺、生产、质量、供应）—售后等功能完整的民机业务实体。

成都凯天电子股份有限公司

一、企业基本情况

航空工业成都凯天电子股份有限公司（简称航空工业凯天），是航空工业集团三级科技型子企业。航空工业凯天以SMC（感知—测量—控制）为基础，建立了ADS（大气数据系统）、位置检测与控制系统核心专业，是研制生产一体化的航空机载设备骨干企业。航空工业凯天2017年通过国家级企业技术中心认定，2018年通过高新技术企业认定，2019年获批“四川省航空传感器工程技术研究中心”和“博士后创新实践基地”。公司注册资本为3.5亿元，注册地址为四川省成都市青羊区黄田坝。

二、生产经营情况

2019年，公司年实现营业收入11亿元，同比增长10%；实现利润总额3987万元，同比增长10%。

三、主要产品

聚焦“125”专业定位和“1+2”市场定位，以传感器为平台，大力发展大气数据系统和位置检测与控制两个核心专业，遵从机载专业化整合要求，发展特种泵、机械密封与连接、飞行数据管理、无线数据传输和机务工作平台五个特色非相似余度产品。

公司民用航空产品主要配套C919、“新舟”700、AG600、ARJ21、AC系列直升机、CJ-1000A发动机等，涉及大气数据系统、位置检测与告警系统、燃油泵、地空宽带通信、各类传感器等类型产品。

四、产品开发与技术进步

配套AC312E直升机的XSC-3S大气数据计算机按软、硬件设计保证等级均为A级的标准取得了CTSOA证书，扩展了取证产品范围；配套C919的D/EF-23A加温控制盒完成了合格审定试验，并通过了局方批准，达到了批产状态。

配套ARJ21-700的D/XZX-14舱门信号系统完成了CDR，进入生产试制阶段；演示验证项目Y1823大气数据系统完成了PDR和CDR1阶段的评审，进入样机试制阶段。

与商飞合作开展的DO-178C软件开发流程、舱门信号系统融入IMA等领域的研究，完成了项目验收。

通过以上项目的牵引，公司在技术和研发体系上为民机领域的进一步发展奠定了良好的基础。

五、国际经济技术合作

2019年航空外贸转包业务销售收入完成5583万元人民币，与上年基本持平。主要产品交付的客户有伊顿、霍尼韦尔等，主要合作项目有燃油系统用各类传感器、航空用机箱、航空用管道零件所用设备及工具等。

2019年，公司以零不符合项通过FAA制造审核（霍尼韦尔项目），空客公司委托伊顿公司进行的空客Audits产品过程审核。

国际合作完成情况如下。

1. C919总静压探头项目：2019年7月，航空工业机载、商飞及霍尼韦尔高层一行莅临公司就C919总静压探头项目进行合作交流。同时，为表彰公司总静压探头团队在产品研发、生产实现、流程优化方面取得的成绩，商飞及霍尼韦尔共同向公司颁发了霍尼韦尔总师奖。

2. 与霍尼韦尔公司共同完成CR929宽体大气数据系统RFP回复，确定提供总压探头、总温传感器、静压孔、加温控制盒；与法国泰雷兹公司共同完成CR929宽体大气数据系统RFP回复。

3. “新舟”700起落架收放控制及位置告警系统。

与英国傲创电子公司完成了收放控制单

元详细设计，于 2019 年 7 月 30—31 日召开了关键设计评审会（CDR），2019 年 10 月 21 日与 CAAC 召开控制单元软件 SOI#1 评审，并于 2019 年 10 月 23 日关闭 CDR。2019 年 6 月完成起落架收放控制单元蓝标件交付。2019 年 7 月完成了设计更改前选择阀和安全阀铁鸟件交付。

六、重大设施建设

2019 年，航空工业凯天针对公司相关专业和民用航空大气数据、传感器等专业产品开展了基础研发条件建设，开展了复杂环境高品质流场试验系统等重大试验设施的建设。

（一）复杂环境高品质流场试验系统

该试验系统的主要功能：一方面要提供低空低速状态下高流场品质的试验环境，建立在低速状态下的沙尘、冻雨环境试验条件；另一方面要提供亚声速状态下对大气数据系统的校准条件，建立在高空产生结冰、过冷大水滴、冰晶等环境的试验条件。

（二）起落架收放控制及位置告警系统综合测试平台电测系统

该电测系统主要功能：与液压系统等设备组成测试平台，为起落架收放控制系统前期的仿真、后期的系统级功能验证、故障复现及信号测试提供综合仿真测试验证条件。

中航飞机起落架有限责任公司

一、企业基本情况

中航飞机起落架有限责任公司是飞机起落架系统专业化供应商，拥有50余年丰富的飞机起落架研制经验。由原陕西燎原航空机械制造公司与原湖南湘陵机械厂实施专业化整合重组，于2007年10月18日设立。

中航飞机有限责任公司股权占比为95.27%，中南大学粉末冶金工程研究中心有限公司股权占比为4.73%。

公司本部位于长沙，设有一个飞机起落架工程技术研究中心，下设汉中精益制造中心、长沙精益制造中心、国合制造中心、客服保障中心、维修中心、阎良事业部等生产单元。主要从事起落架及转包产品的研制生产。各生产厂区资源统筹运营。公司现有职工3263人，从事航空主业人员2099人，专业技术人员1124人。

二、生产经营情况

公司深入贯彻落实中国航空工业集团有限公司和中航飞机工作会议精神及决策部署，稳步推进起落架专业化发展，以“保A”和“四个能力”建设为牵引，持续增强核心能力，深入推进瘦身健体、提质增效。

2019年度实现营业收入153943.53万元，较上年同比增长4.64%。

三、主要产品

公司承担的民机项目主要为“新舟”700、C919、AG600、蜃龙无人机等民用飞机起落架的研制工作，其中AG600项目、蜃龙无人机为公司自主研发、系统集成项目。

四、产品开发与技术进步

公司通过“新舟”700、AG600等型号提升起落架系统产品研发、集成能力的同时，积极拓展了民机相关的新产品开发工作，如联合利勃海尔、合资公司共同竞标CR929项目，目前完成了RFI、RFP、RFC的回复工作，下一步等待CRAIC发放BAFO文件；此外，还配套开展蜃龙无人机项目、“新舟”700飞机主起轮轴300M钢静力与疲劳研发试验件、“新舟”700飞机主起落架收放连接结构疲劳研发试验件。

（一）“新舟”700项目

“新舟”700飞机研制阶段共需要交付6架份起落架，以及12件试验件。2019年，公司承担“新舟”700项目6项产品研制工作，已完成主起轮轴300M钢静力与疲劳研发试验件、主起落架收放连接结构疲劳研发试验件的交付。

（二）C919项目

2019年公司承担C919项目AC105、AC106架主起落架研制任务。2019年6月已完成AC105架主起落架的交付，2019年12月已完成AC106架主起落架的交付。

（三）AG600项目

2019年5月完成了系统联试台改造工作，12月完成了试验件复装工作。2019年7月完成了起落架静力试验，12月完成了分解检查工作。2019年11月，公司组织对《AG600起落架系统工作说明（SOW）》等相关文件内容进行了讨论汇总报送至主机，12月完成了文件签署工作。

五、国际经济技术合作

当前公司国际化业务发展对标的世界一流标杆企业是法国赛峰起落架公司（SLS），力争从管理、技术、质量、运营等方面缩小与世界一流企业的差距，不断提升起落架产品的国际市场份额与产品级别，成为世界知名的起落架系统供应商。公司与法国赛峰起落架公司已经有20年的合作关系，国际转包生产规模逐步扩大，稳定了成熟产品市场份额及交付，钛合金、铝合金钢件新品已实现批量化生产，2019年国际转包产品交付共计4658件，产值达到1237万美元。

陕西宏远航空锻造有限责任公司

一、企业基本情况

陕西宏远航空锻造有限责任公司（简称航空工业宏远），是中国航空工业集团有限公司旗下的大型锻造专业化骨干企业，系中航重机股份有限公司（上市公司）的全资子公司。

公司位于陕西省三原县嵯峨乡张邢岳村。“十二五”期间，工厂紧盯国家大型飞机制造项目，着力进行工厂的锻造装备制造能力提升工作。受制于老厂区已无发展空间，公司在西安经济技术开发区泾渭新城建设宏远新区，实现战略前移，全方位提升锻造核心竞争力。公司现有员工 2060 人，科研人员 287 人，其中高级工程师 38 人，管理人员 352 人。

二、生产经营情况

2019 年航空工业宏远聚焦发展战略，紧盯经营目标，以市场开拓和技术创新为重要抓手，重点提升内部管理，稳步推进重点项目建设，强化风控体系建设，协同推进党建、企业文化建设，提升软实力，公司的健康运营发展。2019 年公司完成工业总产值 20.65 亿元，营业收入 18.85 亿元，利润 1.88 亿元。

三、主要产品

公司是大型航空锻铸件生产基地，主要产品有发动机盘、轴、环轧件、起落架、大型叶片、整体模锻件、精密模锻件、各类航空结构件等；产品涉及民用航空、航天、风电、火电、船舶燃气轮机等多个领域，涉及材料广泛，主要包括：高温合金、铝合金、镁合金、铜合金、粉末合金、结构钢、合金钢、不锈钢、钛合金等。拥有锻铸件成形、模具制造、机械加工、理化检测、热处理等各多项生产制造能力，国内客户遍布各地，国外客户分布在北美、西欧、东亚等十几个国家和地区。

四、产品开发与技术进步

航空工业宏远始终致力于技术创新和新品研制，沉淀了丰厚的技术底蕴，拥有的航空难变形材料热工艺、大型等温模锻和热模锻精密成形、小型精密模锻、高效制坯、精密环轧、锻造工艺仿真模拟等航空产品制造多项先进技术。

通过自主研发、校企合作等方式不断进行技术创新，多项技术成果先后获得国家、省部级多项奖励，并在航空领域上得到应用，为民用航空产品开发提供了有力保障。

公司作为陕西省高新技术企业，致力于人才队伍建设，技术中心被陕西省确定为“省级技术中心”，检测中心被认定为“国家认可实验室”。

公司在民用航空领域，瞄准国际高端民机市场，紧盯国内民机研发进程，加大技术创新力度，狠抓新品研发、产品质量和交付节点，持续提升客户满意度。国际民用航空产品开发紧盯新机型、重大项目，重点围绕波音 737MAX、波音 777X、空客吊挂 A350 项目、米尼比 A350 钛合金件、赛峰 A320 大型起落架、霍尼韦尔国内转移产品及发动机转动件等项目开展，通过高层互访，加强战略合作，产品开发取得突破性进展，与赛峰、空客、波音、METTIS、霍尼韦尔等国际知名航空制造公司建立了良好的合作关系。

五、国际经济技术合作

公司于 20 世纪 80 年代开始与波音建立合作关系，依托先进生产技术，充分利用合作契机，进军国际高端民机市场，抓住国际民机产品升级换代加速的机遇，大力开拓国际市场，经过前期市场培育，新品转批后公司批量生产满足了客户换代需求，相继与空客、罗罗、GE、霍尼韦尔、福伊特、赛峰等国外大型航空发动机及起落架建立了稳定的合作关系，每年出口超过2000万美元。先后取得多项生产资质认证和多次获得好评。

2019年公司外贸市场的开发主要围绕波音737MAX、波音777X等新机型；空客吊挂A350项目；米尼比A350钛合金件；赛峰A320大型起落架锻件；霍尼韦尔国内转移及发动机转动件等项目开展。与空客开展高层互访，加强战略合作。持续有序推进空客SQIP、APQP和IPCA+等项目，近两年新开发的9项钛合金新品均首件批准转批产。成功开发赛峰新A320 T大型起落架锻件，标志着双方的合作进入了战略合作阶段；波音737MAX 6项锻件取得批准并投入批产，同时获得波音777X两项精锻件新机型锻件订单；米尼比5项A350钛合金件得到批准并批产。

六、重大设施建设

公司始终秉持以“航空报国、航空强国”的使命，聚焦主业能力建设，突出竞争优势，统筹民用航空和工业制造等领域协同发展，打造产业多元化布局；同时不断优化产业布局，升级产业能力，先后争取到技改建设投资项目10余项，通过国家投资、公司自筹资金等多种渠道筹措资金，进一步加强公司产业能力建设。目前公司老区航空中、小型模锻件生产线、环轧件生产线、小型精密锻造生产线、航空精密铸造生产线通过技术改造，产能得到大幅提升；公司新区“先进度锻造基地”加快建设进度，20000T油压机已投入使用并达成量产，200MN螺旋压力机完成设备安装并将于近期进行试产调试；产业持续升级为公司进一步扩大民用航空市场，提升国际竞争力提供了有力保障。

航宇救生装备有限公司

一、企业基本情况

航宇救生装备有限公司（简称航空工业航宇”）隶属于航空工业集团旗下的中航机载系统有限公司，由原国营汉江机械厂、国营宏伟机械厂和中国航空救生研究所于 2003 年整合而成，总部位于湖北省襄阳市。

公司大力发展防护救生、空降空投、应急救援三大核心业务，主要从事航空弹射救生、飞机乘员个体防护、空降空投等领域装备的研制，核心技术能力位居世界先进水平，产品已出口至十几个国家；在发展核心业务的同时，公司坚持“横向拓展、纵向延伸”的专业发展思路，研制开发了航天员防护救生和太空生理锻炼装备，舰船、飞机用微环境热防护系统等多种特种装备，不断突破固有列装领域，实现了从单一服务航空到服务“空、陆、海、天”的跨界发展。公司民用航空产业大力发展以被动救生座椅为基础的通航客舱设备业务。非航交通运输工具内饰产业以中高端汽车零部件业务为核心实现产业拓展。

公司具有雄厚的研发实力，建成了亚洲最大的航空防护救生综合试验基地，建立了完整的专业领域试验验证体系。在航空、航天及其他高科技领域装备研发中有着广阔的应用前景。

公司 2019 年年末从业人员 4511 人，其中在岗职工 3653 人，含博士研究生 7 人、硕士研究生 327 人、大学本科生 1128 人；拥有专业高级技术人员 500 余人，其中享受国务院特殊津贴员工 40 余人。公司先后建立了国家级企业技术中心和航空防护救生科技重点实验室。

二、生产经营情况

2019 年，公司工业总产值 206249 万元。

三、主要产品和技术

民用航空业务主要产品为航空运动用伞、热气球及配件等。经过几十年的培育和发展，其供应链管理、研发、试验、制造、营销和售后服务体系都比较完善，配套市场也相对稳定，产业成熟度较高。

四、重大设施建设

航空工业航宇作为我国唯一从事航空防护救生 / 空降空投装备研制的现代高科技企业，先后拓展了客舱内饰和应急救援专业。航宇公司航空应急救援专业专注于航空应急安全和航空救援领域的技术、产品及整体解决方案开发，目前已发展为涵盖航空应急迫降、撤离、生存防护、搜索与通信、救援补给施救、医疗后送以及航空灭火等多技术方向的复合型专业，拥有应急救援类在研、在役产品 50 余项。

公司计划投资 5 亿元在襄阳航空工业园建设航空应急救援产业基地，新建一个航空应急救援开发中心、一个航空应急救援生产基地（下设 3 个制造车间）、一个航空应急训练体验中心。

按照航空工业集团对于“国家应急与安全领域”业务发展的要求，航空应急救援任务系统的发展遵循需求牵引、技术推动、市场导向的原则。通过发展力争达到如下建设目标：

2019 年完成项目立项，2020 年开工建设，2022 年建成投产，到 2025 年全部达产，建成优势资源融合的航空应急救援产业基地，依托平台合理配置内外部资源，开展重要产品研制和关键技术攻关，建立起航空应急救援任务装备和技术体系，初步构建起航空应急救援任务体系产业化框架，实现部分专业的产业化发展，成为国内一流的系统解决方案供应商。

五、企业改革改制

1. 践行事业部整合战略，设立武汉创新中心

为了达成事业部的战略对齐、资源共享、协同发展的总体目标，2019 年 12 月 19 日，公司牵头组织成立了武汉创新中心，该创新中心采取分公司的运营方式，拟于今后条件成熟时将其改制成子公司，届时通过引入战略合作者或基金以及核心团队持股的方式为创新中心融资。

2. 搞活体制，发展被动救生业务

为进一步提升被动救生业务的市场开拓能力，公司拟在特防分公司的基础上，引入战略投资者和核心团队持股，充分发挥战略投资者的市场拓展能力，满足市场快速响应的需要，同时实现核心团队的“贴身经营”。

贵州安大航空锻造有限责任公司

一、企业基本情况

贵州安大航空锻造有限责任公司（简称航空工业安大）始建于1966年9月，名称为“安大锻造厂”；2000年3月“安大锻造厂”改制成立“贵州安大航空锻造有限责任公司”，注册地为贵州省安顺市西秀区东郊；经过50余年的发展，已成为能够为航空、航天、船舶、石油化工、工程机械、汽车、电力等行业提供各类锻件的锻造专业化企业，主要产品为各类金属材料的环锻件、等温 / 近等温锻件、模锻件和自由锻件。

公司建立了“国家级企业技术中心”“贵州省院士工作站”“全国博士后工作站”等创新平台；成为“全国第一批制造业单项冠军示范（培育）企业”“国家高新技术企业”“贵州省千企改造工程装备制造行业龙头企业”等；主持或参加制定国标或行业标准26项；累计承担国家、省部级、预研、横向等科研项目200余项，获得省部级以上科研成果70余项；获得发明专利106项，其中美国发明专利1项。

公司总资产36亿元，占地51万米^2，其中科研生产场所占地面积18万米^2，建筑面积8.5万米^2。拥有锻压类设备50余台（套），建设了完整的辗环、自由锻、模锻、等温 / 近等温锻、模具制造、机械加工等系列生产线，具备先进的理化检测手段和质量保证体系，年生产优质锻件能力达到2.5万吨以上。现有职工1200人，本科及以上学历396人，其中研究员级高级工程10人、高级工程师28人、高级技师10人、省管专家2名，培养了贵州省优秀青年科技人才1名。

二、生产经营情况

2019年，航空工业安大以精细化管理、均衡生产管理为抓手，持续推进各项生产经营管理工作，各项经营指标完成情况较好，均有不同幅度增长。2019年完成工业总产值17.66亿元，同比增长9%；营业收入16.6亿元，同比增长11%；利润1.93亿元，同比增长12%。

三、主要产品

航空工业安大主要产品为钛合金、高温合金、耐热不锈钢等航空特种难变形材料的辗轧环形件、闪光焊环件、等温锻件、整体模锻件、轧盘件、精密模锻件。主要客户为航空、航天、船舶、汽车、燃气轮机、高铁等行业的主机制造商，产品客户分布广泛，国外客户主要分布在北美、西欧、东亚等涉及十几个国家及地区。

四、产品开发与技术进步

航空工业安大开创了中国航空锻造史上的多个第一并刷新了多项企业新纪录：率先生产出了国内第一件TC11钛合金双性能压气机盘，采用整体锻造工艺研制出了国内第一根GH4169低压涡轮轴和TC17整体盘轴，采用一次模锻整体成形工艺生产了地面燃气轮机安装边，首次研制出了TC4钛合金飞机结构件，首次轧制出了中国最大的盘形锻件，在国内首次研制成功了钛合金近β锻造工艺、环形锻件精确辗轧技术、近等温锻技术等新技术和新工艺，填补了多项锻造行业国内空白，对于推动国内航空锻造技术的革新和进步发挥了主导作用。

航空工业安大作为中国航空锻造行业的领军企业，一直在致力于发展特色产品，如钛合金、高温合金、铝合金、不锈钢、粉末合金、超高强时效钢等材料锻件的研制与生产，追踪世界锻造行业的新技术、新工艺、新材料，大力发展环件胀形、闪光焊新技术、等温 / 近等温锻、精密环轧、精密模锻、粉末锻造等先进锻压技术。

在新材料的工程化应用研究中，航空工业

安大与钢铁研究总院、北京航空材料研究院、中科院金属所、西北工业大学、贵州大学等国内材料研究单位和高等院校结成了良好的联盟关系，初步形成了以安大为中心的航空新材料工程化应用研究基地。在锻件近净成形技术研究中，航空工业安大集中优势开展了高温合金、钛合金、铝合金等新材料的环形锻件精密轧制、胀形、闪光焊研究，面向国内重大技术装备的需求大力开展了钛合金等温/近等温锻造、粉末锻造研究以及难变形材料盘形锻件的辗轧技术研究。其技术水平处于国内领先水平，部分技术已达国际先进水平。

公司建立了省科技创新人才团队基地，如贵州省材料加工工程研究生教育创新基地；贵州省难变形材料锻造人才培养基地。向国家外国专家局申请引进国外技术、管理项目 10 余项，引进专家 79 人次，企业被评为“国家引进国外智力示范单位”，是贵州省首家被国家外国专家局批准的国家引进国外智力示范单位。

四、国际经济技术合作

2000 年以来，公司积极拓展国际航空转包领域业务，是第一批进入民用航空领域的企业之一。2004 年开始与罗罗公司形成正式合作，2005 年成为 GEAE 中国的第一家锻件供应商，2007 年开始为 IPT 公司提供批产锻件，2015 年获得罗罗公司全球最佳新供应商提名。企业在国际民用航空市场有着深厚的市场基础，同罗罗、赛峰、ITP 等世界几大民用航空发动机制造商建立了良好的合作关系。产品远销英国、比利时、加拿大、日本、西班牙、意大利、德国和美国等国家。2013 年，公司根据国内国际航空锻件市场的发展情况，结合公司的战略规划，聘请国际上知名的锻造领域专家，不断提升公司的技术实力，开拓国际航空市场。2017 年获得罗罗公司颁发的极具竞争力公司奖。近年来企业通过国际合作，不断引入零缺陷管理、罗罗公司数字化制造管理等管理理念及方法，持续提升管理水平。2016—2019 年民用航空国际转包业务年平均增长 30% 以上，2019 年国际出口及转包业务实现销售收入 14001 万元。

五、重大设施建设

航空工业安大紧密围绕国家融合发展战略，依托安大在环锻件制造技术领域方面取得的科技成果，参照国际先进技术，针对国际航空环锻件产品结构、特点，从工艺布局、设备工艺适用性、辅助配套功能性等方面，进口国际先进锻压设备，建立专业化程度高，且能够参与国际高端环锻件竞争的民用航空环锻件生产线。项目总投资 45000 万元，新建建筑面积 24320 米 ^{2}，新增三工位数控压机、数字精密辗环机、锻造机器人等工艺设备 28 台（套），建立航空发动机环件智能化生产线，形成民用航空中小型环锻件 24000 件/年的生产能力，达产年可实现营业收入 42000 万元。

该项目对带动民用航空产业发展融入国际供应链，实现产业升级有着重要意义。同时，公司在与国际领军企业的合作中通过吸收其技术、能力、资金、管理理念，能显著提高现有航空锻造技术，特别在高温合金、钛合金等难变形航空材料产品批次间性能波动较大和大规格环锻件性能不均匀问题，全面提升产品质量，并实现产业化突破。

该项目新建厂房已完成封顶工作，设备采购完成 80%，数字精密辗环机、加热炉正在安装中，三工位数控压机、锻造机器人已运输到厂，项目总体进度完成 65%，完成投资 2.95 亿元。

中国航空无线电电子研究所

一、企业基本情况

中国航空无线电电子研究所（简称上电所）长期从事航空电子系统综合（架构）技术研究，承担民机座舱显示控制系统、信息综合处理系统以及无线电通信导航监视等产品的研制与服务，为民用飞机提供先进的产品与技术服务，是集科研、生产、服务一体化的高新技术企业。

上电所拥有航空电子系统综合技术重点实验室和空管航电技术重点实验室，建有 20 个具有国际先进水平的专业实验室，具备航空电子系统自主研发能力及相关产品研究、开发、仿真、实验、测试、验证能力。上电所秉持“航空报国、航空强国”的宗旨，聚焦主业，致力于复杂系统架构设计与航空电子产品创新，通过先进航电架构（AAA）、软件通信架构（SCA）和先进空管架构（ATM）研究，逐步确立以面向机载复杂系统解决方案为核心的发展战略，在民机航空电子、空管系统装备、智慧航行等领域技术创新基础上，产品得到了广泛应用。

上电所注册资本 15746 万元。2019 年年底，资产总额为 97.06 亿元，从业人员人数为 2598 人。

二、生产经营情况

2019 年，上电所工业总产值 373298.06 万元，工业增加值 121417.42 万元，主营业务收入 402800.89 万元，利润 22847.48 万元。

2019 年民机科研生产情况主要如下：C919 项目完成 8 套产品交付，完成 BP5.1.2 软件交付，保障三架机首飞，交换机完成 SOI#2 审查；AG600 项目全面进入研制阶段，完成集成验证环境平台建设；CR929 项目完成 RFP 回复，面向轻型运动型通用飞机航电完成项目建议书。

三、主要产品

上电所围绕顶层战略部署，以民机市场需求为导向，践行航电系统平台化、家族化战略，积极争取到多种机型航电系统及其核心子系统、产品研制任务。在商用飞机领域，作为 C919 项目显示系统供应商及 C919 交换机承制商，2019 年顺利保障 C919 飞机三机首飞任务和各项试飞任务，全力开展 TC 取证阶段的研制工作。在通用飞机领域，首次作为航电系统供应商，完成了 AG600 主航行系统集成验证，及电子飞行仪表系统、空中交通防撞系统、飞行管理系统等三个分系统的研制，在 2018 年完成水上首飞任务后持续保障各项试验任务，并在后续 AG600 改型项目中，按照主供应商－系统供应商模式，承接航电系统设计与集成工作，逐步实现自研显示控制系统、飞行管理系统、机组告警系统等 6 个分系统的系列化发展。在民用直升机领域，上电所完成数十套 AC311A 飞机综显系统研制及交付，完成数套 AC313 飞机综显系统研制及交付。

四、产品开发与技术进步

在充分捕获航电系统及其核心子系统各产品线需求基础上，密切跟踪技术发展趋势，不断提升新技术成熟度，力争持续为用户提供能用、可用、好用的系统及产品。

新产品开发方面，在商用飞机领域，上电所开展显示系统工作包的竞标和系统 / 产品研制工作。在民用直升机领域，上电所配合客户完成重型直升机项目显示系统、飞管系统及核心处理系统的前期技术攻关，配合客户完成航电系统方案论证；配合主机完成 AC313A 项目论证，做好任务承接准备。在教练机及小型通用飞机领域，上电所通过跨领域、国际合作等方式研发低成本航电系统，完善上电所航电系统产品线。

技术提升方面，在综合设计、系统集成、试验验证、适航保障及精益制造方面开展能力提升及体系建设工作。此外，上电所瞄准先进技术应用方向，针对4DT运行新应用、新一代驾驶舱等技术方向开展预先研究，保持产品的行业先进性。

五、国际经济技术合作

上电所在项目合资、技术合作与对外交流方面与国际主流企业开展系列合作，形成良好互动，合力共赢的局面。

围绕C919大型客机显示系统研制任务，构建全球供应链体系，与来自加拿大、美国、比利时、英国、法国及德国的10家供应商在控制器、分区实时操作系统、综合备份仪表等方面开展定制开发、成品采购、联合开发等不同形式的合作。

依托型号研制，在民用飞机研发流程、软硬件开发验证及适航策略等方面与来自法国、德国、美国、俄罗斯等四个国家的咨询公司开展了技术合作及交流，有效提升了机载系统的研发能力及适航置信度。2019年度，上电所联合中国商飞及适航审定中心对5家海外供应商开展机载软件及复杂电子硬件的设计评审及阶段性适航审查。

同时，上电所作为中方牵头单位，与国内数家科研单位及欧方合作单位共同申报了中欧航空科技合作项目“基于四维航迹的绿色空中交通运行技术”。该项目依托中欧绿色航空技术交流平台，紧密对接欧盟2020地平线计划，旨在针对中欧面临的民航运输共性问题，提出航空运行造成环境影响的缓解措施，推动绿色航空技术革新，维护航空产业可持续发展。

六、重大设施建设

2019年民机业务领域投入建设的专用设备设施共36台套，总投资金额为7471万元。其建设内容涵盖了民用航空电子综合验证、民用航空电子产品物理仿真、复杂电子逻辑验证、通信协议验证、系统集成测试、系统性能验证、自动化测试验证及试验数据管理等多方面内容。

七、企业改革改制

一是强化民机战略，实现业务分线运营。为拓展民机航电产业、打造自主品牌、深化国际合作、引入外部资金，明确民机业务开展实体化运营，确定业务目标、业务架构，明晰商业模式、组织架构和研发体系，民机业务生态建设初见雏形。

二是打造研发生态，实现管理能力提升。持续完善项目管理，完善基于WBS工时预算模型，建立《民机人力资源基线以及基线变更管理办法》，提升项目人力资源管理水平。构建“Teamwork项目协作系统”，依托C919等重点项目编制WBS模板、工作指南，开展三级项目计划管理和工时管理，实现项目计划、工时和经费组合管理。建立需求、架构、详细设计数据以及安全性分析追踪体系，完善质量检查单，强化对质量问题控制和跟踪。

三是依托流程审计精准提升民机过程能力。2019年，C919项目共接受工程评审和适航审查24次，形成各类行动项1268条，归零整改率88.9%，涉及流程问题占比29%。内部重点推进流程审计、超流程审批制度建设，弘扬“正步走”的流程文化，针对流程规划、执行、审计和改进PDCA管理机制初步成形。

四是落实重大项目，助力民机持续发展。除C919、CR929等项目正常进行之外，落实AG600项目航电T1级系统供应商协议。启动面向轻型运动型通用飞机航电技术研究。

陕西航空电气有限责任公司

一、企业基本情况

陕西航空电气有限责任公司（简称航空工业电源）是中国航空工业集团有限公司成员单位，隶属于中航机载系统有限公司，始建于1955年，是国家“一五”期间建设的156项重点工程项目之一，我国航空电源系统和发动机点火系统的研发中心和生产基地，航空电源国家标准的主要制定者。公司设有研发和生产两个主要基地。研发中心位于西安市高新技术产业开发区，占地7.13万米^2，是中国航空工业集团有限公司航空电力系统研发中心、航空科技航空电力系统重点实验室、中航机载系统有限公司航空电力系统事业部牵头单位。生产制造基地位于陕西省兴平市，占地145万米^2。公司拥有职工4300余人，其中专业技术人员1800余人。

经过60多年的发展，公司现已形成专业完备的航空电力系统产品设计研发、生产制造及试验验证能力。具有国内先进的数字化设计仿真软件平台，建成了目前国内先进的航空电力系统试验设施，拥有国内唯一具有航空电源行业特色的综合性电磁兼容性测试试验室、国内唯一的航空电源高空性能测试试验室、国内唯一的油冷电机姿态性能测试试验室，以及变频交流电力系统网络实验室、高压直流电力系统实验室、电力系统半物理仿真试验室等先进的系统级演示验证平台，形成了较强的系统级产品综合试验验证能力。

公司具有各类专业制造及检测设备近万套，具备机械加工、锻造、焊接、精密橡胶、精密陶瓷制造、热表处理、电子元器件制造、可靠性筛选等完备的生产制造能力。可满足各型飞机主电源系统、配电系统、二次电源系统、电动机系统和发动机点火系统的生产需求。历年来，为我国在研在役各型飞机配套性能优良、质量可靠的电力系统及点火系统产品。

公司立足航空电力系统与点火系统核心技术优势，积极拓展民机及非航空民品业务发展，与GE、联合技术公司、霍尼韦尔、泰雷兹等国际领先企业开展技术合作，与美国联合技术公司合资组建了西安中航汉胜航空电力有限公司，主要研制生产民用航空电源系统产品，是C919飞机电源系统一级供应商。成立的厦门中航秦岭宇航有限公司，专门从事民用航空电源产品深度维修业务，是全球唯一一家整合了发电机IDG核心部件（转子和定子）深度维修和整体维修的厂家。公司下辖三个民品分公司，形成了以汽车零部件、外贸直流电机、制冷电机、民用点火器、非标设备和其他外协加工承揽为主的非航空民用产品结构。

公司获得过多项国家级、省部级科技进步奖、发明奖、产品金奖、银奖和专利技术。公司先后被命名为“国家级企业技术中心”、“国家级环境保护先进企业”“全国模范职工之家”“航空工业四星级”党组织、“陕西省绿色文明示范企业”“陕西省先进集体”等荣誉称号。

二、生产经营情况

2019年，公司实现利润1.6亿元，同比增长8.7%；经济增加值（EVA）1.2亿元，同比增长106.5%；营业收入16.8亿元，同比增长0.3%。成本费用率、资产负债率、总资产周转率、经营性现金净流等指标较上年均有明显改善，经济运行质量为近年来最优，实现机载系统“A级”经营业绩考核目标，荣获机载公司2019年度“效益贡献奖”。

三、主要产品

公司民用航空业务主要包含三方面，分别是型号研制、转包生产和民航维修。型号研制方面，参与的项目有C919、“新舟”700、AG600、AC313A、CR929等。目前均进展顺利，满足了客户需求，保障了相关机型试飞。转包生产方面，2019年全年实现转包收入103万美元，同比增长83%。民航维修方面，2019年下属民航修理子公司新增2项EASA能力认证，全年实现民航维修收入7260万元。

四、产品开发与技术进步

通过民机项目研制、转包合作深入、维修业务拓展、合资公司组建等，初步构建起民机业务运营管理体系，公司民机科研管理水平、专业人才队伍建设、质量管理水平等方面能力逐渐提升。成立民机事业部负责民机整体业务，为民机独立科研和研制奠定基础；构建公司民机产品设计开发、生产和服务的全过程质量管理体系，为满足不断拓展的民机和转包业务，完成了表面处理10个镀种、火焰钎焊和无损检测Nadcap认证工作，通过了生产和服务、供应商及采购两个过程的AVIC-QMS质量管理达标评价。民用航空维修方面，积极拓展业务市场，具备FAA及EASA深度维修资质，是全球唯一同时具备组合传动发电机与转子核心维修能力的维修单位。

五、国际经济技术合作

公司目前与联合技术公司、赛峰以及俄罗斯、乌克兰等国家航空电力专业研制企业合作发展，承揽了部分国外民机电力系统配套任务。但受疫情及中美贸易摩擦影响，国际经济合作面临困局，公司民航业务受到较大影响，公司正在积极探索国内市场，实现民航产业的转型升级。

六、重大设施建设

民用航空能力建设方面，开展了C919研保项目策划实施，项目建设目标是在公司现有科研生产条件基础上，补充建设民机设计、试验、制造、信息化等条件，从而满足C919大型客机电源系统变频交流发电机、发电机控制器等配套产品的研制需要，并为我国今后完全自主研制民用飞机电源系统打下基础。项目建设内容包括新增工艺设备141台（套）、新增建筑面积8590米^2、改造面积2160米^2。

已完成标准厂房等建安工程建设以及立项批复的部分机加、检测类和信息化等工艺设备安装调试。提升了航空工业电源大客飞机电源系统的研制能力，为今后完全自主研制民用飞机电源系统打下基础。

七、企业改革改制

2019年以来，公司在企业改革改制方面认真学习领会国家深化国有企业改革精神，积极组织推进处僵治困、非主业清理、剥离办社会、大集体改革等工作，先后完成僵尸企业清理处置及相关费用清算、非主业企业股权交割、“三供一业”分离移交、医疗教育市政社区移交、大集体企业清理等。历史遗留问题的逐步解决，减轻了企业负担，保障了职工权益，为公司主业发展奠定了坚实的基础。

中国航发成都发动机有限公司

一、企业基本情况

中国航发成都发动机有限公司（简称中国航发成发）创建于1958年，是国家“一五”期间156个重点工程项目之一，是以研制生产航空发动机及其衍生产品为主的大型国有骨干企业。主营航空发动机研发、制造、销售、修理、服务和外贸转包生产。建厂60多年来，中国航发成发经历了“开创辉煌、改革脱困、转型升级”的发展历程，研制生产了1.4万余台航空发动机，为我国航空武器装备建设做出了历史性贡献。

中国航发成发位于四川省成都市新都区成发工业园，占地面积63万米^2，资产总额76.9亿元，在职职工4200余人。下设18个业务管理部门、5个研究中心、11个加工制造专业厂，拥有1个分公司、1个控股子公司、1个全资子公司、2个参股子公司。

中国航发成发坚持源于航空、专于航空、志在航空，坚持走专业化发展道路，致力于打造以“国家认定企业技术中心、专业化加工制造平台、航空制造关键核心技术”三位一体的核心竞争力。构建了以国家认定企业技术中心、国家级理化检测中心、四川省院士（专家）工作站为核心的技术创新平台。

二、生产经营情况

2019年，中国航发成发实现营业收入31.46亿元，其中实现转包生产销售收入2.2亿美元。

三、主要产品

中国航发成发民用航空产品主要有各类机匣件、环形件、蜂窝密封件、钣金件、吊挂件，产品应用机型包括GE航空的LEAP系列、GE9X系列、GEnx系列、GP7200、Passport20、CF-34，罗罗公司的遄达XWB、遄达1000、遄达7000、遄达700、RB211、BR700及BR700NG系列，霍尼韦尔公司的HTF7000系列和HTS900系列，以及国内商用发动机系列零部件。

四、产品开发与技术进步

（一）产品开发

2019年航空业务新品试制工作的重点主要包括2018年结转项和主力批产产品改型，产品包括CJ-1000AX项目后承力机匣、涡轮级间机匣零组件、安装系统、工艺喷管；CJ-1000A项目风扇增压级单元体、后承力机匣；GE航空项目风扇机匣、罗罗项目燃烧室内机匣等改型件，霍尼韦尔项目密封环、喷嘴护罩和盘式扩压器等小环件。由于前期准备较为充分且改型件号的试制难度低于同步研发或新品导入，因而全年准时完成率较高。通过调整现有工装满足试制产品需求等措施，产品试制周期有效缩短且整体进展较为顺利，基本满足客户的交付需求。

2019年全年民机新品试制启动153项，计划完成122项，实际完成118项，完成率96%，开启了转包产品转型升级新局面。

（二）技术进步

2019年下达投资1.18亿元，重点提升了机匣、叶片、钣金、热表处理、装配试车、理化检测等核心能力。全年获集团科学技术成果二等奖1项、三等奖2项；4项技术经集团鉴定达到国内领先水平。申报发明专利36项，获得授权34项，累计有效专利137项。

五、国际经济技术合作

中国航发成发市场化运作模式，普遍得到客户的认可，建立了良好的口碑，与行业内多家占据领导地位的客户建立了长期稳定的合作关系。经过近20年的发展，已经成长为GE航空、罗罗、霍尼韦尔、GE能源、普惠等公司亚太区的重要供应商，业务合作持续扩大，产品层级不断提升，角色从一般供应商到战略供应商的转变。随着“调结构、增效益”战略的实施，产品逐渐由零部件到单元体，低附加值到高附加值过渡，行业地位不断提高。

2019 年，受一些发达国家大力推动制造业回流，民营企业逐渐进入转包领域竞争加剧等因素影响，来自市场和客户的降价压力进一步增大，客户时常提出零件降价或延迟付款的诉求，加之国内人工成本和生产资料成本逐年升高，转包利润空间受到较大挤压。

六、重大设施建设

中国航发成发为提高商用航空发动机零部件研制生产能力，持续加大工艺设备和厂房投资，新增的车铣复合加工中心、镗铣加工中心、真空炉、X 射线机、平衡机等工艺设备约 30 台已投入使用，新建的 151 机加厂房实现交付使用。

七、企业改革改制

2019 年，中国航发成发围绕坚决打赢以“实现两大转变”为核心的管理创新改革攻坚战，以 AEOS 体系建设为抓手，通过推进以“十个统一”为主线的系列改革举措，建立了与航空发动机整机研制生产相适应的全新企业运营模式和运行机制，逐步实现由“分散式管理”向“集中管理”的历史性转折。加大企业体制机制改革力度，重新梳理制定管理制度和管理流程，上收各分（子）公司业务管理权限，实施集中统一管控。推进生产方式转变，开展内部精益生产线试点，培植战略供应商。

中国航发沈阳黎明航空发动机有限责任公司

一、企业基本情况

中国航发沈阳黎明航空发动机有限责任公司（简称中国航发黎明）始建于1954年，是国家“一五”时期建立的新中国第一家航空涡轮喷气发动机制造企业。2013年5月，为满足航空发动机板块整体上市要求，分立为“中国航发黎明”（上市部分）和“中国航发黎明科技”（存续部分）。

中国航发黎明位于辽宁省沈阳市大东区东塔街，占地面积100多万米^2，资产总额234.59亿元，现有员工12000余人。下设17个业务部门、3个业务中心、13个生产单位，拥有2家分公司、4家全资及控股子公司。

中国航发黎明前身始于1919年张作霖创办的奉天军械厂，创建于1954年3月31日。自成立以来，共修理、改型、研制了数十种型号的发动机，生产、修理了数万台航空发动机。承制生产了我国第一台拥有自主知识产权的涡喷发动机——“昆仑”发动机，第一台自主研发的大推力涡轮风扇发动机——“太行”发动机，承担诸多科研型号研制任务，主要包括新一代航空动力和新型燃气轮机等，被誉为“航空涡轮喷气发动机的摇篮”，是新中国第一家航空涡轮喷气发动机制造企业。

二、生产经营情况

2019年，中国航发黎明实现营业收入127.95亿元，其中实现转包出口交付额8557万美元。

三、主要产品

中国航发黎明主要业务涵盖航空发动机、燃气轮机及国际转包产品的研制与生产。

四、产品开发与技术进步

（一）转包业务

中国航发黎明的国际转包业务始于1981年，最初和美国通用电气航空发动机公司（GEAE）合作。2007年，成立了国际业务与民机事业部，2014年国际业务与民机事业部全面改革，成立国际业务分公司。目前，国际转包主要产品供应GE航空、GE发电、GE油气、罗罗、斯奈克玛公司及西门子公司等，产品出口美、英、德、法等10余个国家，具备环形件、结构件、钣金件、机匣件、盘轴件、鼓筒件等多种类型零件的成熟加工经验以及喷涂、喷丸、荧光、电子束焊等特种工艺能力，掌握了机匣的高效加工、变形控制，承力环的叠加投影检测技术、新材料电子束焊加工及防护技术，以及封严环的蜂窝磨加工及检测技术，建立了钣金件护罩的自动辊压生产线，实现了LEAP、RB3043新机型高、低压涡轮机匣、承力环、封严环及护罩等新件研制与转批交付。

2019年，中国航发黎明根据国际转包“有所为、有所不为”的原则，积极拓展思路，深入市场，推动产品升级。实现ROC机匣、HPT机匣的转批产；明确客户维护策略，提高客户服务水平；充分发挥市场营销的先行作用，推动客户满意度不断提升。

五、国际经济技术合作

中国航发黎明大力发展特种工艺技术，作为国际合作的核心能力，建立了外贸产品特种工艺专业化生产线。喷涂、喷漆、焊接、腐蚀、无损检测等特种工艺通过第三方特种工艺国际宇航（NADCAP）的审核认证，在全球航空产品竞标中形成强有力的竞争优势。其中，电子束焊、喷漆、硝酸腐蚀在同行业中处于领先地位，铝合金硫酸绿色阳极化、硅橡胶成为国内首家通过认证的单位。

2019年，中国航发黎明各系统团结合作，形成合力，实现产品保质保量交付，获得客户肯定与信任。GE航空、GE能源、罗罗项目客户评价均处于“优秀”/“领先”水平。截至2019年年底，荣获GE航空“精诚合作奖”、GE天然气发电公司“质量优秀奖”、罗罗“全球最佳实践提名奖”及其最高奖项“年度最佳供应商”等。

六、企业改革改制

2019年，中国航发黎明持续推进投资清理，完成精铸公司清算注销和动力物流外部股东减资项目。

中国航发贵州黎阳航空动力有限公司

一、企业基本情况

中国航发贵州黎阳航空动力有限公司（简称中国航发黎阳动力）创建于1965年，是我国中小推力涡喷及涡扇发动机研制、生产、修理、服务基地和先进航空发动机关键零部件重要供应商。2010年，经批准，贵州黎阳航空发动机（集团）有限公司（存续公司）、贵州黎阳航空动力有限公司（主业公司）正式挂牌成立。中国航发成立后，贵州黎阳航空发动机有限公司更名为中国航发贵州黎阳航空发动机有限公司；贵州黎阳航空动力有限公司更名为中国航发贵州黎阳航空动力有限公司。

中国航发黎阳动力位于贵州省贵阳市白云区，新区占地1449亩，资产总额121.67亿元，在册职工4793人。下设17个业务部门、10个生产制造单元，拥有4家控股子公司。拥有国家级企业技术中心，以及各种国内先进的冷、热加工设备和计量测试设备。

中国航发黎阳动力是法国斯奈克玛亚太最大的供应商、全球5个A级供应商之一，是美国GEAE的核心零件供应商，是美国联合技术公司全球8个核心供应商之一，民用航空业务主要涵盖民用航空产品制造、国内航空科研产品及国家型号攻关产品研制等。建立了符合国际航空产品制造质量管理体系AS9100，获得必维国际检验集团（BV）审核认证证书，获得国际认证机构NADCAP多项工艺审核批准证书。

二、生产经营情况

2019年，中国航发黎阳动力实现营业收入21.1亿元，其中实现外贸转包收入4239万美元。

三、主要产品

中国航发黎阳动力民用航空产品主要有LEAP发动机转动环，GE9X发动机机匣，波音787、A350、普惠公司飞机短舱环件，涡轮后机匣单元体，风扇轴组件等。

四、产品开发与技术进步

（一）产品开发

2019年，中国航发黎阳动力开发了美捷特项目，获批成为罗罗公司供应商。赛峰公司AE项目完成9个转动环首件批准，10个件号实现市场份额有所增加，其中6个件号市场份额已增至60%以上。GE项目获得高压压气机机匣等12个零件的新品订单，新品及在制品订单总额达1.03亿美元。美国柯林斯公司项目完成2个新件号试制和10个大环件的更换毛料试制工作，有望成为公司新的增长点。

（二）技术进步

2019年，中国航发黎阳动力与毛坯供应厂家开展科研合作，加大铝合金阳极化、宏观腐蚀、热处理、清洁度检查等特种工艺建设，持续改进加工技术，产品质量和效率同步提升。全年申报专利32项，授权专利15项，其中发明专利2项。

五、国际经济技术合作

经过20年的努力，中国航发黎阳动力国际客户群不断拓展，已成为赛峰公司、斯奈克玛、GE航空、联合技术公司、罗罗公司等世界500强企业的重要供应商。2019年，为适应新的市场变化，中国航发黎阳动力实现了主营产品从CFM向LEAP新型发动机的更新换代，进一步提升了企业竞争力。

六、重大设施建设

2019年，中国航发黎阳动力与贵州金控集团签订增资意向协议，实现企业增资扩股。顺利完成厂房改造和搬迁，对设备、生产线进行精益布局和改造，实现现场工区规划更加科学、企业管理模式创新，研制生产能力整体得到改善。

七、企业改革改制

2019年，中国航发黎阳动力聚焦主责主业，践行集团战略文化，持续深化改革，取得突出成果。持续开展AEOS管理体系建设，促进管理水平提升。深入推进生产管理模式转型升级，全面完成年度科研生产任务，实现均衡生产和均衡销售目标。完成劳动、人事、分配三项制度改革，建立起“员工能上能下、能进能出，收入能增能减”的“三能”机制。完成航发动力市场化债转股项目。完成6家企业清理，基本完成“瘦身健体”任务。

北京航空材料研究院

一、企业基本情况

中国航发北京航空材料研究院（简称中国航发航材院）创建于1956年，是国家“一五”期间156个重点建设项目之一，是国内最大的材料工程研究中心之一。中国航发航材院主要从事航空工业在研和未来飞机、发动机、直升机先进材料、工艺、检测评价技术研究，将研究成果工程化和产业化，为国家现代化建设服务。

中国航发航材院位于北京市海淀区温泉镇，现有职工2196人，其中中国科学院院士1人、中国工程院院士2人、研究员及高级工程师584名、博士294名、硕士728名；科研生产设备约15693台（套），2019年度固定资产总值31亿元。

中国航发航材院建院以来，共取得科研成果2500余项，其中国家级成果150余项、部级科研成果1100余项。截至2019年年底，共计申请专利2240余项，授权1180余项；计算机软件著作权登记30余项；注册商标98个。荣获国家管理创新成果一等奖、“知识产权先进单位”、“知识产权示范单位”等荣誉称号。

二、生产经营情况

2019年，中国航发航材院实现营业收入35.46亿元。

三、主要产品

中国航发航材院生产高温合金及铸件、铝合金及铸件、贵金属制品、钛合金及铸件、母合金、预浸料、蜂窝、复合材料制品、密封材料、橡胶胶料及制品、涂料、航空焊条、吸波材料、油料、胶黏剂、锻造加工及产品等16类主要产品，其中高温合金、铝合金、钛合金、母合金、橡胶胶料及制品等产品实现了亿元规模批生产。

四、产品开发与技术进步

中国航发航材院主要承担CJ系列发动机高压涡轮工作叶片、导向叶片、钛合金机匣等整机和核心机关键制件试制工作，以及涡轴发动机燃气涡轮工作叶片、导向叶片等关键制件试制工作。

中国航发航材院在高温合金铸件领域积极开拓国际市场，取得了显著突破。与世界知名微型燃机制造商美国凯普斯通公司签署了长期供货协议，成功研制了微型燃机的热端高温合金转动部件，并已实现批产交付；与霍尼韦尔、GE航空签署了高温合金铸件合作框架协议，完成了高温合金铸件的首件研制。

五、国际经济技术合作

中国航发航材院持续推进高水平国际科技合作与交流，保持与国外大学、科研院所的友好合作关系。2019年，中国航发航材院作为中俄民用航空与民机制造工作组材料专题组中方组长单位，组织召开了材料专题组第四届工作会，推动中俄民用飞机材料领域合作研究，并积极参与中欧、中荷、中俄、中英等民用航空工作组合作。

六、企业改革改制

2019年，中国航发航材院完成了北京航空电池厂工商注销，并持续推进百慕进出口公司破产清算工作。推进厂办大集体改革，完成华航通达厂工商注销。开展石墨烯无形资产评估和北京石墨烯研究院有限公司二期增资工作，加快推进引入战略投资者，促进石墨烯产业集群发展。

中国航发南方工业有限公司

一、企业基本情况

中国航发南方工业有限公司（简称中国航发南方）始建于1951年，是国家"一五"期间156个重点建设项目之一、国家首批试点的57家企业之一和我国早期六大航空企业之一。中国航发南方位于湖南省株洲市芦淞区董家塅，占地面积303.1万米^2，总资产139.23亿元，在册人员6627人，下设20个机关业务部门、14个直属生产中心，拥有4个分公司、7个子公司。

中国航发南方是中国中小航空发动机研制生产基地，主要研制生产航空发动机、航空转包生产、燃气轮机、光机电等产品。公司坚持航空为本、创新驱动、开放合作的思路，坚定不移走自主发展的产业化、市场化、国际化道路，全力发展领先的核心技术体系，致力成为世界一流的中小航空发动机供应商。

二、生产经营情况

2019年，中国航发南方实现营业收入58.4亿元。

三、主要产品

2019年，中国航发南方民用航空产品主要有涡轴-8A/D、涡桨-6、HS9、AES100、AEP500等发动机产品。其中AES100和AEP500发动机处于研制阶段。

四、产品开发与技术进步

在民用航空发动机方面，为满足民用直升机的动力需求，中国航发南方开展了民用涡轴发动机AES100的研制，发动机整体性能达到国际先进水平。2019年，AES100各项研制工作稳步推进，提前实现了发动机性能达标，并与适航当局对接开展了适航取证相关工作。为满足中型客货运涡桨飞机等平台对动力装置的需求，开展了民用涡桨发动机AEP500的研制，实现核心机性能达标和燃气发生器转速达标。在民机型号研制中，首次参照国际转包模式开展了零组件外包工作，与中国航发航空科技股份有限公司等5家单位签订了零件外包合同。在外贸转包方面，主要是给国际先进的中小型航空发动机及辅助动力装置提供零件产品。目前公司掌握了中小型航空发动机零件及部分组件、部件和单元体的加工工艺，焊接、化学表面处理、热处理、无损检测、喷涂、喷丸等特种工艺认证，认证范围和能力位居国内同行业前列。

五、国际经济技术合作

2019年以来，中国航发南方充分利用自身优势，调整转包产业格局，逐步放弃"低技术含量、低附加值、与主业无关"的转包订单，努力承接高附加值、高技术含量的零组件及单元体。通过推进转包产品升级，逐步实现转包业务转型升级，维持好国际合作窗口。

贯彻中国航发国际合作战略，聚焦核心业务，中国航发南方在与赛峰公司、普惠公司和霍尼韦尔等国际知名航空发动机企业建立长期稳定战略合作关系的同时，积极调整对外合作战略，加强产品研发、性能改进、技术质量提升，以更加优质的产品服务客户，参与国际市场竞争，塑造良好企业形象。

中国航发贵州红林航空动力控制科技有限公司

一、企业基本情况

中国航发贵州红林航空动力控制科技有限公司（简称中国航发红林）创建于 1966 年 10 月。2000 年 3 月，改制为国有独资公司，即贵州红林机械有限公司；2009 年以整体资产注入中航动控（证券代码：000738）。2016 年 8 月，更名为中国航发贵州红林航空动力控制科技有限公司。

中国航发红林位于贵州省贵阳市经济技术开发区松花江路 111 号，占地面积 468 亩，总资产 22.14 亿元，在册人员 2000 余人。下设 17 个职能部门，3 个生产分厂、1 个辅助分厂，4 个产品事业部、1 个辅助事业部。

经过 20 多年的努力，中国航发红林不断进行专项技术改造，申请并通过 AS9100、ISO140001、ISO180001 体系认证以及 38 项特种工艺标准的 NADCAP、波音及第三方的认证，并成为亚洲唯一一家波音批准的可加工 440C 材料热处理的供应商，有效推动了公司的技术改进和管理革新。先后获得 GE 航空“最有潜力优秀供应商”、GE 航空“质量明星”、GE 航空“卓越团队合作奖”、CAP 公司“质量保障突出贡献奖”、科林斯公司供应商前十强等荣誉，客户满意度逐年提升，企业形象不断提高。目前，与 CAP 公司、伍德沃德公司、科林斯公司、凯旋公司、霍尼韦尔公司、穆格公司、AVIO 公司、伊顿公司签订了长期合作协议，建立战略合作伙伴关系，产品出口到美国、法国、英国、意大利、菲律宾等国家，逐步向与客户成为风险共担的利益共同体目标迈进。

二、生产经营情况

2019 年，中国航发红林全年实现营业收入 9.76 亿元。

三、主要产品

中国航发红林航空转包业务以民用飞机控制系统、液压滑阀组件、活塞、作动系统零组件壳体、精密异型零件为主，产品主要包括空客 A320、A330、A380 机型和波音 737、波音 787 机型等商务飞机配套航空零部件或组件产品，市场占有率较高，订单相对稳定。

四、产品开发与技术进步

中国航发红林的国际转包业务开始于 2000 年，最早合作客户是 CAP 公司，主要以工业产品为主。2014 年，中国航发红林专门成立了外贸市场部，开始进入民用飞机控制系统零组件的转包生产，不断积累并具备了液压滑阀组件、活塞、壳体、精密结构异形件、轴类件的先进加工经验和方法，其中液压滑阀的加工配套技术处于国内领先水平。2019 年，通过引入伊顿公司多品种大批量低成本的管接头项目，使中国航发红林突破了原有的多品种小批量生产模式，产品销售较 2018 年增长了 3 倍，有力提升了国际业务中的计划管理、生产管理、过程质量控制、包装发运、供应商管理等能力。与此同时，通过与凯旋公司开展密封试验项目的合作，极大提升了公司密封试验能力。2019 年，中国航发红林还与霍尼韦尔公司启动了铸造项目合作，并通过了铸造零件的 NADCAP 热处理审核，为铸造技术的提升提供了强大支持。

五、管理和技术革新

实施供应商一体化管理，在不增加人员、设备的情况下快速扩充了转包生产产能，确保销售逐年增长。实行材料采购长协管理，与供应商签订长期合作协议，供应商进行材料备货存储，降低了采购成本，缩短了采购周期，提升了材料采购效率。持续完善信息化建设，订单计划、数字检测、过程控制、质量信息技术、材料采购、新品开发、预警等诸多方面实现了信息化管理。

海宁红狮宝盛科技有限公司

一、企业基本情况

海宁红狮宝盛科技有限公司成立于 2005 年 11 月 20 日，公司位于浙江海宁经济开发区硖川路 399 号，是主要从事航空、航天器精密钣金件及机加工的制造、结构件组装、钣金结构件和电子器件组装与测试的高端装备制造企业。业务覆盖航空内饰零部件、航空结构件、发动机及短舱零部件、航空管路管件、航空电子控制系统零部件。

公司被认定为国家高新技术企业、浙江省企业技术中心、浙江省 AA 级“守合同重信用”企业。公司拥有 39 项自主研发设计的相关授权专利。公司已取得 AS9100D（航空质量管理体系）、NADCAP（美国国家航空航天和国防合同方授信项目）、ISO9001（质量管理体系）、ISO14001（环境管理体系）认证。同时公司具有的 6 项航空制造特种工艺已通过 NADCAP 认证，分别为焊接、非常规加工、热处理、无损检测、化学处理、材料检测实验室，是国内具备 NADCAP 资质最多的民营企业。

二、生产经营情况

公司占地面积 80 亩，厂房面积 38000 米^2，分别有钣金车间、机加工车间、发动机车间、焊接车间、表处车间、装配车间、材料检测实验室。

公司具有业内先进的航空数字化制造、精密钣金成形、橡皮囊成形、三维五轴激光切割、五轴联动数控机加工、表面处理、热处理等航空高精密零部件加工技术。拥有国外先进的橡皮囊成形机、五轴加工中心、磁悬浮高速光纤激光切割机、数控多工位冲床、数控伺服折弯机等航空高精密零部件加工设备。

客户主要分布在美国、欧洲、东南亚地区，主要客户有美国柯林斯宇航、美国克瑞、美国埃斯特林、英国罗罗航空、英国美捷特、法国赛峰、中国商飞等。

截至 2019 年年底，员工人数 821 人，销售收入 3.5 亿元，利税 7300 万元。

三、主要产品

公司的主要产品分别为发动机及短舱零部件（主要应用于 A350）；航电飞控面板零部件（主要应用于波音 737）；氧气系统零部件（主要应用于 A350）；厨房系统零部件：烤箱、冰箱内胆、水槽、桌板等（应用于波音、空客大部分机型）；座椅系统零部件：座椅支架、扶手等（应用于波音、空客大部分机型）。

四、产品开发与技术进步

公司每年加大科技投入，研发费用投入占比 5% 以上，开发了一系列省级、国家级高新技术产品，实现科技成果向生产力的转化。利用新技术、新工艺从研发和设计两个方面着手加强新产品开发，始终坚持产品“质量第一、信誉至上”的原则，用品质打造一切。

公司具有发动机部件激光切割、薄板充液成形、薄板密闭容器环焊、铝合金微变形电阻焊、变形铝半液态铸锻复合加工、铝蜂窝板多层高温黏合、化学处理生产线自动控制以及激光切割重铸层检测等多项关键核心技术。

五、国际经济技术合作

2018 年 5 月 18 日，公司和罗罗公司合作的 KITE（风筝）项目正式启动。KITE 项目是飞机发动机外部系统的重要组成部分，主要用于 XWB 飞机主流发动机。产品涉及航空钛合金、航空高温镍合金及十几种航空制造领域的特种加工工艺。作为高端装备制造项目，公司与罗罗公司签订了 5 年的长期合作协议，项目第一期总价超过 600 万英镑。2019 年 2

月，公司被正式批准为罗罗公司的一级供应商，可以直接为罗罗公司配套生产航空发动机零部件，成为国内首家也是目前国内唯一与其合作的民营企业，代表着企业正式进军航空发动机制造领域。2019年3月在罗罗公司全球供应商大会上，公司被罗罗公司授予“最佳新进供应商”奖。KITE项目是公司和罗罗公司首次合作的航空发动机零部件项目，使公司真正进入世界级航空制造业的核心。KITE项目对于公司乃至海宁装备制造业的发展都具有重要的促进作用。

六、重大设施建设

公司未来将入驻海宁经济开发区牵头建设的海宁航空产业园，公司以航空产业园主要入驻方全程参与该项目前期规划设计以及建设。该项目拟征地110438米^2（折合165.66亩），新增建筑面积168180米^2，选购国内外高端制造设备、生产管理智能化系统及配套公用工程系统共259套（其中喷漆线3套、喷塑线3套，氧化、磷化、钝化线生产线18套，化学镀/电镀生产线13套），采用国际先进的航空数字化制造、精密钣金成形（超塑成形、橡皮囊成形、热成形）及三维五轴激光加工等技术，形成年产1020万件高精密航空零部件产品的生产能力，为将海宁航空产业园打造成浙江省航空产业航材精密加工中心和浙江省航空产业联动发展示范基地奠定坚实基础。

天津波音复合材料有限责任公司

一、企业基本情况

天津波音复合材料有限责任公司（简称天津波音）位于天津市塘沽区海洋高新技术开发区河北路 4566 号，注册资本 5600 万美元，是由波音公司和中国航空工业集团有限公司共同投资兴建的合资企业，投资总额为 9700 万美元，美国波音公司和中国航空工业集团有限公司分别拥有公司 88.10% 和 11.90% 的股权。公司成立于 1999 年 7 月 8 日，占地面积近 60000 米 ^{2}，一期厂房面积约 23000 米 ^{2}，二期厂房于 2011 年 4 月竣工，厂房总占地面积增加到 48000 米 ^{2}。

二、生产经营情况

截至 2019 年年底，公司在职员工 1121 人，2019 年企业主营业务收入 8.4 亿元。

三、主要产品

公司主要为商用飞机生产高质量的复合材料次结构件和内装饰件，产品和特种工艺通过包括波音在内的所有客户的认证，并符合 AS9100 和 Nadcap 标准。主要生产和销售用于国际商用飞机的高质量的复合材料次结构件和内装饰件，涵盖波音目前所有正在运营的机型（波音 737、波音 747、波音 767、波音 777、波音 787）。

四、产品开发与技术进步

公司拥有当今世界先进的航空复合材料生产设备、车间和试验室，天津波音应用 ERP、IQS 等先进管理体系，对财务、采购、生产计划、质量、文件、订单等工作进行高效运营管理。天津波音拥有连续超过 1000 万工时“无损失工时伤害事故”的安全生产记录，提供高质量航空复合材料零部件及装配业务，其中包括主结构件、次受力结构件与内饰件，月均产能高达 13000 多件。

五、国际经济技术合作

公司致力于与本土同行业供应商携手提升中国航空复合材料制造业，与中方股东航空工业集团的多家子公司开展了密切的合作，包括定期的技术支持和专有技术指导及现场参观学习。公司还向波音在中国的其他供应商提供专业支持，包括无损探伤三级的认证培训、复合材料部件维修等；支持波音中国创新中心项目管理实践分享。现阶段，BTC 正着手将从北美的原材料采购转移到中国市场。这不仅实现了成本节约，同时也帮助公司与本土供应商建立良好的合作关系，并实现公司业务在中国区的集中发展，积极为中国本土的经济发展做出更大的贡献。

成都富凯飞机工程服务有限公司

一、企业基本情况

成都富凯飞机工程服务有限公司（简称成都富凯）成立于2001年7月，注册资金8000万元，坐落于成都高新技术产业开发区，是由中国国际航空股份有限公司（控股30%），北京飞机维修工程有限公司（控股30%）、美国三角洲国际航空技术有限公司（控股25%）、四川海特高新技术股份有限公司（控股15%）共同出资的中外合资企业。厂房面积2000米^{2}。截至2019年年底，公司拥有员工116人，其中专业技术从业人员76人。

成都富凯已取得中国民用航空局（CAAC）维修许可证、大陆港澳联合维修管理认可证（JMM）与美国联邦航空局（FAA）维修许可证以及欧洲航空安全局（EASA）维修许可证，并在2010年取得飞机改装委任单位代表证书（DMDOR）、零部件制造人批准书（PMA）；于2013年取得了基于MDA设计的CAAC生产许可证（PC），富凯公司也是国内第一家取得该证的MRO企业；于2018年年底取得了CAAC颁发的CTSOA。

二、生产经营情况与主要产品

成都富凯主营业务有两大板块——飞机加改装与飞机部附件修理。公司先后从国外引进了AVTRON公司制造的整体驱动发电机（IDG）、发电机（GEN）测试台、液压综合测试台，BAUER公司制造的燃气结合的燃油综合测试台以及最新燃油控制组件（FCU）专用测试台、滑油泵专用测试台，2019年自主研发了机载娱乐系统终端测试台。公司附件维修涵盖了主流机型的电源附件、机械液压附件、电气附件、燃油（发动机、APU）附件、中小流量气动附件、飞机座椅、娱乐系统附件等多个部附件修理能力。截至2019年年底，成都富凯已有CAAC能力587项，共计约4000个件号；FAA能力64项，共计约400个件；EASA能力4项目，共计24个件号。

成都富凯的飞机加改装业务，是中国民航飞机加改装事业和工程技术能力发展的参与者以及见证者。现已拥有的STC及MDA批准约占中国民航总量的20 %。成都富凯不仅具有独立的改装设计能力、生产制造能力、现场施工能力，还具有独立的项目集成能力。生产制造设备配备满足波音及空客标准的线号标刻机、标牌打印机，同时具备雕刻机和复合材料切割机床等先进设备。

成都富凯与国内外民航界建立了广泛的合作，与国内95%的航空公司、多家维修单位、航科院、中飞院、民航二所等科研院所享有各类丰富的合作资源。 通过10多年不断地对外开拓，在保证国内飞机改装与附件维修业务不断增加的同时，成都富凯已经打开了国际业务的窗口，目前拥有近10家国际客户。

三、产品研发与技术进步

2019年，公司成立了研究发展部，负责公司产品开发、业务发展战略制定等相关工作，继续加强技术创新，为附件维修深度修理和PMA产品做技术前沿开发，同时也为飞机加改装设计的客户化定制产品及复杂项目改装设计，提供坚实的技术支持。目前成都富凯拥有自主知识产权38项，其中发明专利7项。

机载无线局域网（WIFI）项目：机载WIFI是近来年行业热点，机载无线局域网系统用于向乘客提供高品质的音视频娱乐功能，乘客可以使用其便携式电子设备（PED）通过WIFI连接来访问机上媒体内容或进行其他娱乐活动。此改装可替代飞机传统的机上娱乐系统，为航空公司节省超过400万元/架的IFE系统设备成本，并大幅降低媒体内容采购费用，同时还能提升航空公司发布内容的自主性和媒体内容的丰富性。

EFB 支架加装项目：该项目针对局方颁布的电子飞行包（EFB）的适航与运行指南，结合航空公司实际需求，成都富凯于 2016 年年初开始开发二类 EFB 支架，并于 2016 年首先成功开发并获取 A330 机型 MDA 证书。截至 2019 年年底，EFB 支架已成功取证并装机于波音 737、波音 747、波音 757、波音 767、波音 787，空客 A320、A330、A350 机型，安装覆盖国内各大航空公司 1000 余架飞机，市场占有量领先市场其他同类产品。

ADS-B Out 改装项目：ADS-B（广播式自动 – 相关监视）是近年来中国民航为提高飞行安全水平和运行效率重点推进的新技术。目前中国民航众多飞机不具备 ADS-B Out 运行能力。为解决这一现状，成都富凯工程团队分析运行审定方法、解读取证标准，结合多年的改装项目积累的经验自主研发出基于中国民航适航规章条例以及国际相关系统规范标准的改装方案及数据分析验证方法，并获得了中国民航局批准的改装设计批准证书和补充型号合格证。2019 年，成都富凯独立自主设计的波音 757 ADS-B Out 系统改装方案在波音 747、波音 757 飞机上顺利实施。

飞机地面燃油交输系统（ACFS）：该地面设备主要满足不同机型之间的输油，可应用于各维修基地飞机维修抽油、应急抽油等。ACFS 能够降低机型更换、机务大修和飞机维护等抽油浪费，将“废油”充分利用。一年可为中大型航空公司节约近 500 万元，极大地节约了航空公司的燃油成本，也减少了废油排放和处理，实现了节能减排和环境保护。

波音 737-800 飞机海事卫星通信系统加装项目：海事卫星通信系统可以在飞机飞行过程中为机组提供卫星电话功能，保障飞机全球范围内的安全运行以满足 CCAR-121 部中第 121.97 条关于飞机与签派之间 4 分钟内建立可靠语音通信联系的要求。而卫星通信类改装方案目前只有通过国外的 STC 批准的方案进行加装，往往周期长、价格高。成都富凯通过自主设计的方案完成了此项改装，并获得中国民航补充型号合格证（STC）批准。

QACDR：成都富凯自主研发用于通航飞机的飞行数据及座舱音视频记录仪，用以采集飞行过程中的飞行数据（如位置和各种姿态信息），记录座舱音频（包括环境音和飞行员通话）以及飞机驾驶舱影像（如飞行员操作与仪表盘显示等），并通过配套应用管理软件回放和分析所采集的数据。能够满足飞行数据和语音视频的存储、提取、查阅和分析，适用于事故调查和飞行教学等。

四、国际经济技术合作

成都富凯飞机改装业务主要面向波音空客飞机，针对飞机上的客舱布局、导航等系统进行加改装设计，与国际知名航空座椅厂家 B/E 航宇和瑞凯罗，航电设备供应商科林斯、霍尼韦尔、泰雷兹、基德系统和特里达因，娱乐系统供应商松下和泰雷兹等进行深度合作。

成都富凯作为集成商，明确了座椅的生产制造标准和安装规范，同时对诸如座椅的动静态测试、燃烧测试等项目进行全程的监控。而且机上娱乐设备供应商的产品，也根据成都富凯的装机设计方案中的接口定义、安装方式等要求，安装上了国内用户的飞机。

成都富凯在波音 757-200 上实施的双套风切变气象雷达加改装项目中与柯林斯宇航进行深度合作，本项目中成都富凯深入到气象雷达与飞机其他关键导航系统的逻辑关系定义、系统构型设置、关键部件的定制化开发等方面，以超越国际同行的效率完成了这一在国内甚至国际民航飞机改装领域中难度极高的项目。

在近期双方进行的预期合作项目中，纷纷在与成都富凯签署双边信息保密协议的基础上，向富凯开放了越来越多的资料，并提供了许多技术交流和培训的机会，以促进他们在越来越多的项目中与成都富凯进行深度合作。

五、重大设施建设

新建机载娱乐设备终端测试系统。根据国航机务系统的整体战略布局，成都富凯作为特定附件族系产品的“卓越中心”，为提高国航系产品自修率，公司通过前期的调研，大力发展机载娱乐系统附件（IFE）维修能力。结合机载娱乐系统产品的维修、测试经验，公司自主研发了机载娱乐系统的终端附件测试设备。该设备可具备机载娱乐设备终端产品包括信号、图像、软件、触摸等功能的完整测试能力。同时，公司研制了一台用于机载显示器的稳定性测试设备实现多台显示器的辅助维修排故，在后期维修中为检测附件的稳定性提供帮助，为了提高生产效率、保证维修质量，公司研制了一台板级测试台，可进行模块化修理。

通用电气航空系统（苏州）有限公司

一、企业基本情况

通用电气（GE）公司是全球最大的跨行业经营的科技、制造和服务型企业之一，在全球100多个国家开展业务，员工超过30万人，被美国《财富》杂志连续六年票选为“全球最受推崇的企业”之一。通用电气航空系统（苏州）有限公司（简称通用电气航空苏州）是通用电气投资的全资子公司，2007年1月8日在苏州工业园区投资设立，投资总额6000多万美元，注册资本2200万美元，主要从事生产、组装、测试各类航空用零部件、组装部件、系统等产品以及售后服务。

二、生产经营情况

公司正式投产以来，业务量不断提升，产品的种类、产品的附加价值、产品的复杂性、生产工艺的难度和广度、产品生产所涉及的物料品种的计划性和复杂性也有大幅度的提高。

截至2019年年底，通用电气航空苏州总资产84299万元，2019年实现销售收入93894万元，比去年同期增加15%，2019利润总额达到11081万元，比去年同期增加12%。2019年，公司着重在飞机发动机部件加工以及复合材料两条产线上整合设备、节省成本，全年销售额以及利润都稳固提高。

三、主要产品

公司主要从事以下产品的生产和制造：航空发动机零部件主要产品包括飞机发动机用叶片以及前段保持架、燃烧室机匣以及支撑环、环形圈、连接件、密封圈等，这些零部件用于CF34、CFM、Passport、GEnx和LEAP发动机；复合材料主要产品包括飞机机翼机构板、装配件、密封板、飞机整流罩以及组件等，这些零件运用于A320、A350的机身和机翼部分。

四、产品开发与技术进步

目前公司没有单独的专利，但是公司的生产技术具有国际领先水平。

公司重视技术进步和产品的质量。引进六西格玛、精益生产等管理工具，对产品质量流程进行改进，促进了公司质量管理体系、内部流程体系完善，不断提高产品质量和提升工作效率，同时重视安全生产。

五、重大基础设施建设

2019年，公司固定资产投入12831万元，其中90%用于生产的设备投入，主要是投入航空飞机发动机零件产品LEAP和Passport项目以及复合材料A350/A320项目。

新宇航空制造（苏州）有限公司

一、企业基本情况

新宇航空制造（苏州）有限公司（SAM（Suzhou））是新加坡宇航制造集团（SAM）的全资子公司。新加坡宇航制造集团成立于1981年，通过在新加坡、中国、马来西亚、泰国和德国的工厂向世界上主要的航空企业供应各类航空机械制造产品。新宇航空制造（苏州）有限公司前身是1995年成立于苏州工业园区的新达精密机械（苏州）有限公司。2002年12月，SAM增加了在苏州的投资，在苏州园区出口加工区注册成立了新宇航空制造（苏州）有限公司，注册资本为1200万美元，总投资额超过3600万美元。公司占地面积24000米^2，厂房面积13500米^2，现有员工419余人。在设备装备方面，公司拥有两条集排产、编程、加工和检验于一身的数控柔性制造系统；在加工工艺方面，具备多种无损探伤检测能力和特殊工艺处理技术；在制造方面，对如镍合金、钛合金、铝合金以及高强度的不锈钢等硬质高温合金材料进行精密加工。核心产品是飞机发动机叶片、发动机部件、发动机连接件和其他机械零部件。公司已经积累了相关的专业技术，能够满足客户的严格要求，提供一站式服务。

二、生产经营情况

公司位于苏州园区出口加工区A区，除个别原材料在国内经客户认证的供应商处采购外，其余的原材料均采购自国外，所有的产品都销往欧美。2019年销售收入为7亿元，比去年同期增长9.38%。公司正处于稳步发展的阶段。

三、主要产品

公司的主要产品可分为两大类：一类是飞机发动机叶片及叶片隔框，有铝合金和镍合金叶片，用于普惠PW4000型发动机及通用电气CF34-8C/E型发动机。另一类是飞机发动机吊架类机械产品，其主要材质是钛合金和镍合金，成熟吊架产品应用于空中客车A320、A330、A340，波音747、波音777、波音787，庞巴迪公司挑战者300、环球特快5000、环球快车XRS等机型。

四、产品开发与技术进步

公司非常注重产品的开发与技术进步。近几年来按照顾客的产品要求生产、检验、装配成套飞机发动机的吊架和吊架主要部件，对产品的制造工艺拥有知识产权。在明确顾客对产品要求的基础上，通过运用自身的技术力量，研发出产品的生产流程和各个流程的制造工艺，结合公司的先进制造技术、独特的检验方法，确保制造出来的飞机发动机吊架顺利通过顾客的各种首件检验要求，实现了顾客对产品的设计要求。

公司工艺部还积极参与了罗罗公司A350XWB吊架和空客A320Neo吊架产品的并行研发，从产品的工艺性和经济性方面提出了大量改进意见，为缩短产品研发周期和降低产品成本做出了贡献。

五、国际经济技术合作

公司为新加坡独资公司，所有客户均为海外客户，所有产品均销往国外，目前暂无与中国相关方进行技术合作的机会和计划。

六、重大设施建设

2019年公司固定资产投入约8703万元人民币，购买了一系列大型机器设备来生产产品，满足客户需求。

无锡透平叶片有限公司

一、企业基本情况

无锡透平叶片有限公司始建于 1979 年，是上海电气（集团）总公司旗下核心上市企业上海集优机械股份公司的全资子公司，主导产业聚焦航空、能源装备领域，主要产品包括航空发动机、燃气轮机、飞机、舰船动力、火电汽轮机（核电常规岛汽轮机）等动力装备所需的叶片、盘轴、结构件等关键动力部件。

公司位于无锡惠山经济开发区，占地面积 23 万米 ^{2}，注册资金 7.13 亿，资产总额 25 亿元，企业信用等级 AAA。建有国家级企业技术中心、企业院士工作站、博士后工作站等重大研发载体，以先进装备和精湛工艺满足客户的定制化需求，优质服务于全球航空和能源装备市场。截至 2019 年 12 月底，公司共有从业人员 814 人，其中技术人员 202 名，占总人数的 25%。

二、生产经营情况

近年来，公司始终将航空发动机高端部件作为转型升级的重点，并不断加大科研投入力度，“两机”业务销售收入及其占比逐年攀升（2019 年“两机”业务占比达到 60%，航空业务占比达到 40%，其中民用航空业务占比 20%），形成了成熟的民用航空发动机关键部件的制造体系和能力，产业结构呈现良好的发展态势。

2019 年公司实现营业收入 93976 万元（其中主营业务收入 90258 万元），利润总额 1659 万。

三、主要产品

公司航空业务主导产品覆盖航空发动机各类叶片、盘轴、结构件等关键部件，产品材料涉及钛合金、高温合金、铝合金和特种钢。

1. 航空发动机叶片（锻件、成品），包括导向叶片、风扇叶片、压气机叶片、涡轮叶片（成品加工）。

2. 航空发动机盘轴件（锻件），包括鼓筒、整体叶盘、压气机盘、涡轮盘、轴颈类盘件、风扇盘。

3. 航空发动机结构件（锻件），包括整流罩、吊挂、机匣。

4. 飞机结构件，包括连接件、框 / 梁、起落架。

在民用航空发动机领域，通过多年的耐心培育，公司成为 GE 航空、罗罗、中国商发等商用发动机主制造商供应链的重要一员，为 GE 提供各类叶片、吊挂、整流罩等部件，用于装配 GE90/9X/NX/CF6 等发动机，最终应用于波音 777、波音 787 等民航飞机上；为罗罗提供压气机转子叶片、吊挂、涡轮盘和短轴等零部件，主要装配遄达系列和 XWB 系列发动机，并最终应用于 A330、A350、波音 787 等民航飞机，以及湾流等公务机上；为中国商发提供大型压气机叶片、压气机盘、涡轮盘、涡轮叶片等。

近年来先后荣膺 GE 航空和斯奈克玛卓越质量奖、罗罗至诚至信精益求精奖、中国航发的最佳交付和最佳质量奖、中国商发的优秀供应商。2019 年，公司获得德国西门子 2019 年优秀服务供应商奖、罗罗公司 2018 年度可信赖卓越交付奖、中国航发 2018 年度最佳交付奖。

四、产品开发与技术进步

1. 公司坚持“科技创新引领，专业化高端制造”的发展战略，搭建了科技创新“三个运行”体系：

（1）以“国家能源大型涡轮叶片研发中心、国家级博士后科研工作站、江苏省高端动力部件制造工程技术研究中心、江苏省企业院士工作站”为一体化的“国家认定企业技术中心”科技创新组织体系。

（2）以产品与项目为依托，以技术人员为主体的科技创新持续改进体系。

（3）以产学研用模式为主体的合作创新体系。

公司高度重视科技创新，近三年的研发经费投入始终保持平均4%，属同行业较高水平。通过自主研发，当前有效的专利累计达227项（其中发明专利150项）、软件著作权8项。2019年获得无锡专利奖优秀奖1项、无锡市创新创业大赛一等奖1项。

2. 在新产品开发方面，公司2019年新品开发807项，其中航空锻件141项，民用航空重要开发项目包括：罗罗系列航空In718合金盘锻件项目、霍尼韦尔高温合金与铝合金盘锻件项目、GE航空新吊挂项目等。

3. 在科技项目攻关方面取得了较大的技术进步。

（1）罗罗关键件——转动件轴实现国内首次批产。

（2）通过小余量锻件技术攻关，深化了锻件的全流程控制，大大缩短了产品切换时间，解决了锻后切边整形的问题，平均提高锻件材料利用率5%。

（3）掌握GH4169合金锻件组织控制技术，已解决螺旋压力机锻造GH4169合金锻件晶粒异常长大问题。

（4）机加工实现工艺路线的精益化，积极推进工装、装夹方式的改进，通过穿插混合调试，多手段提高了机床的使用效率。

（5）中小燃机、航发压气机叶片工艺技术能力稳步提升，压气机盘、涡轮盘的加工工艺能力有突破，掌握了盘件及组件的工艺方法。

（6）年内通过了涡轮叶片加工及特种工艺工艺试验、试制、评审鉴定及批产，突破了涡轮叶片打孔、成形、真空离子镀涂层、钣金成形及焊接、真空钎焊和流量检测等诸多核心技术。

（7）新建石墨及无机铝手工喷涂线，通过GE和商发石墨涂层手工喷涂认证，通过西门子大型压气机零部件动叶盘和静叶环叶片型面防腐蚀涂层的认证。

五、国际经济技术合作

2019年，公司民用航空销售收入较2018年大幅增长，民用航空发动机零部件出口18125万元。主要增长项目为：顺利批产交付英国罗罗航空发动机Pack C与TEN项目的R2压气机叶片，获得了客户的高度重视和全力支持，罗罗已成为外贸航空的第一大客户。通过新吊挂、铝叶片项目的良好交付，GE航空也成为了千万美元级客户。

因产品交付特性，公司对外的技术合作主要依托产品项目进行，2019年公司与瑞士斯达拉格集团、罗罗采购团队密切配合，参与了罗罗航空发动机Pack B和Pack C项目的试验、试制和发动机定型全过程，在专用机床精度改造、叶片频率、加工CME和HCF认证方面展开了技术合作，取得了显著的成果。

六、重大设施建设

2019年，公司技改举措投入5067万元，立项71项，投资建设和升级了1000吨径向锻造机生产线、2500吨电动螺旋压力机锻造模座、“航空发动机与燃气轮机”难变形合金小叶片锻造喷涂工序等航空产品生产工艺设备线。

在基础设施建设方面，预算总投资1600万元，于2019年四季度开工建设“航空发动机OGV叶片和新型压气机叶片制造工艺技术改造项目表面处理车间”工程，建成后，将有效提升公司在航空工业产品表面处理方面的工艺水平，扩大公司在各类航空零部件产品方面的工艺能力和生产产能，提高公司一体化工艺与交付的竞争能力。

湖南南方通用航空发动机有限公司

一、企业基本情况

湖南南方通用航空发动机有限公司成立于2011年4月11日，位于湖南省株洲市芦淞区董家塅高科园航空路2号，注册资本6亿元。公司占地面积233亩，厂房建成面积68000米^2，各型生产设备800多台套，总资产9.5亿元。公司三个股东：中国航发南方工业有限公司、湘江产业投资有限责任公司和株洲市国有资产控股集团有限公司，分别占股65%、25%和10%。公司现设综合管理部、发展计划部、技术质量部、制造保障部、财务管理部等5个职能业务部门，以及检验中心、轮盘优异中心、国际加工贸易中心、航空发动机维修中心等4个科研生产机构。公司现有从业人数1258人，其中在册职工851人。

二、生产经营情况

2019年，公司营业收入达到9.3亿元，同比增长127%。目前，公司具备航机修理600台的能力，航机零部件达到年均1200台的水平，转包由于疫情影响严重，可以维持年均收入1亿元的规模。

三、主要产品

公司现有航空发动机维修、航机零部件、国际航空转包零部件等三大主营业务。航空发动机维修业务主要包括涡轴、涡桨、中小涡扇航空发动机及辅助动力装置等；航机零部件业务主要有涡轴、涡桨、中小涡扇航空发动机及辅助动力装置的离心叶轮、整体叶片盘等核心零部件；国际航空转包零部件主要产品有机匣、扩压器、薄壁环形件、涨圈等民用航空发动机零部件。

四、产品开发与技术进步

1. 航机维修

近年来，公司着力开展深度维修技术研究，对高压水清洗、氟离子清洗、大间隙钎焊、激光焊接、空气流量试验、高速动平衡、高压振动冲洗等进行研究和投入，持续提升航空发动机维修技术水平和能力，完善维修技术体系。

2. 航机零部件

目前，公司已经掌握了整体叶轮叶盘高速铣削技术、磨粒流抛光技术、高精度涡轮盘榫槽拉削技术等核心技术，处于国内领先地位；公司正在推进新一代超硬粉末合金涡轮盘榫槽精密线切割加工技术、整体叶盘复杂曲面的精密高效测量技术研究，提高技术竞争力，“十四五”期间将向国际先进迈进。

3. 国际航空转包零部件

公司的转包产品加工技术目前涵盖了数控精密车削、车铣复合加工、三轴精密孔加工和固定曲面轮廓铣、多轴（四轴、五轴）重切削和精密联动型面铣削等。“十四五”期间将在此基础上加大对车铣复合加工、叶轮和整体叶片盘的五轴加工技术、大直径整体叶片盘制造技术、变截面小通道离心叶轮加工技术、薄壁挡板精密加工技术的投入。

五、国际合作

在经济与技术上目前公司与国际合作的平台主要是国际工贸加工中心，公司国际转包业务的主要客户包括普惠、霍尼韦尔和赛峰直升机动力等国际知名企业。主要优势产品为机匣类零部件、扩压器、叶轮外罩、薄壁环形件等。

除了技术方面，公司在质量体系方面也与国际知名企业有较多合作，转包业务引用国际标准。在航空质量体系认证方面，公司取得了AS9100D质量管理体系资质授权。在特种工艺方面取得了PRI国际认证中心的NADCAP资质，包括6个大项14个小项，如无损检测（荧光、磁粉、X光）、非常规加工（电火花、线切割）、焊接（熔焊、电阻焊）、热处理和钎焊等。

六、重大设施建设

“十三五”期间，公司大力发展硬实力，公司在设备、基础设施等领域发展巨大，固定资产投资约2亿元，新增、替换加工、检测等关重设备100多余套，公司厂房面积扩大2万多米^2，8302#厂房和8201#仓库建设完成并投入使用。

在促进生产能力方面，公司秉承分类精进、各行其职的原则，将各个中心每条线按产品类别细分。零部件加工中心建设三条生产线，具体包括叶轮生产线、小盘生产线、大盘生产线。为了提升公司生产能力，每条线根据产品家族化特征建立了多个精益单元，如扩压器精益单元以及WQ66精益单元。

在推动信息交互能力方面，公司“十三五”在信息化建设上面投入4500万元，平均每年在信息化上投资约900万元。“十三五”期间公司独立部署并统一了公司互联网出口，整合了421、422两个中心的工业控制网络，互联网、工控网实现自主管理。在公司应用系统上建设了OA、RTX、ERP、ODS等应用系统，为公司的生产应用提供了较大的便捷性，大大提高了公司生产效率。

七、企业改革改制

公司成立以来，公司一直走在制度体制、质量体系、科技创新、人才引进机制等方面改革的道路上，摸石头过河的方法一直贯穿于公司体制改革的前后。始终坚持以问题导向、以取得实效为检验标准，坚持理念创新、机制创新、管理创新、制度创新、技术创新，深化体制机制变革，建立市场化的企业运营机制，营造良好发展环境和氛围，激发企业活力和创造力，为公司发展提供动力源泉。

武汉航达航空科技发展有限公司

一、企业基本情况

武汉航达航空科技发展有限公司（简称武汉航达）创建于 2000 年（前身襄樊航达），于 2004 年 12 月整体搬迁至武汉，是一家专业从事民用飞机机载附件、机场加油设备研发、生产，飞机起落架、通航发动机维修的高新技术企业，是我国规模最大、成长性最好的飞机附件维修企业之一。

武汉航达总部坐落于武汉东西湖区，厂房面积约 21000 米^2。起落架大修厂位于安陆市工业园，厂房面积约 23000 米^2。长沙分公司位于湖南省长沙县经济开发区，厂房面积约 1800 米^2。杭州分公司位于浙江省杭州市萧山区瓜沥镇临港工业园，厂房面积约 3000 米^2。石家庄分公司位于河北省石家庄市正定县正定国际机场河北航空南基地，厂房面积约 2000 米^2。武汉航达控股子公司昆明航汇科技有限公司位于云南省昆明市经开区春漫大道 68 号，厂房面积约 4000 米^2。

武汉航达重视技术积累和研发投入，目前已经成为多种国产飞机的系统供应商，为各类运输机、直升机，以及 ARJ21、C919 等国产商用飞机提供系统与零部件。

武汉航达为湖北省高新技术企业，是 CAAC（D300023）、FAA（X0WY477Y）、EASA（EASA.145.0434）批准的维修站，并得到美国、欧盟、印尼（145/43200）、越南（VN-245NN/CAAV）、泰国（398/2550）、韩国、印度、马来西亚等国家批准以及中港澳民航当局三地联合认可（JMM010）。

武汉航达不断开拓新能力，随着通航的发展，武汉航达开发了不少通航附件的大修能力，如螺旋桨、发动机、发电机、作动器等关键部件，其中飞机螺旋桨能力已取得 MT-propeller 授权。

武汉航达积极开展与国际知名 OEM 厂家合作，分别与联合技术公司、霍尼韦尔、美捷特、赛峰公司、利勃海尔、优尼森、派克、伊顿、波音等 OEM 厂商分别建立了备件供应与技术支持，以及授权维修等全方位的合作关系。2016 年，武汉航达与霍尼韦尔签订授权维修站协议，成为霍尼韦尔的指定授权维修站，为亚太地区客户提供更专业的服务。

武汉航达的宗旨是：确保客户飞机，准点起航、安全到达。

二、生产经营情况

2019 年，武汉航达飞机附件承修 61800 余件，起落架大修厂承修 229 余套，产值 12.28 亿元，同比增长 5.22%。

三、主要产品

武汉航达已获得 6500 多项附件维修能力，在液压、气动、燃油、飞行操纵、机载应急设备、起落架、机轮 / 刹车、仪表、发电机、电气和发动机等附件的维修方面积累了丰富的经验，业务范围涉及波音系列、空客系列、CRJ、ERJ、俄制飞机等多个机型的各类附件。

起落架大修车间建设有全套的表面处理、焊接、喷漆、吹砂、蒸气除油、喷丸、NDT、三坐标计量等特种工艺能力和车、铣、磨、珩以及数控加工等完整的机加工能力，能够为波音 737NG/CL、波音 757、波音 777、A320 系列、A330 等机型提供场内一站式大修服务。

长沙分公司、杭州分公司和石家庄分公司辐射周边机场，为客户提供就地保障性项目全方位的服务和技术支持。

控股子公司昆明航汇以云南长水机场为中心辐射整个东南亚地区，为客户提供全方位的服务。

武汉航达研制了FR系列栓式机场地面加油设备，包括成套的地井、地井阀、软管接头和飞机压力加油接嘴等系列产品，产品性能达到了国际先进水平。

武汉航达为ARJ21、“新舟”60、C919配套生产系列拉杆、制冷冲压风门、应急冲压风门等部件，成为国内独立为C919配套的少数几家民营企业之一。

四、产品开发和技术进步

武汉航达以航空技术为依托，发挥多专业优势，加快核心技术向生产力转化步伐，2019年成立民机研发部门，针对ARJ21进行水/废水系统、驾驶舱门系统、风挡雨刷、厨房系统以及空调系统的ACM和散热器进行国产化；研制和开发的系列拉杆、制冷冲压风门、应急冲压风门等部件已为C919配套；为CR929（宽体客机）进行电环控系统大功率发电机（250KW）和水废水系统等项目的预研工作。

2019年，武汉航达成立飞机复合材料部件维修部，拥有两栋7200米^{2}高标准的复合材料维修厂房，厂房设施和设备满足一站式维修需求，主要设备有：2台热压罐，1台固化炉，2套洁净间、喷烤漆间、打磨间等。武汉航达拥有雷达罩透波率测试设备，是国内首家可以提供雷达罩一站式维修服务的单位。同时，航达还能提供CFM56-5B/V2500短舱部件、A320/波音777雷达罩等部件的置换服务。

武汉航达目前已取得各类专利项目21项，其中飞机主燃油泵测试系统、转液压阻尼器性能测试平台、直升机电动绞车恒载荷控制性能试验平台、可换丝杠的气动加载滚珠丝杠副动态效率试验台和传动轴旋转扭矩加载测试平台均代表国内领先水平。

五、重大基础设施建设

武汉东西湖区政府与武汉航达签约成立航空产业园，项目总投资30亿元，占地320余亩，建筑面积约32万米^2，面向飞机机载设备系统和附件的研制、生产、维修、服务基地及配套设施。2017年3月开始建设，2019年10月正式投入使用，目前已建复材维修厂房（两栋，每栋15086米^2），起落架维修厂房（18285.8米^2），表面处理车间（17044.7米^2），通航发动机维修厂房（14581米^2），总计5栋厂房80083.5米^2。

二期投资15亿元，建设工艺技术楼29950米^2，生产及服务设施165000米^2，配套生活设施12000米^2。项目建成投产后，预计年研制及生产ARJ21、C919、“新舟”系列、通航飞机等民用飞机附件10万余件，维修通航发动机、飞机起落架、飞机复合材料等各类飞机附件10万件，提供航材租赁服务10万次，年产值预计可达50亿元，年利税达8亿元。

贵州航宇科技发展股份有限公司

一、企业基本情况

贵州航宇科技发展股份有限公司（简称贵州航宇）于2006年9月在贵阳市金阳国家高新技术开发区成立，注册资本10500万元，是从事航空难变形金属材料环形锻件研发、生产、销售的高新技术企业。公司聚焦航空发动机、重型燃机、导弹、运载火箭等高端装备复杂环形锻件的研制、生产与高新技术服务，满足大型飞机、载人航天、新型能源等高端装备国家战略需求，是一家拥有自主知识产权、尖端核心技术和具有战略构想并充满创新活力的国际化民营股份企业。

公司目前是我国航空发动机精密环形锻件的主要研发与制造企业之一；是全球商用航空发动机机匣及环形锻件在亚太区的主要供应商。

贵州航宇是国内首家具备航空环锻件研制与生产资质的民营股份制企业，是亚太区唯一具备全球五大商用航空发动机公司（美国GE公司、美国普惠公司、法国赛峰公司、德国MTU公司、美国霍尼韦尔公司）合格供方资质并配套全系金属材料的环锻件供应商，是英国罗罗公司的大、中型环锻件在亚太区的主要供应商。

公司于2008年获得国家高新技术企业认定，是国家首批“专精特新”小巨人企业、国家工业企业品牌培育示范企业、全国中小企业“十大”成长之星、国家智能制造试点示范企业、全国中小企业创新能力100强、国家知识产权优势企业、贵州省首批创新型领军企业。

二、生产经营情况

贵州航宇现有职工402人（该数为2020年5月8日统计数，2019年平均人员369人），研发人员159人，其中国务院特殊津贴专家1人、国家创新创业人才1人、省管专家2人。外聘行业内高水平专家25人（其中教授5人、研究员级高工16人，其中博士8人）。

公司现有占地面积32970米^2，厂房面积26324米^2，其中检测中心建筑地面积1160米^2。随着公司的持续技术创新，企业的核心竞争力不断提高，行业地位不断稳固，业已成为国内航空锻件的主要供应商，是美国GE、美国普惠、法国赛峰、德国MTU、美国霍尼韦尔商用航空发动机环锻件亚太地区唯一供应商，是英国罗罗商用航空发动机环锻件亚太地区主要供应商，已逐渐成为中国航空发动机环锻件精密制造领域一张靓丽的名片。

三、主要产品

贵州航宇研制生产的主要产品有高温合金、钛合金、铝合金、金属间化合物、金属基复合材料、轴承钢及不锈钢等特种合金材料的环形锻件和自由锻件，广泛应用于航空、航天、风电、核电、燃气轮机、导弹、风力发电、高速列车、高端工程机械设备、石油化工等领域。

特种金属材料精密环锻件作为贵州航宇主导产品，已全面参与了国内所有预研、在研、在役航空发动机型号的研制与生产，尤其是承担了国内新型号发动机预研和在研50%以上的新品研制任务，承担了60%以上C919大飞机用发动机CJ-1000/2000系列环锻件的研制任务。依托公司强大的技术实力，在全球民用航空发动机领域与国外各主要航空发动机制造商深入合作，成为波音、空客用各类型号发动机环锻件主要供应商，产品远销美国、法国、意大利、英国、德国、瑞典等17个国家和地区。

四、产品开发与技术进步

公司长期致力于航空新材料的应用研究和

航空锻件先进制造工艺的研究，是国内为数不多的航空环形锻件研制与生产的专业化企业。参与了我国多个型号发动机研制和新材料的应用研究，积累了丰富的经验。经过十几年的发展，公司在技术研究、生产制造与市场开拓方面均取得显著的行业竞争优势。

公司新材料应用研究行业领先。公司专注于高温合金、钛合金、铝基复合材料等航空难变形金属材料的应用研究工作。伴随着国内新型航空发动机的研制步伐，公司全面参与了新型号研制所涉及的新材料应用研究，其中GH141、GH4169、GH909、GH738、GH5188、GH907、Tc25、TA15、Ti60、Ti17、Ti3Al等一大批新材料在国产航空发动机得到了应用。另外，公司联合国内实力雄厚的科研院所及主机厂所，在国内率先开展了新一代航空材料如GH4780、Ti2AlNb、Waspoly、碳化硅铝基复合材料的应用研究，拓展新型航空发动机选材范围，助推新一代航空发动机的研制。公司能够全面参与国内航空发动机型号同步研发得益于公司雄厚的新材料应用研究能力，也是全面参与国际市场竞争的基础。

公司工艺设计手段先进。行业内传统的研发模式依然沿用试错法研发模式。即“经验设计”或“试验＋修正＋再试制＋再修正”的工艺设计方法。工艺设计盲目性大，难以保证设计质量。公司提出了产品制造全过程数字仿真设计工艺制造一体化理念，开发了全流程的工艺智能数字仿真设计与优化关键技术，通过产品制造全过程数字化仿真技术，以预见变形条件对环件质量的影响，优化坯料设计和工艺参数，从而替代了行业内传统的试错法。该技术在保障设计质量的同时，有效地缩短了研发周期、降低了研发成本。

公司制造工艺水平处于行业领先。公司基于对先进航空材料变形行为和组织性能演变规律的深刻认识和理解，自主研发了如大型航空发动机机匣整体精密成形技术、复杂截面异形环锻件精确轧制技术、难变形材料组织均匀性控制技术，以及高温合金、钛合金低应力环件制造技术、薄壁高筒环件整体成形制造技术等多项核心关键技术。获得国家发明专利45件、国际发明专利1件，其中公司大型复杂截面异形环件的整体成形技术已达到国际同类产品领先水平，并首次在美国本土以外地区实现了LEAP发动机高压涡轮机匣的整体轧制成形；全球独家为LEAP发动机生产风扇机匣。该产品截面极其复杂，型槽填充困难，环件最小壁厚接近20毫米，最大外径达到2150毫米；公司为LM9000生产的燃气轮机涡轮机匣，是该牌号世界最大的燃机轮机涡轮机匣。

公司产品制造过程数字化管控水平行业领先。公司致力于航空锻造数字化车间的打造，现已基本搭建了航空锻件数字化智能化协同管控平台的框架。联合国内院所优势力量开发了ERP、PLM、MES、炉温远程集成监控系统等，为打造航空锻造数字化车间奠定基础。通过产品制造过程数字化管控平台的建设，可以极大提升企业的设计水平、生产效率、产品质量及企业的综合管理水平。

五、重大设施建设

近年来，随着公司国内外市场的迅速拓展，公司现有产能已不能满足日益增长的订单需求，为了扩充公司核心产品的产能，承接国际航空发动机客户的订单需求奠定基础，满足国内航空发动机、燃气轮机用环形锻件需求，特别是国产大飞机发动机批产后，公司能够具备持续稳定供应产品的能力，公司计划通过开展航空发动机、燃气轮机用特种合金环轧锻件精密制造产业园建设项目，建设航空锻造数字化智慧工厂。

本项目主要依托公司现有核心技术和技术工艺优势，打造智能化的特种合金环轧锻件生产线，主要用于生产航空发动机、燃气轮机用中小型特种合金环轧锻件。本项目通过实现航空发动机、燃气轮机用特种合金环轧锻件产业化、规模化、自动化生产，提升公司中、小型环轧锻件的生产能力；此外通过数字化管理、智能化流程、信息化驱动等，提高智能化生产水平，提升公司装备水平，增强公司在航空领域的竞争力。

广州航新航空科技股份有限公司

一、企业基本情况

广州航新航空科技股份有限公司（简称航新科技）创立于1994年，旗下拥有航新电子、上海航新、香港航新、哈尔滨航卫、天津航新、北京航新、爱沙尼亚 Magnetic 飞机维修公司（MMRO）等多家子公司，2015年在深圳证券交易所上市。主营业务涵盖航空维修保障、航空资产管理、机载设备研制、测试设备研制、大数据分析应用、飞机加改装，业务遍及全球的航空服务及装备综合保障服务商。

公司现有人员1020人（国内610人、国外410人），其中高级管理人才占8%、工程师以上职称高级技术人才占75%。公司完备的总师技术体系使技术人员能够稳定、持续成长。

二、企业经营情况

2019年，公司营业收入149462.51万元，利润总额6542.65万元，研发费用3757.48万元。

三、主要产品

目前，公司主导产品包括综合维修检测系统和飞行参数记录系统，其中，综合维修检测系统的市场占有率达60%，飞行参数记录系统的市场占有率达近20%，全国排名领先。从核心技术角度看，航新科技在该行业领域处于领先地位。

（一）航空维修

航新科技提倡知识共享、信息共享、智慧共享，建设有共同价值观和行为规范的团队。其管理和核心技术人员均来自主机厂所和大型航空企业，从事过飞机设计、维护等工作，掌握了先进的航空产品技术和管理知识，并积累了丰富的技术经验和设备保障经验。

多年来，航新科技与国内多家龙头企业建立战略合作伙伴关系，在ATE产品研制方面已成功开发了上百套高性能的专用测试设备、综合测试设备、自动测试设备、原位检测设备、通用检测设备及测试程序集，在中国同行业中处于领先地位。同时，ATE产品广泛吸纳国际先进总线、虚拟仿真、嵌入式计算机、综合诊断和完好性设计等技术，在技术方面具备有很强的优势。

航新科技在通航飞机维修领域有10多年的维修经验，凭借维修航空机载设备起家的优势，航新拥有覆盖各种通航飞机电子、机械部附件的维修能力，并成为米-26直升机在国内唯一具备维修能力且符合中国民航总局（CAAC）适航要求的企业。

凭借机载设备研制和维修的雄厚实力，航新科技为多家用户完成了空中防撞计算机、近地警告警计算机、应答机、甚高频电台、应急定位发射机、飞行参数记录系统等加改装任务，可为用户提供整套工程解决方案。

（二）机载设备和检测设备

航新科技是国内优秀的机载设备研制商之一，通用型飞行参数记录系统总师单位。在飞行参数记录系统、飞行管理数据打印机、闭锁铰链控制盒、音频控制面板等机载设备方面具备很强的研发和生产优势。

作为国内生产规模最大、覆盖机型和产品种类最多的ATE研制基地，航新科技在ATE产品研制方面已成功开发了上百套高性能的专用测试设备、综合测试设备、自动测试设备、原位检测设备、通用检测设备及测试程序集。

（三）航空大数据应用业务

基于航空装备使用数据的采集、传输、管理、分析等全流程，提供基于数据分析的软硬件产品和增值服务，重点关注基于数据分析的管理系统、直升机/飞机技术状态监控系统、飞行参数系统、健康使用与监测系统

（HUMS）、故障预测与健康管理系统（PHM）、中央维护系统（CMS）、空地实时数据传输系统等，具备航空装备使用数据综合分析能力，提供智能化辅助决策管理功能。

（四）加改装业务

航新科技拥有一支具有设计、改装、培训能力和多种机型多种机载设备的成功改装经验的专业加改装队伍，完成了空中交通防撞系统（TCAS）、应答机系统、气象雷达、数据链、飞行参数记录系统、甚高频系统、安全建设工程等加改装项目，加改装设备超过 1000 套。

四、产品开发与技术进步

航新科技始终坚持技术创新战略，把开发一代、经营一代、储备一代作为公司的技术发展指导思想。公司设有省级企业技术中心作为研究开发机构，拥有强大的技术研发团队，现有大专以上学历的研发人员 580 余人，其中 80 余人具有高级职称、160 余人具有中级职称。公司技术研发团队还具备计算机类技术、电子电气工程类、测控相关技术、航空类技术等多项专业经验。研发团队结构合理、知识全面、学术水平高，富于创造性和活力，是公司产品不断创新的有力技术保障。公司先后与华南理工大学、中山大学、北京航空航天大学、南京航空航天大学等高校单位合作，从重点航空院校中招录优秀的大学毕业生，并通过对各类专业工种实行可持续的人才培养计划。

为即时响应客户在相关项目方面的需求，公司与中科院广州自动化所、国家航空研究院所等研究机构建立良好的沟通渠道，对市场和产品技术产生一定的主导和影响力。

航新科技具有雄厚的技术设备基础。多年来，公司一直从事航空部附件的维修、机载电子设备、自动检测设备的研制和产品的制造生产。公司自主研发了多种国内先进的自动检测设备，还成功研制了飞行数据打印机，音频控制板，飞行参数记录系统、高压电源组件，振动测量仪，音频记录器，娱乐系统液晶监视器等机载设备。研制过程中累计的大量仪器设备，为项目的研发提供了强有力的设备保障。

近三年，公司加大了技术创新投入力度和强度，研发投入均占销售收入 8.5% 以上。2008 年以来相继申请了近百项多项知识产权，其中包括近 20 余项专利以及自动测试系统、自动测试软件、无线电罗盘测试软件、塔康精密测距机载设备测试软件、全自动数字开调测试软件、无线电高度表测试软件、模块化通用测试系统、无线电高度收发机测试软件等综合检测领域 86 多项软件著作权。

北京力威尔航空精密机械有限公司

一、企业基本情况

北京力威尔航空精密机械有限公司（简称力威尔公司），成立于 2000 年 6 月 13 日，注册资金 1.55 亿元，公司股东为中国航发北京航科发动机控制系统科技有限公司（占股 66%）和中航国际航空发展有限公司（占股 34%）。

公司为北京市高新技术企业。目前公司从业人员共有 219 人，其中本科及以上人员 53 人，占从业人员总数的 24.2 %。在册人员 157 人；劳务派遣人员 62 人。

二、生产经营情况

2019 年，公司实现营业收入 1.17 亿元，利润总额 863 万元。

三、主要产品

力威尔公司专业从事国际民用航空产品转包生产业务，转包生产已有 20 多年的历史，主要从事飞机发动机作动控制组族类零件、飞机发动机结构及环件、飞机发动机精密零件及壳体类零件等的设计生产，主要产品包括航空飞机发动机摇臂、轴承支座、风扇锁块、吊挂、支架（Bracket）、肋板、套件等。公司建设有摇臂车间、精密车间和结构车间等生产设施。摇臂生产车间主要生产涡轮喷气发动机摇臂产品，精密车间和结构车间主要承接赛峰集团 LEAP 发动机套件项目、LEAP 发动机风扇锁块项目、LEAP 发动机 Bracket 项目及 LEAP 发动机 1A、1B、1C 轴承支座、柱栓、安装节、进气管及空客 A320Neo 飞机肋板及吊挂等项目的试制工作及壳体类、盘类泵类等部分国内产品。

近年来，公司借助发动机摇臂的专业化生产优势，在做精、做优、做大摇臂产业的同时，发展了航空发动机结构件、旋转件和壳体类业务。

四、产品开发与技术进步

多年来，力威尔公司通过在生产研发等方面的持续投入，在航空零部件生产方面形成了较强的专业技术优势，建设了比较完整的生产、技术、质量管理体系，并通过信息化手段不断增强企业国际竞争力。

（一）专利技术

公司共有专利技术 24 项，其中拥有发明专利 1 项、实用新型专利 18 项、计算机软件著作权 2 项、管理软件著作权 3 项。

在特种工艺方面，公司有 11 项特种工艺获得国外客户的认证批准，共涉及 18 个特种工艺技术规范，其中焊接（电子束焊接、熔焊）工艺、荧光渗透检测工艺获得 NADCAP 的认证；另外喷丸及钛合金清洗工艺也正在申请 NADCAP 审核。在真空热处理、铝合金阳极氧化及不锈钢钝化等表面处理工艺方面得到了股东方——中国航发北京航科发动机控制系统科技有限公司的大力支持。

（二）体系建设

技术体系：公司具有较为完备的技术管理体系，注重技术积累，并将关键成熟技术转化为企业标准；在生产线设计、加工节拍、一人多机等方面形成了自己的特点，对于钛合金、高温合金等难加工材料积累了一定的经验。

生产体系：生产体系较为完善，生产组织机构健全、计划管理、现场管理、过程控制、物流管理等均运行良好。

质量体系：公司先后通过了 AS9100-D 国际宇航质量体系认证（覆盖 ISO9100：2008 质量体系），其焊接工艺和无损探伤取得了 NADCAP 认证，其他特种工艺通过了用户的认可。为推动力威尔国际转包业务发展，北京航科公司在特种工艺方面给予全方位支持，热处理和表面处理工艺：真空热处理、稳定处理、硬度测试、钝化、铬酸阳极化、磁粉检验通过了 NADCAP 认证。

随着 ISO9000 系列标准的更新，AS9100 国际宇航质量体系及各大客户都进行了对供应商质量管理要求的更新。目前公司完成 AS9100 整套程序文件的换版，通过 AS9100 D 版换版审核及 GJB9001 质量体系年度审核。新版标准及客户的关注点集中在对风险的控制、供应链能力及先期质量策划等方面，重点增加了风险管理、知识管理、相关方管理（含供应链）和质量先期策划的要求和管理流程。

根据客户和 AESQ 新发布的 AS13000 系列要求，对公司的质量体系文件进行了全面的更新，更新后的体系文件，能够同时满足公司三大顾客的要求，与国际航空发动机的最新要求接轨。

（三）信息化应用

公司自行开发了生产在线管理及库房管理系统，以信息化为抓手，实时反映物料信息、生产进度、库存情况等，并提高每个环节的应用程度。最终以电子看板形式展现 SQCDPI 各项指标，形成一个从投入到产出的全闭环管理；公司购置了 DNC/MDC 软件系统，实时对机床程序传输及数据采集，合理安排机床应用，提高机床利用率，为生产保驾护航，工艺过程得到有效控制。

未来，公司将按照产品同源、技术同源、市场同源、业务相关的基本原则，继续聚焦发展国内外航空转包生产业务，同时结合自身能力特点和国内外客户需求，积极开拓非航空领域关联产品和关联业务关联，向多元化方向发展。

珠海保税区摩天宇航空发动机维修有限公司

一、企业基本情况

珠海保税区摩天宇航空发动机维修有限公司（简称珠海摩天宇），是中国南方航空股份有限公司与德国 MTU 航空发动机公司各出资 50% 共同组建的中外合资企业。公司落户于珠海保税区，总投资 1.89 亿美元，注册资本 1.63 亿美元，合资期限为 50 年。自 2003 年 1 月正式营运以来，已先后获得中国民航局 CAAC、欧洲航空安全局 EASA、美国联邦航空局 FAA、日本民航局 JCAB，以及巴西、沙特阿拉伯、印度尼西亚、印度、越南、泰国、菲律宾、智利、卡塔尔、新加坡和马来西亚等国家的适航维修许可证。公司的客户遍布中国、亚洲以及欧美各国。珠海摩天宇占地总面积达 156000 米^2，建筑面积约为 42000 米^2，是国内迄今为止投资规模最大、维修等级最高的民用航空发动机维修基地。

二、生产经营情况

截至 2019 年 12 月 31 日，公司在册员工共 1021 名。2019 年，公司修理了 325 台航空发动机，产值为 98.46 亿元，同比增长 22.13%，发动机维修的产量和产值均为国内第一。

三、主要产品和服务

主要产品包括 V2500-A5 和 CFM56-3、CFM56-5B、CFM56-7B、LEAP-1B 5 个型号发动机的维护、修理和翻修。除了发动机的修理和翻修外，还提供备用发动机租赁、现场及在翼维修、航线可更换件支持（LRU）和 24 小时航线应急支援（AOG）等多种附加服务。

四、产品开发和业务规模

2003 年，工厂正式投产营运；2006 年，具备了维修 CFM 全系列发动机的能力；2016 年，第 2000 台发动机进厂；2019 年，首台 LEAP-1B 发动机进厂。具备 V2500-A5 和 CFM56-3/5B/7B 所有单元体、零配件的拆装和 80% ~ 85% 的发动机零部件的深度维修能力，维修项目达 4000 多项，能够出具发动机整体及 14000 多个发动机部件（件号）的产品合格证明，拥有多个资源论证修理资质。

五、国际技术合作和技术创新能力

近年来，公司不断深化全球化市场布局和资源整合，关注中东、美洲、东亚和东南亚等市场的扩张机会，力推企业战略和战术层面的工作协同，从“组织、资源、效率”入手，推进公司组织架构、产品、生产流程的优化，提升了公司的业务管理和资源运营效率；稳步推进发动机的租赁业务，开展发动机小时保修的服务新模式，加大科技创新和投入，进一步推进公司国际化进程。

为突破发动机维修的技术壁垒，提高维修能力，与 MTU 集团旗下的 6 家企业在资源、能力、技术、管理、营销、服务、人力资源等方面开展广泛的合作，通过与 MTU 各维修基地之间进行全面的技术交流和技术项目转让，珠海摩天宇在零部件清洗、高压水剥离、无损探伤检测、表面处理、焊接、机加工、等离子喷涂、热处理、电镀、涂层剥离和高速磨削等方面具备了行业内最高标准的技术能力，能够为客户提供 MTU 全球标准的维修质量和创新服务。

六、重大设施建设及业务规划

基于发动机维修业务增量的市场预期，公司从 2019 年 9 月开始进行珠海保税区主厂房的扩建，从 2020 年到 2022 年每年投资一款新的发动机维修能力，计划在2021年开始建设第二试车台，第二厂区的建设也将争取在2024年前投入使用，企业的发展目标是在2025年成为全球领先的发动机维修基地。

1. 珠海摩天宇保税区厂区的产能扩建。开展产能从年300台到450台的扩建项目，预计2020年年底可以完成设备安装和生产线布局并投入使用。

2. 新发能力投资。随着新型发动机已经投入市场，为寻求增量业务促进企业的可持续发展，公司需要建立新型发动机维修能力，开发空客A320NEO（PW1100G和LEAP-1A发动机）和波音737MAX（LEAP-1B发动机）的新型发动机的维修能力。

3. 珠海摩天宇第二厂区的建设。公司计划在珠海航空产业园（金湾区内）建设一个年维修350台航空发动机的维修产区，开展航空发动机维修服务。

广州飞机维修工程有限公司

一、企业基本情况

广州飞机维修工程有限公司（GAMECO）是目前国内排名前列的大型综合性民航维修企业，公司成立于 1989 年 10 月 28 日，总部位于广州白云国际机场，注册资本 6500 万美元，是由中国南方航空股份有限公司、和记黄埔飞机维修投资（香港）有限公司以及南华国际飞机工程（香港）有限公司共同合资经营，其中中国南方航空股份有限公司持有 50% 的股份，南华国际飞机工程有限公司、香港和记黄埔飞机维修投资有限公司各持 25% 的股份。公司现有员工逾 6000 人，拥有一支技术精湛的骨干队伍。公司每年还从全国各地著名高校吸纳大批优秀毕业生，人才队伍日益壮大。

GAMECO 拥有中国民用航空局（CAAC）、美国联邦航空局（FAA）、欧洲航空安全局（EASA）等 20 个国家和地区适航当局批准的民用航空器维修许可证，具备飞机大修及改装、航线维修、附件维修、工程技术服务、航材管理服务和培训服务等全面的维修服务能力。

公司在广州的维修设施主要分成三个部分：一是位于广州白云国际机场北区约 16.2 万米 ^{2} 的公司总部设施，包括两座飞机大修机库及相关设施；二是位于广州市区（旧机场）2 万多米 ^{2} 的附件维修中心；三是位于广州白云国际机场候机楼约 2000 米 ^{2} 的航线维修设施。

一期飞机维修机库总跨度 350 米，总建筑面积 9.6 万米 ^{2}，可同时容纳 4 架宽体飞机（波音 747、空客 A380）和 5 架窄体飞机（波音 737、波音 757 和空客 A320）在内维修。同时拥有一个独立的全天候喷漆机库，可容纳一架 A380 或波音 747 飞机。另外，还拥有先进环境控制系统的约 4000 米 ^{2} 航材仓库和 2000 米 ^{2} 公共保税仓。二期机库建筑面积 6.6 万米 ^{2}，可以同时为 8 架窄体飞机开展定检维修。

除广州总部以外，GAMECO 还在重庆市、广东省清远市设立了分公司，在上海市浦东机场设立了维修站，开展飞机航线维修、飞机机载设备（起落架）维修业务。在汕头建立了 C 检线，为客户提供飞机维修服务。在新西兰和澳大利亚分别注册分公司，在澳大利亚及新西兰的三个机场开展航线维修业务。

公司是高新技术企业、广东省飞机维修工程技术研究中心企业、广州海关 AEO 企业、广州市劳动关系和谐 AAA 级企业；在美国航空周刊 2019 年度机体维修工时排名中，位居全球前 10 位。

二、生产经营情况

2019 年，公司实现营业收入 33.58 亿元，完成近 200 架次 C 检，平均准时出厂率达到 92.7%。

三、主要产品

公司的主要业务是为中外航空公司提供高质量、快捷及经济的飞机维修服务，经营范围包括：航线和周期性维护及特种检查；结构修理及零件翻修；APU 及发动机热部件、冷部件检修以及单元体更换和检修；适航及服务改装；飞机损伤修理；飞机翻新、喷漆、内部装修；提供特种车辆服务和维修，地面设备修理、制造及零备件加工；外来加工，外来咨询，外来培训及其他技术工程；航空器材进出口销售；航空器材仓储、工具设备租赁及自制专用工具设备销售；航空器零部件制造和销售等。

GAMECO 具有全面的飞机维修能力，包括波音 737/747/757/767/777/787、空客 A300/310/319/320/321/330/350/380 以及 EMB145/190 飞机。

GAMECO 附件维修能力覆盖液压、气动、燃油、飞行操纵、机载应急设备、起落架、机轮/刹车、无线电、机载计算机、仪表、娱乐系统、发电机、电气附件等几乎全部附件种类，拥有国内最完备的飞机附件维修能力。

四、产品开发与技术进步

公司是国家“高新技术企业”及广东省飞机维修工程技术研究中心企业。目前，公司每年开展科技创新项目约60项。公司拥有发明专利34项、有效的实用新型专利131项，有效的外观专利4项，每年还新增专利申报20多项，是国内拥有知识产权数量最多的航空维修企业。为了适应当前新机型、新技术发展，GAMECO以大数据分析、智能机器人、移动信息化等技术为基础，积极探索“智能维修”。

公司还鼓励“五小”创新工作，2019年新增103项“五小”成果，完成了48项推广立项申报。公司连续两年被集团评选为“五小”优秀组织单位，成绩斐然。

五、重大基础设施建设

公司三期机库于2019年5月奠基，进入施工阶段，总建筑面积约9.57万米^2，设有6个宽体和5个窄体维修机位，将于2021年年底完工投产。公司飞机附件维修基地的建设的前期工作正在有序推进中。

北京飞机维修工程有限公司

一、企业基本情况

北京飞机维修工程有限公司是中国国际航空股份有限公司（简称国航）和德国汉莎航空公司（简称汉莎）于1989年合资建立的飞机维修企业，国航持股60%，汉莎持股40%。2015年6月1日，经过股东双方对公司股权的重组，原公司与原国航工程技术分公司资源整合组成新的北京飞机维修工程有限公司，其中，国航持股75%，汉莎持股25%。新重组公司总部设在北京，下辖4个事业部、9个直属运行支持部门、7个直属管理支持部门、3个直属党群部门，以及遍布10个城市的二级属地分公司。

公司可为航空公司提供机队包修服务，以及航线维护、飞机大修和喷漆、反推和进气道大修、发动机大修、APU大修、附件大修、起落架大修、公务机改装和维修、工程和资产技术服务、教育和培训、计量检测等方面的服务，是中国民用航空局授权的民用航空器改装设计委任单位代表（DMDOR）。目前，公司持有中国民用航空局（CAAC）、美国联邦航空局（FAA）、欧洲航空安全局（EASA）等在内的近30个国家或地区颁发的维修执照。拥有160多个国内维修站点和国际维修站点，形成了辐射国内外的维修服务网络。

公司主要机库设施分布在北京和成都两地。在北京首都国际机场建有1座空客A380飞机维修机库、1座波音747四机位飞机大修机库、1座波音747一机位飞机大修/喷漆一体机库，满足目前市场上全部干线运营机型各个维修级别的停场维修需求，另外还拥有1座公务机专用维修和改装机库。在成都双流国际机场建有1座波音757三机位飞机大修机库、1座空客A321三机位飞机大修和空客A330一机位飞机大修/喷漆一体机库、1座空客A330二机位飞机维修机库，满足空客A330及以下各机型各个维修级别的停场维修需求。此外，公司在重庆、杭州、天津、呼和浩特各有1座维修机库，满足波音737NG系列及空客A320系列飞机入库维修的需要。

公司有11000余名员工，拥有一支作风严谨、技术过硬、士气高昂、保障有力的工程技术人员队伍。在确保股东国航全部机队的正常运营外，还为200余家国内外用户提供维修服务。公司注重科技创新工作，上百项科技研发项目先后获得国家或中国民航局的科技奖，填补了中国民航维修业诸多技术空白。

二、生产经营情况

2019年实际实现经营收入89.82亿元。

三、主要产品

经营范围包括为国内外用户维护、维修和翻新飞机和发动机，包括辅助动力装置和附件；地面设备的制造和修理；为国内外航空公司提供机务勤务保证；派遣工程技术人员在外站提供维修和技术服务；发动机、附件和其他部件的分包管理；器材管理；维修开发；人员培训；技术咨询服务；校验服务；工程服务；代理进出口；货物进出口；技术进出口；仓储服务；机械设备租赁；销售机械设备。

四、产品开发与技术进步

（1）航线维护与支援：航线业务具有较强的市场竞争力，主要得益于公司自身全面的维修能力、丰富的维修经验，以及由北京基地、2个航线中心、10个分公司及5个航线维护站点等组成的航线维修网络。此外，新开发的波音787、波音737MAX、A350、A320NEO等新机型维修能力以及专业的维修队伍也将为航线业务的市场竞争力带来进一步的提升。

（2）飞机大修：经验丰富，在国际上拥有较高的品牌知名度和美誉度。大修产品覆盖了民航运营的主流机型，包括波音 737、波音 747/747-8、波音 757、波音 767、波音 777、A320、A330，并能够进行特殊改装、WIFI 改装以及客改货服务。

（3）发动机 /APU 大修：长期从事经典发动机型号 RB211 和 PW4000 的大修工作，积累了较为丰富的维修经验和良好的信誉，且拥有较好的国际客户基础。V2500 发动机大修是近年新增加的能力，主要针对国航、国内及周边地区数量庞大的 A320 窄体机客户群，未来一段时间的工作量呈持续增长的趋势。在备发方面，除了来自于国航的备发支持外，还积极拓展的与发动机资产管理公司的合作关系，从而能够获得更多的备发资源。目前，APU 修理主要包括 GTCP131-9A/9B 和 GTCP85-129H 型号。同时，公司为进一步推动 APU 的发展，正在扩大原有产品的产能，并新建了 GTCP331-350/500 的修理能力。

（4）附件 / 起落架大修：目前拥有超过 20000 项附件的大修和修理能力。较为全面的维修能力是公司附件业务的优势之一，同时也对其他产品的发展起到了良好的支持作用。在附件维修业务中，起落架大修是较为重要的附件产品。相较于其他附件产品而言，起落架大修拥有较为成熟的客户群体。

（5）客舱产品服务：作为新发展的业务，客舱产品业务正处于发展阶段，目前主要业务来自于公务机 / 专机工作，未来将大力拓展 WIFI 改装及空地互联业务。同时，公司作为波音公司授权的亚洲地区唯一的 BBJ 保修服务中心，将持续拓展市场，为更多的波音公务机客户提供综合性的维修服务。而在对外合作上，将深化与德国汉莎技术公司的合作，充分发挥双方优势，推进强强联合、共同发展，为公务机服务市场提供持续高质量的产品和服务。此外，公司计划近年内获得 EASA 和 FAA 批准的 STC 改装能力，力争早日成为空客和波音授权的改装中心。

（6）计量检测服务：负责公司内部的计量器具的校验和修理，以及飞机及其部附件的样品检测，同时可以作为民航一级计量技术机构，为全民航各企事业单位提供计量检测技术服务。目前业务覆盖国内民航、国内航空制造业、国防科工领域以及港、澳、蒙古和菲律宾的航空公司和 MRO。

（7）培训服务：负责人员发展培训、支持公司能力建设、拓展三方培训业务。根据 CCAR、EASA、FAA 相关法规、公司战略目标及资格系统要求，通过建立有效的培训管理体系和质量体系，全面满足局方要求及公司人才发展和资格体系要求；通过推进管理培训学院建设，满足公司管理培训需求；通过制订部门业务发展规划和调配资源，扩展三方培训市场，确保事业部各项工作目标的实现。

四、国际经济技术合作

2019 年以长期协议作为保障，公司继续加大对新产品和新能力（如 V2500、A330 起落架等）的市场开拓，成效显著。努力扩大三方国际市场，实现与国际客户如汉莎航空技术签署 744/748 定检，与阿塞拜疆航空签署 2 架 RB211 发动机大修 / 修理，与奥地利航空公司签署波音 777 机队维护，与泰国国际航空公司签署 2 架 A330 起落架大修等协议。

五、重大设施建设

2019 年启动伍德沃德授权修理站的建设项目作为新能力开发项目，与伍德沃德合作，采用授权修理站的模式建立起燃调维修能力，保障国航机队并承接三方工作，目前正在与厂家就修理站协议和设备协议进行谈判；启动 GTF 发动机能力开发，签署项目协议；完成污水在线监测、锅炉废气在线监测及喷漆废气 VOC 在线监测设备安装项目。

厦门太古飞机工程有限公司

一、企业基本情况

厦门太古飞机工程有限公司（简称厦门太古）是香港飞机工程有限公司（简称港机）于1993年7月在厦设立的大型民用飞机维修工程企业，是亚太地区领先的飞机维修及大修服务提供商。目前拥有约4600名员工。主要股东包括香港飞机工程有限公司、厦门航空工业公司、香港国泰航空公司、日本航空公司、波音商用飞机集团等。

二、生产经营情况

截至2019年年底，厦门太古累计进场维修飞机近3500架次；2019年全年完成工业总产值63.4亿元。

三、主要产品

厦门太古拥有五大核心业务：机身服务、航线服务、零部件制造、公务机设计整装方案、技术培训。

（一）机身服务

厦门太古拥有6座双宽体机位机库，提供包括所有主流民航机型的维修检查、客舱整装、客改货等维修工作。其中，维修检查可为波音及空客飞机提供全面的维修服务，主要技术能力涵盖D检、大型维修检查（HMV）及根据客户需求的补充检查。多项机身工程可与维修同时进行，包括客舱翻新、客舱改装和整装、发动机孔探、发动机拆装及更换、起落架拆装及更换、飞机称重和外部喷漆等；整装和客舱内饰安装方面，厦门太古可提供包括项目管理、工程设计、供应商管理、零部件制造、安装以及取证（FAA/EASA/HKCAD/CAAC）在内的完整的全套的客舱改装方案。厦门太古在整装和客舱内饰安装方面拥有丰富的经验。迄今为止，厦门太古已经完成了超过400个涵盖空客和波音主要机型的客舱改装项目，主要客户包括国泰航空公司等欧亚地区知名航空公司；客改货方面，厦门太古是全球范围内经验最丰富的客改货中心之一，客改货涉及主要机型为波音747-400、波音737-300/400、波音757等。

（二）航线服务

厦门太古是为中国大陆重点航线运营站提供领先航线服务的供应商之一，目前已在中国大陆的13个国际机场开展业务。提供包括过站检查、过夜、日检、周检、故障排除、技术放行、客舱娱乐系统维护、客舱可靠性检查、飞机清洗服务。服务的机型包括空客A380和波音787在内的所有主流民航机型。

（三）零部件制造

得益于港机长久以来卓越的工程成就及与航空原始设备制造商的良好合作关系，厦门太古同时发展了零部件制造的能力，其中包括机加部件、钣金部件、捆装电线、波音747-400BCF客改货复式地板梁制造等涵盖超过3100个零部件编号（PN），逐渐形成集航空零部件开发、数控加工、钣金加工、热表处理加工、复合材料加工、零部件装配、航空线束电缆组装、无损探伤检测与专业人才培训、计量与校准服务、航空维修及改装制造能力配套为一体的飞机零部件制造产业基地。

（四）公务机设计整装方案

厦门太古公务机设计整装中心（方案）能为私人飞机及公务机提供一站式服务，服务内容涵盖工业设计、工程设计和认证、客舱整装、售后服务以及机身维修。它是亚太地区首家获得空中客车公司核准及波音公司授权的公务机及私人飞机客舱设计整装中心。

（五）培训中心

厦门太古培训中心是国内唯一一家同时获得中国民航局、香港民航处和欧洲航空安全局共同批准的147部维修培训机构和66部维修人员基础执照考点。厦门太古培训中心已经由针对单个学员的培训扩大到与飞机制造公司合作与航空公司签约为新机型维修提供团队培训。

四、产品开发与技术进步

客改货开发：厦门太古与美国波音公司紧密合作，攻克了众多技术型难关，取得美国民航局（FAA）和波音 BQMS 的认证。和合作伙伴一起参与了波音 737–700、波音 737–800 和波音 767–300 等新的改装机型的开发。客改货科研成果主要有：地板梁整装、货舱门切口定位、货舱门整装、改装流程的改进等，至今共完成了 65 架次的改装工作。下一步还将参与波音 767–300、波音 737–700/–800 等机型客改货的开发。

客舱整装：厦门太古客舱整装服务可以提供完整的一揽子客舱解决方案，包括项目管理、工程设计、供应商管理、零部件制造、安装以及取证（FAA/EASA/HKCAD/CAAC）。到目前为止，客舱整装科研成果主要有：波音 737/A319 客舱构型设计改装、波音 747–400 PTV 改装、波音 747–400 LOPA 设计等。

四川国际航空发动机维修有限公司

一、企业基本情况

四川国际航空发动机维修有限公司（简称 SSAMC）成立于 1999 年，前身为四川斯奈克玛航空发动机维修有限公司，是国内第一家致力于 CFM56 发动机维修和修理的中外合资企业，主要从事 CFM56 生产的航空发动机的维修、修理、检修和其他相关服务，相关零部件的制造和维修；为加工复出口产品所需的航空器材、外商在国内暂存的航空器材以及经海关批准的其他航空器材提供仓储和报关服务等。SSAMC 目前位于四川省成都市中国（四川）自由贸易试验区内，注册资本为 8800 万美元。公司的股东结构为：中国国际航空公司（简称国航），占股 60%；CFMI 公司（简称 CFMI），占股 40%。

SSAMC 现持有中国民用航空局、美国联邦航空局、欧洲航空安全局、新加坡、泰国、尼泊尔、越南等国航空安全局颁发的维修许可证及多家航空公司的合格维修商证书；通过了 ISO9001/AS9110 质量体系认证、ISO14001 和 OHSAS18001 环境安全体系认证；通过了国家安全生产标准 3 级认证；获得了赛峰集团在环境、健康与安全方面的银牌认证；累计拥有国家专利 19 项，并连续三年成为技术先进型服务企业。

截至 2019 年年底，公司共有员工 482 人，其中，学历分布上，大专以上学历占 90.8%，拥有硕士 28 人；年龄分布上，30 岁以下占 43%，40 岁以下占 78%。整体来看，公司的队伍呈现出年轻化、高学历化的趋势。

二、生产经营情况

2019 年，公司完成 186 台航空发动机修理，全年实现营业收入 445587.29 万元。

三、主要产品

SSAMC 是中国唯一的 CFM56 系列发动机 OEM（原始制造厂）修理厂，也是全球唯一的 CFMI 授权的维修站。其维修的 CFM56 系列发动机安装于目前全球最先进、技术水平最高、使用可靠性最强、民用客机市场份额最大的两款机型上，如空客 A319/320/321 和波音 737-300/400/500/600/700/800 等客机。作为航空发动机维修企业，SSAMC 能及时分享所有 OEM 的发动机设计、制造、技术改进信息及其有关 CFM56 系列发动机维修和车间修理积累的经验，中国客户在国内就能便利地享受到世界顶尖级修理站提供的 CFM56 系列发动机 MRO 服务。SSAMC 在巩固国内已有的客户群同时，积极开拓国际市场，现在公司的境外服务不断增加，国内外客户达到 60 家以上，累计大修完成了超 1000 台航空发动机。SSAMC 还承担了航空发动机在翼维修和其他服务，其中在成都双流国际机场完成的该业务量占到 40%。SSAMC 自成立以来，所修理的发动机没有发生过责任原因的空中停车，SSAMC 成功地将中国国际航空公司与 CFM 公司的应用广泛的专业技术相结合，使之成为一座真正世界一流的航空发动机维修工厂。

同时，SSAMC 也成为国内第一家 LEAP 发动机修理厂。LEAP 系列发动机是由发动机制造商 CFM 国际公司生产制造的新一代发动机，它代表了由 CFM 国际公司设计和生产的商用客机推动系统的前沿科技。这种新型的 LEAP 发动机将主要装备于空客 A320 Neo、波音 737 Max 和中国商飞的 C919。SSAMC 参与了 LEAP 发动机在中国的运营服役相关工作，并已经组建了第一支本土的在翼支援（OSS）队伍，目前，公司已经完成了上百次的 LEAP 在翼支援服务。2019 年，SSAMC 着力提升

LEAP-1A 和 LEAP-1B 的修理能力及试车台建设。

四、产品开发与技术进步

2019 年，SSAMC 持续整合企业技术、资金、人才，积极与国内外企业合作，共同致力于新产品的开发、新技术的引进和新工艺的改良等创新工作，目前已有 150 余项工艺改进在生产中应用，保障了公司的技术水平始终处于行业领先地位。其中的发动机燃烧室修理能力开发，不仅能够增加公司收益，也能够增加公司的技术储备，并丰富公司的修理种类，更为重要的是，因为国内暂时还没有能够修此部件的企业，所以就标志着 SSAMC 的维修能力达到一个新的高度。

SSAMC 的愿景是成为世界领先的 CFMI 发动机维修服务商，以实现“为客户提供优质解决方案、为股东实现良好业绩、为员工提供最适宜的工作环境和发展机会”为公司使命，秉承“质量可靠、客户优先、改进创新、以人为本、尽职守诺、团队协作”的价值观。

中国航发西安航空发动机有限公司

一、企业基本情况

中国航发西安航空发动机有限公司（简称中国航发西航）始建于1958年，是以资产为纽带、母子公司体制的企业。中国航发西航位于陕西省西安市未央区凤城十路，占地面积342万米^2，资产总额205亿元，拥有从业人员12000余名，下设23个职能部门、18个生产制造分厂/中心，拥有6个子公司。中国航发西航是国内大中型航空发动机研发生产基地，大型舰船用燃气轮机动力装置生产修理基地，新型环保能源领域研发基地，国内领先、国际一流的高技术加工制造中心。

二、生产经营情况

2019年，中国航发西航实现营业收入81亿元。

三、主要产品

中国航发西航拥有超过上千种产品零件，为全球20多型发动机提供零件配套。在民用航空领域，主要以航空发动机及其衍生产品的零部件转包生产为主，产品涉及发动机压气机、燃烧室、涡轮、机匣等关键部件，包括盘类零件、环类零件、封严类零件、轴类零件、机匣类零件、涡轮叶片和压气机叶片，以及其他结构类零件等。

2019年，中国航发西航承接了遄达等系列发动机零部件订单，技术含量高、利润高、集成度高的产品市场份额进一步扩大。持续加强CJ系列发动机试制，圆满完成年度各项科研生产任务。

四、产品开发与技术进步

（一）产品开发

2019年，中国航发西航积极推进新品试制工作。完成了罗罗公司项目Pearl 15发动机锥罩产品的首件交付，该产品表面完整性要求较高、技术难度大，中国航发西航是罗罗公司此类产品在国内的唯一供应商。与GE和罗罗合作的新一代民用航空发动机LM9000、BR725、TXWB-97K、T7000、T1000-TEN的零部件研制工作，经过大量试验试制，攻克了技术难关，实现了全部新产品成功转批产。

（二）技术进步

通过国家科研课题、自主技术攻关等技术改进工作，加速喷涂、喷丸、钎焊、电子束焊、电火花磨削等技术能力提升，进一步巩固盘、环、机匣、复杂结构件等产品技术领先地位。开展了67项技术课题研究和10项专利研发工作。以高效低成本加工为目标，完成了短电弧工艺在民用航空发动机零部件制造中的应用，填补了行业技术领域空白。完成16台（套）设备的控制系统“换脑工程”，为实现国产数控系统在航空航天高科技领域示范应用奠定基础。

五、国际经济技术合作

2019年，为应对复杂国际形势带来的挑战，中国航发西航积极调整对外合作战略，充分发掘内部潜力，加强新品研发、产能改进、技术和质量提升等，以更加优质的产品和服务参与国际市场竞争。积极承接遄达等系列发动机零部件订单，通过参与全球竞标、与客户签订长期协议等方式，开发新市场，加快订单承揽。围绕“客户、能力、合作、成本、速度”五个方面，打造优质项目团队，提升交付表现，积极参与新型航空发动机研制，成为多家国际航空发动机制造商的重要合作伙伴。

经过几十年的发展，中国航发西航外贸航空零部件转包生产取得突破性进展，客户遍布全球，先后与GE航空、罗罗、普惠、赛峰公司、MTU等世界主要航空发动机制造巨头建立了长期稳定的战略合作关系。加强与客户沟通交流，派代表团出访客户，了解客户需求、学习先进技术，提升生产制造实力。

六、企业改革改制

2019年，为进一步聚焦主业，规范管理，理顺外贸转包生产业务，统筹优化生产线布局，中国航发西航对外贸业务管理架构体系进行了调整，将外贸相关资产增资莱特公司，促进民机业务的专业化发展，助力外贸转包业务保持国内同行业领先地位。

宁波沥高复合材料有限公司

一、企业基本情况

宁波沥高复合材料有限公司系上海沥高科技股份有限公司的全资子公司和生产基地。公司成立于2012年，注册资金4000万元，占地面积52203米^2，现有建筑面积22000米^2，注册地址杭州湾新区滨海五路188号。公司秉承“高效、安全、本地化、一步到位”原则，致力于真空袋辅材的研发、制造和销售，并且积极运用新工艺、新技术制造和加工高性能复合材料模具。公司产品已经广泛运用于风电制造、航空航天领域，并涵盖轨道交通、医疗器械、电子设备、汽车、游艇制造等数10个行业。

公司经营范围包括碳纤维复合材料、纺织布、碳纤维布、玻璃纤维布研究、开发；塑料薄膜、橡胶制品、塑料制品、精密模具、航空、航天飞行器零部件设计、制造和销售；飞机零部件制造；道路货运经营；自营和代理各类货物和技术的进出口。

二、企业经营情况

公司2019年营业收入18569万元，同比增长19.97%，利润1320.53万元，研发投入575.33万元。

三、主要产品

公司主要航空产品涉及三大领域：一是碳纤维、玻璃纤维复合材料模具；二是碳纤维、玻璃纤维复合材料飞机零部件；三是航空航天用真空成形工艺用辅助材料。

复合材料模具方面主要为国内各大飞机制造厂以及各个研究所配套、生产复合材料零部件的过程中，为了保证产品精度和装配的一致性，因此生产工装也选用对应材质的复合材料模具，目前公司已经给很多机型包括ARJ21、C919、CR929、A320、A350、波音737、波音767、Z8、Z10、Z15等制造配套复合材料工装，涉及的零件工装包括座舱骨架、门框、风挡、雷达罩、尾喷罩、平尾、垂尾、前缘蒙皮、整流罩、翼尖、滑轨整流罩、连接架等。公司同时也为ARJ21、C919、各种无人机配套上机零件，涉及的零件包括遮光罩、备用灯泡盒、外壳、机翼平尾、垂尾、机身蒙皮、伞舱罩、机翼蒙皮、尾撑、整流罩等。真空成形工艺用辅助材料是应用于生产飞机零部件过程中的一些工艺材料，包括真空袋膜、脱模布、密封胶带、隔离膜、透气毡等，以上几种类型产品均已经获得行业认可，并已经进入中国商飞供应名册，可以适用于国内所有此类工艺生产的使用。

四、产品开发和技术进步

真空辅助材料方面，公司的真空袋薄膜、分隔薄膜、可剥布、脱模布等长期占据国内复合材料应用领域的主要供应的前三位，通过不断的市场开拓，在国际市场位居第三。公司每年投入企业营收的10%用于新产品的开发和测试，建有专业的实验室和聘请专业人员进行开发工作，用于生产的各种设备达到国内的先进水平。其中，2017年投产的大型高尼龙含量多层复合挤出吹膜机达到国际顶尖水准，最大可以生产12米幅宽、超高尼龙含量的多层挤出阻隔膜，引起风能发电叶片制造行业内普遍关注，更好地迎合了国家节能减排绿色发展的战略目标。同时在航空航天领域，通过不断开发高温和高性能的辅助材料，不断追赶国际先进的复合材料辅助材料的技术水平，公司成为国家民用航空辅助材料行业标准主编单位，同时多项专利和主机厂的合作入围国家重点攻关项目，直接用于保障国家重点机型和重点直升机项目的生产。

与此同时，公司的复合材料工装制造水平目前在国内处于领先地位，不过随着产品要求的不断提高，公司在超高温高压工装领域还存在着一定空缺，主要是200℃以上成形材料所用工装的寿命问题，公司研发部门专门立项开发新的工装材料，主攻200 ~ 250℃的适用范围，目前已经初步取得一定成效，相信在未来的1 ~ 2年内可以完成。

生产工艺方面，公司除了在原有热压罐成形工艺和烘箱成形工艺的基础上，通过人才和设备的引进，又开发出了模压工艺和灌注工艺，扩展了公司生产能力，同时也扩大了可生产产品的范围。

随着公司的不断发展，公司新增了一台预浸料制备的设备，自主研发热塑性预浸料，适用行业包括航空航天、汽车、轨道交通、船艇、体育用品等，不断完善着公司的不足。

五、国际经济技术合作

目前公司有多款产品销往国外，主要以脱模布、真空袋膜、隔离膜和导流网为主。

六、重大设施建设

公司已经新购34亩土地用于新建厂房，新建厂房面积约22000米^2，预计2021年2月底前建成、2021年4月底前正式使用，主要用于现有产品生产区域的扩建、新增产品的生产和仓储用途。

江西昌兴航空装备股份有限公司

一、企业基本情况

江西昌兴航空装备股份有限公司（简称昌兴公司）成立于2010年6月，注册资本8000万元。公司现有厂房建筑面积18614.74米^2，拥有31台大型数控加工中心、3台三坐标检测机、6台激光跟踪仪和90余台套普通机械设备。公司不断加快生产转型拓展，经营范围已涉及航空复合材料模具、复合材料零部件、航空型架、航空设备与金属零部件的设计制造，以及产教融合实训、技术进出口业务等，成为了景德镇地区乃至江西省研发和制造实力较为领先的一家民营航空工装和零部件生产制造企业。

二、生产经营情况

昌兴公司于2010年成立，2013年完成股改，公司业务不断扩大，通过多年的努力，公司已研发了44项新产品及新技术，申请了多项专利，具有了雄厚的科研工程设计技术力量及全面的冷、热加工能力和手段。公司承担了诸多的航空工装、复合材料零部件、飞机结构零部件的生产制造任务。2019年，公司销售收入9727万元，利润总额2054万元。

三、产品开发与技术进步

公司现拥有各类员工433人，其中博士1人、研究生3人、高级职称7人、中级职称5人、初级职称42人、各类专业技术人员近134名，占总人数的30%。通过8年多的努力，公司已研发了49项新产品及新技术，申请了多项专利，具有了雄厚的科研工程设计技术力量及全面的冷、热加工能力和手段。

四、重大设施建设

2017年，公司总投入28600万元建设位于高新区总占地面积55786.4米^{2}的新厂区，工程分两期建设，一期包含建筑面积6032.8米^{2}的数控加工车间一、建筑面积7314.24米^{2}的复合材料厂房、办公楼等已建设完成，2018年部分已投入试生产，二期工程正在建设，其中数控加工车间二和复材车间二已完成外墙建设。工程完工后可以为公司研发、制造、生产提供良好的检测、实验、产业化环境。公司计划“十四五”期间打造一家集研发、试验、检测、制造生产为一体的航空制造企业。

第四部分

中国民用航空工业统计数据

1 综合情况

1.1 全国民用航空工业企业综合情况（见表 1–1）

表 1–1　全国民用航空工业企业综合情况

指标	计量单位	2019 年	2018 年	指标	计量单位	2019 年	2018 年
单位数	**个**	**170**	**159**	**工业总产值**	**万元**	**34621107**	**30151126**
国有企业	个	31	23	**民用航空产品产值**	万元	8649559	7771108
有限责任公司	个	76	72	民用飞机（不含无人机）产品产值	万元	792291	646207
股份有限公司	个	24	20	民用飞机零部件产品产值	万元	1254284	1399495
私营公司	个	22	25	民用航空发动机产品产值	万元	8547	1045
其他内资	个		3	民用航空发动机零部件产品产值	万元	696575	610114
港澳台商投资、外商投资	个	17	16	民用飞机机载系统和设备产值	万元	23646	7733
全部从业人员人数	万人	36.3	35.5	民用飞机机载系统和设备零部件产值	万元	41470	16420
民用飞机（不含无人机）累计交付数量	架	1896	1663	其他民用航空产品及零部件产值	万元	457681	302279
民用飞机（不含无人机）本年交付数量	架	233	109	民用飞机修理产值	万元	1542297	1583810
民用飞机（不含无人机）本年交付金额	万元	330734	322742	民用航空发动机修理产值	万元	1610218	1159542
无人机本年交付数量	架	1331462	1827039	其他民用航空产品及零部件修理产值	万元	416808	355312
无人机本年交付金额	万元	1051227	1167910	民用飞机机载系统和设备修理产值	万元	116284	28904
民用飞机（不含无人机）新增确认订单	架	130	116	无人机产品产值	万元	1689460	1660248
民用飞机（不含无人机）新增意向订单	架	29	66	资产合计	万元	72145235	59109375

表 1-1（续）

指标	计量单位	2019 年	2018 年	指标	计量单位	2019 年	2018 年
无人机新增确认订单	架	2978275	2833513	营业收入	万元	36645115	31139390
无人机新增意向订单	架	896683	850682	**民用航空产品收入**	万元	9138637	7595315
民用飞机（不含无人机）储备确认订单	架	798	573	营业成本	万元	30120440	26244842
民用飞机（不含无人机）储备意向订单	架	798	825	利润总额	万元	1749861	1464959
无人机储备确认订单	架	1216283	1133212	总资产贡献率	%	3.9	3.9
无人机储备意向订单	架	388803	340302	资本保值增值率	%	129.0	102.1
民用航空产品转包生产	—	—	—	资产负债率	%	57.3	59.6
民用航空产品转包生产交付金额	**万美元**	256151	182308	流动资产周转次数	次 / 年	88.7	89.2
民用飞机零部件	万美元	143833	105797	成本费用利润率	%	5.8	5.6
民用发动机零部件	万美元	70122	68415	产品销售率	%	98.5	96.4
民用飞机机载系统和设备零部件	万美元	10290	845	民用航空产品固定资产投资	万元	611386	439980
其他民用航空产品及零部件	万美元	31906	7251	民用航空产品（R&D）经费支出	万元	1940655	1456894
民用航空产品转包生产新增订单	**万美元**	223291	220909	**民用航空产品转包生产储备订单**	万美元	468307	541617
民用飞机零部件	万美元	110686	137072	民用飞机零部件	万美元	357626	477878
民用发动机零部件	万美元	72837	77770	民用发动机零部件	万美元	62423	60723
民用飞机机载系统和设备零部件	万美元	6873	736	民用飞机机载系统和设备零部件	万美元	1045	425
其他民用航空产品及零部件	万美元	32895	5332	其他民用航空产品及零部件	万美元	47213	2591

注：为保持统计延续性，将民用飞机和无人机数据分开统计，整套表中的民用飞机指不包含无人机的民用飞机。

1.2　2019 年全国民用航空工业企业主要经济指标（见表 1–2）

表 1–2　2019 年全国民用航空工业企业主要经济指标

指标	单位数 / 个	全部从业人员人数 / 人	民用航空产品产值 / 万元	民用航空产品销售收入 / 万元	利润总额 / 万元
全国总计	**170**	**363233**	**8649559**	**9138637**	**1749861**
按注册登记类型分					
内资企业	153	319507	3143699	3678760	1102757
国有企业	31	70536	202356	609059	389026
有限责任公司	76	210783	2422379	2550861	447139
股份有限公司	24	34586	283701	353480	228006
私营企业	22	3602	235263	165359	38587
港澳台商投资企业	6	26933	2759032	2660105	518715
外商投资企业	11	16793	2746828	2799772	128389
按三大经济地带分					
东部地区	76	122715	6602725	6558361	907309
中部地区	44	89968	375760	407660	373060
西部地区	50	150550	1671074	2172616	469492
总计中					
中国航空工业集团有限公司	56	199790	1313620	1912366	725862
中国商用飞机有限责任公司	6	14471	677552	614010	–116790
中国航空发动机集团有限公司	13	65779	455583	454228	244983
中国航天科工集团有限公司	2	1916	15194	15114	–25633
中国电子科技集团有限公司	1	1188	14842	49684	–6052
地方民用航空工业企业	92	80089	6172768	6093236	927491

1.3 2019 年各地区民用航空工业企业主要经济指标（见表 1–3）

表 1–3 2019 年各地区民用航空工业企业主要经济指标

地区	单位数（个）	全部从业人员人数 / 人	民用航空产品产值 / 万元	民用航空产品销售收入 / 万元	利润总额 / 万元
全国总计	**170**	**363233**	**8649559**	**9138637**	**1749861**
北 京	13	20334	1028561	1076940	145172
天 津	8	5681	203061	204233	2192
辽 宁	5	32227	346232	352703	134430
黑龙江	2	13382	90705	155008	13229
上 海	9	17845	690250	609634	–57739
江 苏	11	9517	242036	242105	83059
浙 江	12	2687	81714	54194	12832
安 徽	6	2421	7126	6953	9003
江 西	5	15754	51517	73396	91152
山 东	6	3918	214664	193098	46587
河 南	4	31934	8759	8121	171407
湖 北	6	7318	169460	115271	32270
湖 南	19	15548	46848	47487	48472
广 东	10	24624	3152651	3169532	492597
四 川	19	47061	1018810	997924	298886
贵 州	11	22798	114129	94376	23537
陕 西	18	79467	530552	1071841	144864
甘 肃	2	1224	7583	8475	2205
其他省份	4	9493	644901	657346	55706
总计中					
中国航空工业集团有限公司	56	199790	1313620	1912366	725862
中国商用飞机有限责任公司	6	14471	677552	614010	–116790
中国航空发动机集团有限公司	13	65779	455583	454228	244983
中国航天科工集团有限公司	2	1916	15194	15114	–25633
中国电子科技集团有限公司	1	1188	14842	49684	–6052
地方民用航空工业企业	92	80089	6172768	6093236	927491

2 产品交付、新增和储备订单及转包生产情况

2.1　全国民用航空产品交付情况（见表 2–1）

表 2–1　全国民用航空产品交付情况

产品名称	计量单位	2019 年	2018 年	2017 年	2016 年	2015 年	2019 年同比增长 / %
民用飞机交付金额总计	**万元**	**7202472**	**6714089**	**5326825**	**7160003**	**6604559**	**7.3**
民用飞机（不含无人机）整机	万元	340734	322742	131042	3446121	3195785	5.6
其中：引进总装线生产飞机	万元	80249	74605	52485	3347269	3000000	7.6
民用航空发动机整机	万元	305	409	7280	2338	4948	–25.4
民用飞机零部件	万元	1114839	1219956	1080857	881104	832889	–8.6
民用飞机机载系统和设备	万元	9326	16986	24359	18854		–45.1
民用航空发动机零部件	万元	657215	581789	449311	432408	350957	13.0
其他民用航空产品及零部件	万元	398538	315456	359191	215629	167040	26.3
民用飞机机载系统和设备零部件	万元	32140	20649	11856	3622		55.6
民用飞机修理（不含发动机）	万元	1485976	1563647	1265980	699944	792817	–5.0
民用航空发动机修理	万元	1610439	1156371	673509	503746	445249	39.3
民用飞机机载系统和设备零部件修理	万元	125725	18277	21116	5845		587.9
其他民用航空产品及零部件修理	万元	376010	329897	148412	113057	176543	14.0
无人机产品	万元	1051226	1167910	1153911	837336	638330	–10.0

2.2 各地区民用航空产品交付情况（见表 2–2）

表 2–2 各地区民用航空产品交付情况

万元

地区	2019 年交付金额	2018 年交付金额	2017 年交付金额	2016 年交付金额	2015 年交付金额	2019 年同比增长 /%
全国总计	**7202472**	**6714089**	**5326825**	**7160003**	**6604559**	**7.3**
北 京	1053204	850131	47661	31877	70832	23.9
天 津	84104	88531	67959	3359202	2181973	–5.0
辽 宁	356742	263175	257154	202216	165894	35.6
黑龙江	90862	10095	7693	27462	112011	800.1
上 海	275783	233914	88243	50451	51409	17.9
江 苏	149316	171696	140991	60771	136705	–13.0
浙 江	64926	58891	43465	46404	10782	10.2
安 徽	4060	2851	3270	778	1161	42.4
江 西	29396	54146	40562	10590	63526	–45.7
山 东	177504	167200	153108	107138	112357	6.2
河 南	8255	10033	10470	3598	5372	–17.7
湖 北	123943	103553	115417	112665	103317	19.7
湖 南	44493	65116	41320	65972	29337	–31.7
广 东	2521941	2351209	2202701	1448458	1032434	7.3
四 川	981848	544422	561970	199919	230126	80.3
贵 州	114340	91636	79225	59003	59993	24.8
陕 西	465212	892906	755665	669665	749284	–47.9
甘 肃	12108	5040	7959	1040	224	140.2
其他省份	644435	749544	701992	702792	555976	–14.0
总计中						
中国航空工业集团有限公司	1149989	1300870	1078316	926335	1290074	–11.6
中国商用飞机有限责任公司	275320	229800	87933	50270	52251	19.8
中国航空发动机集团有限公司	519608	402175	358865	348839		29.2
中国航天科工集团有限公司	15194	16011	17430	11451	11474	–5.1
中国电子科技集团有限公司	24842					
地方民用航空工业企业	5217519	4765233	3784281	5823108	5250759	9.5

2.3　全国民用航空产品转包生产情况（见表 2–3）

表 2–3　全国民用航空产品转包生产情况　　万美元

产品名称	2019 年	2018 年	2017 年	2016 年	2015 年	2019 年同比增长 /%
交付金额	**256151**	**182308**	**196751**	**178969**	**156149**	**40.5**
民用飞机零部件	143833	105797	125897	121403	98824	36.0
民用发动机零部件	70122	68415	65347	52902	52192	2.5
民用飞机机载系统和设备零部件	10290	845	495	0		1117.9
其他民用航空产品及零部件	31906	7251	5011	4664	5133	340.0
新增订单金额	**223291**	**220909**	**279960**	**218609**	**104700**	**1.1**
民用飞机零部件	110686	137072	216903	170744	44236	–19.2
民用发动机零部件	72837	77770	59301	45338	57115	–6.3
民用飞机机载系统和设备零部件	6873	736	548	0		833.8
其他民用航空产品及零部件	32895	5332	3207	2527	3349	516.9
储备订单金额	**468307**	**541617**	**464342**	**414961**	**350679**	**–13.5**
民用飞机零部件	357626	477878	405932	387746	309820	–25.2
民用发动机零部件	62423	60723	55839	26225	37682	2.8
民用飞机机载系统和设备零部件	1045	425	210	0		145.9
其他民用航空产品及零部件	47213	2591	2361	991	3177	1722.2

2.4 各地区民用航空产品转包生产交付情况（见表 2-4）

表 2-4 各地区民用航空产品转包生产交付情况

万美元

地区	2019 年	2018 年	2017 年	2016 年	2015 年	2014 年	2019 年同比增长 / %
全国总计	**256150**	**182308**	**196751**	**178966**	**156149**	**169776**	**40.5**
北 京	11551	4840	12007	1940	608	653	138.6
天 津	0	109	102	34	15	7682	-100.0
辽 宁	50641	42292	51474	44742	38445	33791	19.7
黑龙江	11151	10476	9316	5304	3827	2842	6.4
上 海	8309	9970	8458	7779	8416	8296	-16.7
江 苏	3114	2253	748	1449	1075	1342	38.2
浙 江	7157	4771	3492	9936	1258	1461	50.0
安 徽	81	48	109	37	42	36	67.6
江 西	1213	2958	877	8307	1000	1608	-59.0
山 东	0	122	7439	5594	4395		-100.0
河 南	332	304					9.2
湖 北	0	0	9	20	278	6859	
湖 南	4255	8792	7379	5556	5336	4665	-51.6
广 东	23264	1652	3	6	742		1308.4
四 川	60052	32289	25427	23956	25255	28399	86.0
贵 州	16525	12383	15009	8680	8883	9451	33.5
陕 西	58052	48616	54373	55626	56495	58947	19.4
甘 肃	453	433	529				4.6
其他省份	0	0	0	0	79		
总计中							
中国航空工业集团有限公司	135453	90561	104387	91996	140232	140356	49.6
中国商用飞机有限责任公司	8309	9679	8206	7592	8415	8296	-14.2
中国航空发动机集团有限公司	68524	63551	62512	53089			7.8
中国航天科工集团有限公司	0	109	102	34	15	10	-100.0
中国电子科技集团有限公司	0						
地方民用航空工业企业	43864	18409	21544	26255	7487	21114	138.3

2.5　各地区民用航空产品转包生产新增情况（见表 2–5）

表 2–5　各地区民用航空产品转包生产新增情况　万美元

地区	2019 年	2018 年	2017 年	2016 年	2015 年	2019 年同比增长 / %
全国总计	**223290**	**220909**	**279960**	**218609**	**104700**	**1.1**
北　京	11636	3612	9772	2384	612	222.1
天　津	0	120	98	56	17	–100.0
辽　宁	38227	47217	38008	54658	30805	–19.0
黑龙江	0	1709	10421	10411	7104	–100.0
上　海	0	46664	252	2411	0	–100.0
江　苏	112	1830	448	2761	1431	–93.9
浙　江	7125	4771	1692	10345	1055	49.3
安　徽	21	0	80			
江　西	767	2287	748	2268	1116	–66.5
山　东	0	436	10149	7451	6144	–100.0
河　南	332	304				9.2
湖　北	0	0	9	20	20	
湖　南	4596	8034	7004	5664	4427	–42.8
广　东	28733	0	0	42	1004	
四　川	80577	23649	38237	70059	20731	240.7
贵　州	10584	12482	8554	8030	7273	–15.2
陕　西	40052	67286	153818	42050	22886	–40.5
甘　肃	528	508	669			3.9
其他省份	0	0	0	0	75	
总计中						
中国航空工业集团有限公司	104919	85836	204488	150562	95293	22.2
中国商用飞机有限责任公司	0	46497	0	2204	0	–100.0
中国航空发动机集团有限公司	72888	73852	59000	41371		–1.3
中国航天科工集团有限公司	0	120	98	56	17	–100.0
中国电子科技集团有限公司	0					
地方民用航空工业企业	45483	14604	16373	24416	9390	211.4

2.6 各地区民用航空产品转包生产储备情况（见表 2–6）

表 2–6 各地区民用航空产品转包生产储备情况　万美元

地区	2019 年	2018 年	2017 年	2016 年	2015 年	2019 年同比增长 /%
全国总计	**468306**	**541617**	**464342**	**414961**	**350679**	**–13.5**
北 京	2230	2691	14379	444	4	–17.1
天 津	0	0	0	0	20	
辽 宁	28130	42276	37582	44341	23565	–33.5
黑龙江	11824	13421	22188	21083	15976	–11.9
上 海	62513	70822	34004	42210	47639	–11.7
江 苏	0	3013	259	180	303	–100.0
浙 江	100	0	500	7890	762	
安 徽	14	0	50			
江 西	103	782	253	6176	110	–86.8
山 东	0	320	4093	3100	2787	–100.0
河 南	357	282				26.6
湖 北	0	0	0	0	259	
湖 南	1724	4877	5284	205	141	–64.7
广 东	44843	0	0	36	1000	
四 川	77446	153205	115409	172366	127194	–49.4
贵 州	5146	387	979	219	0	1229.7
陕 西	233212	248898	228449	116711	130868	–6.3
甘 肃	664	643	913			3.3
其他省份	0	0	0	0	52	
总计中						
中国航空工业集团有限公司	294743	407702	365398	329314	297451	–27.7
中国商用飞机有限责任公司	62513	70822	34004	42210	47598	–11.7
中国航空发动机集团有限公司	59820	55803	55964	25965		7.2
中国航天科工集团有限公司	0	0	0	0	20	
中国电子科技集团有限公司	0					
地方民用航空工业企业	51230	7290	8976	17472	5611	602.7

3 生产销售总值

3.1　全国民用航空工业企业生产销售总值（见表 3–1）

表 3–1　全国民用航空工业企业生产销售总值

指标名称	计量单位	2019 年	2018 年	2017 年	2016 年	2015 年	2019 年同比增长 /%
工业总产值（当年价格）	万元	34621107	30151126	27440342	24783015	23566703	14.8
其中：新产品产值	万元	13599789	11245599	9133810	8711177	10038016	20.9
民用航空产品新产品产值	万元	1265810					
民用航空产品产值	万元	8649559	7771108	6512511	8029467	7405784	11.3
其中：民用飞机（不含无人机）产品产值	万元	792291	646207	515615	3809266	3720078	22.6
民用飞机零部件产品产值	万元	1254284	1399495	1430625	1262215	1127226	–10.4
民用航空发动机产品产值	万元	8547	1045	1084	2338	18379	717.9
民用航空发动机零部件产品产值	万元	696575	610114	408005	314832	342391	14.2
民用飞机机载系统和设备产值	万元	23646	7733	40327	1230	1609	205.8
民用飞机机载系统和设备零部件产值	万元	41470	16420	7742	2916		152.6
其他民用航空产品及零部件产值	万元	457681	302279	287359	302747	271578	51.4
民用飞机修理产值	万元	1542297	1583810	1386091	768201	884006	–2.6
民用航空发动机修理产值	万元	1610218	1159542	674070	503746	445249	38.9
其他民用航空产品及零部件修理产值	万元	416808	355312	45961	36345	93018	17.3
民用飞机机载系统和设备修理产值	万元	116284	28904	41472	14875		302.3
无人机产品产值	万元	1689460	1660248	1674160	1010755	502250	1.8
工业销售产值（当年价格）	万元	34085498	29051208	26486309	24490365	22921001	17.3
其中：出口交货值	万元	4990739	4690301	4335307	3026852	5754874	6.4
民用航空产品出口交货值	万元	3038204					
全部从业人员年平均人数	人	360014	353254	341771	319321	401904	1.9

3.2 2019 年各地区民用航空产品产值（见表 3–2）

表 3–2 2019 年各地区民用航空产品产值

万元

地区	单位数 / 个	民用航空产品产值	各地占总计 /%	民用航空产品产值比上年增长 /%	民用飞机产品产值（不含无人机）	民用飞机零部件产品产值	民用航空发动机产品产值	民用航空发动机零部件产品产值	民用飞机机载系统和设备产值	民用飞机机载系统和设备零部件产值	其他民用航空产品及零部件产值	民用飞机修理产值（不含发动机）	民用航空发动机修理产值	其他民用航空产品及零部件修理产值	民用飞机机载系统和设备修理产值	无人机产品产值
全国总计	**170**	**8649559**	**100.0**	**11.3**	**792291**	**1254284**	**8547**	**696575**	**23646**	**41470**	**457681**	**1542297**	**1610218**	**416808**	**116284**	**1689460**
北　京	13	1028561	11.9	21.1	0	3569	0	45512	0	0	43044	458136	184988	226157	66055	1100
天　津	8	203061	2.3	96.9	80249	83379	898	0	0	1829	13341	0	0	3510	0	19855
辽　宁	5	346232	4.0	32.7	602	288252	0	57203	0	0	0	0	0	0	0	175
黑龙江	2	90705	1.0	12.3	5400	80281	0	0	0	0	5024	0	0	0	0	0
上　海	9	690250	8.0	24.4	617653	59521	0	0	12534	0	536	0	0	6	0	0
江　苏	11	242036	2.8	44.0	0	15189	0	196904	0	2052	26255	1636	0	0	0	0
浙　江	12	81713	0.9	19.5	0	60067	0	2595	0	0	14003	0	0	0	0	5049
安　徽	6	7127	0.1	103.9	0	319	4835	171	0	0	0	0	0	0	0	1802
江　西	5	51517	0.6	–28.1	19319	23515	0	0	0	0	8683	0	0	0	0	0
山　东	6	214664	2.5	27.9	14647	1428	0	150	173	0	121277	65009	0	1078	10902	0
河　南	4	8759	0.1	–21.7	0	0	0	0	264	8495	0	0	0	0	0	0
湖　北	6	169460	2.0	21.2	0	2885	0	0	0	0	1799	28258	0	136518	0	0
湖　南	19	46848	0.5	–45.2	3634	13862	398	23460	302	546	4018	0	0	165	150	313
广　东	10	3152650	36.4	8.9	27977	3158	0	0	0	3399	147954	353815	979607	0	0	1636741
四　川	19	1018811	11.8	76.4	1395	356509	2333	129562	3724	1148	17941	0	445587	24631	31555	4425
贵　州	11	114129	1.3	36.3	0	664	0	75878	0	331	19146	0	0	0	0	18110
陕　西	18	530552	6.1	–40.9	12046	261075	0	165087	6352	23109	31313	0	0	24054	7516	0

表 3–2（续）

万元

地区	单位数/个	民用航空产品产值	各地占总计/%	民用航空产品产值比上年增长/%	民用飞机产品产值（不含无人机）	民用飞机零部件产品产值	民用航空发动机产品产值	民用航空发动机零部件产品产值	民用飞机机载系统和设备产值	民用飞机机载系统和设备零部件产值	其他民用航空产品及零部件产值	民用飞机修理产值（不含发动机）	民用航空发动机修理产值	其他民用航空产品及零部件修理产值	民用飞机机载系统和设备修理产值	无人机产品产值
甘　肃	2	7583	0.1	14.4	3839	613	83	52	296	276	208	25	36	159	106	1890
其他省份	4	644901	7.5	–13.5	5530	0	0	0	0	285	3138	635418	0	530	0	0
总计中																
中国航空工业集团有限公司	56	1313620	15.2	–6.7	68809	1008122	0	11256	18458	33874	115564	960	0	26525	7516	22535
中国商用飞机有限责任公司	6	677552	7.8	23.4	617653	59521	0	0	0	0	378	0	0	0	0	0
中国航空发动机集团有限公司	13	455583	5.3	7.2	0	18316	0	414431	0	0	22836	0	0	0	0	0
中国航天科工集团有限公司	2	15194	0.2	3.9	0	14296	898	0	0	0	0	0	0	0	0	0
中国电子科技集团有限公司	1		0.0		0	0	0	0	0	0	0	0	0	0	14842	0
地方民用航空工业企业	92	6187610	71.5	15.1	105829	154029	7649	270887	5188	7596	318902	1541337	1610218	390283	93926	1666925

3.3 2019 年各地区民用航空工业企业销售情况（见表 3–3）

表 3–3 2019 年各地区民用航空工业企业销售情况

万元

地区	工业总产值	工业销售产值	同比增长 /%	出口交货值	同比增长 /%	工业产品产销率 /%
全国总计	**34621107**	**34085498**	**17.3**	**4990739**	**6.4**	**98.5**
北 京	1970156	1778656	20.7	185192	103.3	90.3
天 津	406262	363372	40.1	172916	13.4	89.4
辽 宁	3583110	3558601	3.6	224933	17.6	99.3
黑龙江	1673600	1668763	26.3	77594	8.9	99.7
上 海	1168786	1103292	84.6	70143	9.4	94.4
江 苏	818678	774902	61.3	235371	31.0	94.7
浙 江	125162	118035	–1.6	47775	–11.2	94.3
安 徽	117559	71191	–26.4	923	79.6	60.6
江 西	2938268	2715557	21.5	63338	163.6	92.4
山 东	225713	210747	19.4	33972	1.4	93.4
河 南	2443998	2424599	32.8	112695	7.7	99.2
湖 北	443919	432756	13.0	31581	–2.1	97.5
湖 南	984028	956564	4.8	51412	2.0	97.2
广 东	3205520	3105127	14.3	1675704	1.6	96.9
四 川	6969761	6848734	19.9	870048	10.5	98.3
贵 州	1311264	1233188	32.0	107368	–1.8	94.0
陕 西	5415816	5913348	9.6	408004	8.7	109.2
甘 肃	32176	31850	–51.7	0	–100.0	99.0
其他省份	787330	776217	–14.5	621769	–13.6	98.6
总计中						
中国航空工业集团有限公司	19527395	19623898	22.9	1094219	22.4	100.5
中国商用飞机有限责任公司	680201	596627	0.7	60266	–6.0	87.7
中国航空发动机集团有限公司	4717847	4663845	12.1	475558	19.2	98.9
中国航天科工集团有限公司	124974	91894	9.5	1136	66.1	73.5
中国电子科技集团有限公司	51825	51825		0		100.0
地方民用航空工业企业	9518865	9057409	9.8	3359560	0.8	95.2

4 主要经济指标

4.1　全国民用航空工业企业主要经济指标（见表 4–1）

表 4–1　全国民用航空工业企业主要经济指标

指标名称	计量单位	2019 年	2018 年	2017 年	2016 年	2015 年	2019 年同比增长 / %
一、年末资产负债							
流动资产合计	万元	45845959	36825006	32979137	31206034	26971311	24.5
流动资产年平均余额	万元	41701744	33784327	31222038	28364747	23593117	23.4
固定资产合计	万元	13046305	11716729	12727767	17675500	9632114	11.3
固定资产原价	万元	22338554	18359330	16801270	17712260	13292373	21.7
其中：生产经营用	万元	17490550	15770143	14350782	11316371	10651571	10.9
固定资产净值年平均余额	万元	11517384	9779222	9601070	8186263	7028146	17.8
资产总计	万元	72145235	59109375	54405581	57394171	43652981	22.1
负债合计	万元	41347265	35213888	31065141	38131236	27282056	17.4
所有权益合计	万元	30758914	23841404	23340438	19262936	16360662	29.0
其中：实收资本	万元	15362821	11960390	11238606	10841533	8406729	28.4
二、损益及分配							
营业收入	万元	36645115	31139390	27938454	25469049	22857720	17.7
其中：民用航空产品收入	万元	9138637	7595315	5854359	6869652	6133831	20.3
营业成本	万元	30120440	26244842	22748984	20803433	18375798	14.8
其中：民用航空产品成本	万元	6465051					
税金及附加	万元	156439					
主营业务税金及附加	万元		129040	283309	166010	65954	–100.0
其他业务利润	万元		116041	227079	161691	85290	–100.0
营业利润	万元	1751727	1401613	1310784	990961	1062676	25.0
销售费用	万元	488877					
营业费用	万元		550548	408985	273200	251020	–100.0
管理费用	万元	2242149	2678249	2511116	1934556	2670937	–16.3
研发费用	万元	1366940					
财务费用	万元	383601	271474	503357	333200	310199	41.3
其中：利息支出	万元	409639	334469	398915	362401	341923	22.5
补贴收入	万元	112520	115951	115046	184794	177363	–3.0
利润总额	万元	1749861	1464959	1395908	1202813	1304740	19.4
应交所得税	万元	247989	226234	220867	144085	136939	9.6
三、其他							
本年应交增值税	万元	241448	268704	306112	242260	376434.22	–10.1
本年民用航空产品固定资产投资额	万元	611386	439980	411469	521264	462201	39.0
全部从业人员人数	人	363233	355381	347871	326770	328370	2.2
其中：工程技术人员	人	91018	86115	89078	79033	77824	5.7
其中：研究与试验发展人员	人	70615	65070	65291	52799	50017	8.5
本年民用航空产品研究与试验发展经费支出	万元	1940655	1456894	1245271	857305	928548	33.2
拥有民用航空产品发明专利数	件	7561					
其中：当年民用航空产品发明专利授权数	件	1603					

4.2 2019 年各地区民用航空产品收入（见表 4–2）

表 4–2 全国民用航空工业企业主要经济指标

万元

地区	民用航空产品收入	各地占总计 /%	营业收入	同比增长 /%	民用航空产品销售收入占营业收入比重 /%
全国总计	**9138637**	**100**	**36645115**	**17.7**	**24.9**
北　京	1076940	11.8	1855443	17.0	58.0
天　津	204233	2.2	364413	39.6	56.0
辽　宁	352703	3.9	3901258	17.0	9.0
黑龙江	155008	1.7	1274249	2.8	12.2
上　海	609634	6.7	1412261	26.3	43.2
江　苏	242105	2.6	842698	55.8	28.7
浙　江	54194	0.6	137399	–8.1	39.4
安　徽	6953	0.1	115024	17.6	6.0
江　西	73396	0.8	3095249	21.1	2.4
山　东	193098	2.1	282982	53.1	68.2
河　南	8121	0.1	2392548	6.0	0.3
湖　北	115271	1.3	433127	–0.1	26.6
湖　南	47487	0.5	956619	–2.5	5.0
广　东	3169532	34.7	3230126	15.9	98.1
四　川	997924	10.9	7584914	24.3	13.2
贵　州	94376	1.0	1184217	22.2	8.0
陕　西	1071841	11.7	6756186	21.8	15.9
甘　肃	8475	0.1	37156	–46.9	22.8
其他省份	657346	6.7	789245	–14.4	83.3
总计中					
中国航空工业集团有限公司	1912366	20.9	20750523	21.2	9.2
中国商用飞机有限责任公司	614010	6.7	626910	13.7	97.9
中国航空发动机集团有限公司	454228	5.0	4911094	7.6	9.2
中国航天科工集团有限公司	15114	0.2	84716	–26.1	17.8
中国电子科技集团有限公司	49684	0.5	49684		100.0
地方民用航空工业企业	6093236	66.7	10222189	16.2	59.6

4.3　全国民用航空工业企业经济效益综合指数（见表 4–3）

表 4–3　全国民用航空工业企业经济效益综合指数

指标名称	单位	2019 年	2018 年	2017 年	2016 年	2015 年	2019 年比上年增减
总资产贡献率	%	3.9	3.9	4.3	3.9	3.7	0.0
资本保值增值率	%	129.0	102.1	121.2	117.7	87.1	26.9
资产负债率	%	57.3	59.6	57.1	66.4	50.4	–2.3
流动资产周转率	次 / 年	88.7	89.2	87.1	87.6	96.9	–0.6
成本费用利用率	%	5.8	5.6	6.1	5.8	6.0	0.2
产品销售率	%	98.5	98.6	96.5	98.8	97.3	–0.1

4.4 2019 年各地区民用航空工业企业收入成本及效益（见表 4–4）

表 4–4 2019 年各地区民用航空工业企业收入成本及效益

万元

地区	营业收入	同比增长 /%	营业成本	同比增长 /%	利润总额	同比增长 /%
全国总计	**36645115**	**17.7**	**30120440**	**17.6**	**1749861**	**19.4**
北 京	1855443	17.0	1462094	17.6	145172	33.1
天 津	364413	39.6	278679	40.3	2192	–390.0
辽 宁	3901258	17.0	3536288	17.7	134430	–2.6
黑龙江	1274249	2.8	1070864	0.6	13229	–75.2
上 海	1412261	26.3	1268449	30.7	–57739	
江 苏	842698	55.8	632387	36.3	83059	51.2
浙 江	137399	–8.1	94559	–16.4	12832	–9.3
安 徽	115024	17.6	78953	9.1	9003	1.4
江 西	3095249	21.1	2744780	14.4	91152	300.8
山 东	282982	53.1	188302	54.3	46587	102.6
河 南	2392548	6.0	1811166	7.5	171407	–5.1
湖 北	433127	–0.1	324597	–11.8	32270	–20.7
湖 南	956619	–2.5	796372	–4.5	48472	–27.1
广 东	3230126	15.9	1300247	6.5	492597	36.4
四 川	7584914	24.3	6911955	29.6	298886	93.0
贵 州	1184217	22.2	927654	25.4	23537	–16.6
陕 西	6756186	21.8	5958304	21.1	144864	–23.4
甘 肃	37156	–46.9	32931	–33.9	2205	–75.4
其他省份	789245	–14.4	701859	–12.4	55706	16.4
总计中						
中国航空工业集团有限公司	20750523	21.2	17909089	19.6	725862	6.0
中国商用飞机有限责任公司	626910	13.7	632983	22.7	–116790	
中国航空发动机集团有限公司	4911094	7.6	4136889	12.1	244983	7.8
中国航天科工集团有限公司	84716	–26.1	68828	23.8	–25633	–513.0
中国电子科技集团有限公司	49684		34889		–6052	
地方民用航空工业企业	10222189	16.2	7337761	15.3	927491	44.1

4.5　2019 年各地区民用航空工业固定资产投资和研发投入（见表 4–5）

表 4–5　2019 年各地区民用航空工业固定资产投资和研发投入　　万元

地区	民用航空产品研究与试验发展经费支出	同比增长 /%	民用航空产品固定资产投资	同比增长 /%
全国总计	**1940655**	**33.2**	**611386**	**39.0**
北　京	68142	36.7	58341	1265.0
天　津	10388	733.9	10874	144.5
辽　宁	24439	329.3	11625	–28.2
黑龙江	24911	–26.9	13035	436.6
上　海	1050124	17.8	224735	–3.8
江　苏	6344	50.6	30814	122.8
浙　江	9423	66.2	4017	6.8
安　徽	7621	1214.8	48067	
江　西	42481	371.8	4755	24.8
山　东	7592	–29.2	5801	55.6
河　南	3058	–21.8	175	–88.8
湖　北	21577	73.8	23179	605.8
湖　南	36270	28.4	16948	47.8
广　东	297889	11.7	49025	34.2
四　川	108356	493.6	37347	–10.6
贵　州	7385	7.3	13351	144.8
陕　西	211818	103.5	33766	–27.2
甘　肃	500	69.5	3650	
其他省份	2338	–38.1	21882	198.1
总计中				
中国航空工业集团有限公司	424143	122.1	97298	5.5
中国商用飞机有限责任公司	860650	18.8	200548	9.0
中国航空发动机集团有限公司	298428	20.6	82482	–9.1
中国航天科工集团有限公司	1154	–83.7	361	–24.5
中国电子科技集团有限公司	29033		4311	
地方民用航空工业企业	327247	14.0	226386	211.9

5 附　　录

2019年中国民用航空企业上报情况说明

单位名称	所属集团	登记注册类型	控股情况	主要民用航空产品
全国（170）				
北京（13）				
北京中航智科技有限公司		其他有限责任公司	私人控股	TD220
北京北摩高科摩擦材料股份有限公司		股份有限公司	私人控股	波音737-700/800飞机粉末冶金刹车盘副；飞机机轮组件；飞机刹车组件；飞机货仓底板；飞机碳刹车盘；飞机钢刹车盘
北京飞机维修工程有限公司		中外合资经营	国有控股	飞机维修
北京航空材料研究院	中国航发	国有	国有控股	高温合金；橡胶制品；钛合金
泰雷兹航空电子（北京）有限公司		外资企业	外商控股	航空设备维修；机载娱乐设备维修
中国航发北京航科发动机控制系统科技有限公司	中国航发	其他有限责任公司	国有控股	航空摇臂系列
北京安达维尔科技股份有限公司		股份有限公司	私人控股	机载电子部附件维修
北京安达泰克科技有限公司		私营有限责任公司	私人控股	金属蜂窝芯；金属蜂窝气封；金属载体
北京力威尔航空精密机械有限公司		其他有限责任公司	国有控股	民用飞机发动机摇臂组件；民用飞机发动机风扇锁块；民用飞机发动机支架
中航复合材料有限责任公司	航空工业	其他有限责任公司	国有控股	民用航空复合材料结构件用原材料
北京民用飞机技术研究中心	中国商飞	国有	国有控股	未来产品研究；关键技术攻关；新技术转化应用
北京科荣达航空科技股份有限公司		股份有限公司	私人控股	
北京欧拓技术有限公司		外资企业	外商控股	
天津（8）				
空中客车（天津）总装有限公司		与港澳台商合资经营	港澳台商控股	A320、A330飞机组装
天津华翼蓝天科技有限公司		私营股份有限公司	私人控股	飞行模拟训练设备；工程模拟仿真设备；高端飞行体验产品
天津波音复合材料有限责任公司		中外合资经营	外商控股	航空复合材料主次受力件；飞机内饰件；相关售后服务
PPG航空材料（天津）总装有限公司		港澳台商独资	港澳台商控股	航空涂料生产

续表

单位名称	所属集团	登记注册类型	控股情况	主要民用航空产品
天津航空机电有限公司	航空工业	国有独资公司	国有控股	继电器；断路器；传感器
天津全华时代航天科技发展有限公司		其他有限责任公司	股份合作	无人飞行器
天津航天中为数据系统科技有限公司		其他有限责任公司	国有控股	无人机应用系统集成
航天精工股份有限公司	航天科工	股份有限公司	国有控股	零部件
河北（1）				
华北飞机工业有限公司	航空工业	其他有限责任公司	国有控股	运 5B 飞机；“小鹰”500 飞机；赛斯纳 208B 飞机
山西（1）				
太原航空仪表有限公司	航空工业	其他有限责任公司	国有控股	航空仪表；敏感元件及补偿器；其他机载系统及设备等
辽宁（5）				
沈阳沈飞国际商用飞机有限公司	航空工业	其他有限责任公司	国有控股	A220 机身段
沈飞民用飞机有限责任公司	航空工业	其他有限责任公司	国有控股	Q400 机身连接；波音 787 垂尾前缘；A320 机翼前缘；A220 机身段；ARJ21 大部件；C919 大部件
辽宁通用航空研究院		国有	国有控股	RX1E 双座电动飞机；RX1E-A 增程电动飞机
沈阳飞机工业（集团）有限公司	航空工业	国有	国有控股	波音 787 项目；庞巴迪 C 系列；庞巴迪 Q400 项目
中国航发沈阳黎明航空发动机有限责任公司	中国航发	其他有限责任公司	国有控股	航空零部件转包生产
吉林（1）				
吉林航空维修有限责任公司	航空工业	其他有限责任公司	国有控股	民用飞机修理；其他民用航空产品及零备件
黑龙江（2）				
哈尔滨飞机工业集团有限责任公司	航空工业	其他有限责任公司	国有控股	AC312 系列直升机；运 12 飞机；运 12F 飞机
中国航发哈尔滨东安发动机有限公司	中国航发	国有	国有控股	直升机传动系统
上海（9）				
中国商用飞机有限责任公司（本部）	中国商飞	其他有限责任公司	国有控股	ARJ21-700 新支线飞机；C919 大型客机
中国商飞上海飞机设计研究院	中国商飞	国有	国有控股	ARJ21 新型涡扇支线飞机；C919 大型客机；CR929 宽体客机设计
上海航空测控技术研究所	航空工业	国有	国有控股	C919 飞机客舱管理接口子系统；C919 飞机客舱娱乐系统；C919 飞机信息系统；ARJ21 飞机驾驶舱门监视系统；MA700 飞机视频监视系统

续表

单位名称	所属集团	登记注册类型	控股情况	主要民用航空产品
上海航空电器有限公司	航空工业	国有独资公司	国有控股	ELT 控制板；RPDU 远程配电装置
上海飞机制造有限公司	中国商飞	国有独资公司	国有控股	飞机制造；航空零部件转包生产
上海航空工业（集团）有限公司	中国商飞	国有	国有控股	航空零配件、航空设备的销售；计算机软件；信息技术；技术服务；物业管理；信息系统集成服务
上海飞机客户服务有限公司	中国商飞	国有	国有控股	民用飞机飞行、机务、乘务和签派等有关方面的训练；民用飞机航材和设备进出口、国内外销售、仓储、租赁以及维修；民用飞机航空运输服务技术开发、技术咨询和技术服务；系统内民用飞机技术出版物的出版、发行和全寿命服务
中国航空无线电电子研究所	航空工业	国有	国有控股	民用航空电子 – 显示系统；民用航空电子 – 核心处理系统；民用航空电子 – 飞管系统
中国航发商用航空发动机有限责任公司	中国航发	国有	国有控股	
江苏（11）				
菲舍尔航空部件（镇江）有限公司	航空工业	其他有限责任公司	国有控股	ARJ21 行李箱；庞巴迪 GLOBAL 7000/8000 整流罩；MA700 整流罩；飞机地板；空客 A350 机腹整流罩；飞机翼肋连接角件
航天海鹰（镇江）特种材料有限公司	航天科工	其他有限责任公司	国有控股	C919 后机身后段；C919 后机身前段；C919 副翼；C919 垂尾壁板；翼身整流罩
无锡压缩机股份有限公司		外商投资股份有限公司	外商控股	充氧车
苏州长风航空电子有限公司	航空工业	国有	国有控股	传感器
新宇航空制造（苏州）有限公司		外资企业	外商控股	飞机发动机叶片及叶片隔框；飞机发动机吊架类机械产品
通用电气航空系统（苏州）有限公司		外资企业	外商控股	飞机引擎零部件加工；飞机复合材料
江苏航申航空科技有限公司		私营有限责任公司	私人控股	航空零部件
无锡透平叶片有限公司		其他有限责任公司	国有控股	铝合金叶片；发动机盘件
宏光空降装备有限公司	航空工业	国有	国有控股	热气球
金城南京机电液压工程研究中心	航空工业	国有	国有控股	液压系统、设备及零部件；环控系统、设备及零部件；燃油系统、设备及零部件；电源系统、设备及零部件；空气管理系统、设备及零部件；RAT
昆山新宇航航空器材有限公司		私营有限责任公司	私人控股	

续表

单位名称	所属集团	登记注册类型	控股情况	主要民用航空产品
浙江（12）				
浙江西子航空工业有限公司		私营有限责任公司	私人控股	A320 起落架舱；C 系列起落架舱；A220 底板梁；C 系列逃生门；腹鳍；CRI 服务门
宁波沥高复合材料有限公司		其他有限责任公司	私人控股	ARJ 零部件生产
浙江科比特科技有限公司		私营有限责任公司	私人控股	多旋翼无人机
杭州天扬机械有限公司		其他有限责任公司	私人控股	发动机环形件
浙江日发航空数字装备有限责任公司		私营有限责任公司	私人控股	飞机数字化装配生产线；复合材料加工专用设备；航空零部件
海宁红狮宝盛科技有限公司		其他有限责任公司	私人控股	航空设备配件
玉环天润航空机械制造有限公司		私营有限责任公司	私人控股	驾驶（滑动）舱门锁闭机构；动力舱整流罩锁闭机构等；折叠接头等；周期变距杆手柄等；牵引杆、液压千斤顶等；机身布罩、旋翼布罩等
宁波星箭航天机械厂		私营有限责任公司	私人控股	民用航空发动机零部件
嘉兴雅港复合材料有限公司		私营有限责任公司	私人控股	民用客舱地板；民用货舱地板；芳纶纸蜂窝
宁波永灵航空科技有限公司		私营有限责任公司	私人控股	软管金属连接件；聚酰亚胺衬套
浙江金马逊机械有限公司		私营有限责任公司	私人控股	数控弯管机；管端缩口机；重型弯管机；智能生产线；金属导管；工装、模具
浙江圣翔机械有限公司		其他有限责任公司	私人控股	直升机停机坪
安徽（6）				
安徽航瑞航空动力装备有限公司		其他有限责任公司	国有控股	“云雀”航空重油发动机；“蜂鸟”航空重油发动机；“黄莺”航空重油发动机；“画眉”航空汽油发动机；“百灵”航空汽油发动机；“金鹰”航空及潜用柴油发动机
安徽应流航空科技有限公司		其他有限责任公司	集体控股	YLWZ-130/190 系列涡轴发动机；YD70 地面电站
中航工业合肥江航飞机装备有限公司	航空工业	其他有限责任公司	国有控股	波纹管；飞机副油箱；航空仪表
安徽云翼航空技术有限公司		私营独资	私人控股	大中型无人机；2 ~ 3 人座载人旋翼机；飞机控制设备、机载仪器仪表、航空配套电子与机械产品
安徽应流航源动力科技有限公司		其他有限责任公司	集体控股	机匣；轴承座；涡轮叶轮；涡轮导向器

续表

单位名称	所属集团	登记注册类型	控股情况	主要民用航空产品
合肥赛为智能有限公司		其他有限责任公司	集体控股	赛鹰SY8KT系留多旋翼无人机；赛鹰SY450H大载荷无人直升机；赛鹰SY141HR植保无人机；赛鹰SY261H无人直升机；赛鹰SY121H无人直升机；RE35H直升机版转子发动机
福建（1）				
厦门太古飞机工程有限公司		与港澳台商合资经营	港澳台商控股	
江西（5）				
江西昌河航空工业有限公司	航空工业	国有	国有控股	AC313；AC311/AC311A；波音备件；C919
昌河飞机工业（集团）有限责任公司	航空工业	国有	国有控股	AC313；AC311/AC311A；S76；S92尾斜梁、备件
江西洪都航空工业（集团）有限责任公司	航空工业	国有独资公司	国有控股	C919、波音747飞机零部件；初教6
江西洪都商用飞机股份有限公司	航空工业	股份有限公司	国有控股	C919大型客机部件装配
江西昌兴航空装备股份有限公司		股份有限公司	私人控股	航空工装；航空零部件
山东（6）				
山东艾诺仪器有限公司		私营有限责任公司	私人控股	飞机地面静变电源
山东太古飞机工程有限公司		与港澳台商合资经营	国有控股	飞机维修；航空服务；机型培训；部件制造
山东翔宇航空技术服务有限责任公司		股份有限公司	国有控股	航空器部附件维修服务；航空器零部件；航空器机载设备
东方蓝天钛金科技有限公司		其他有限责任公司	国有控股	金属支架；保险销；钛合金平圆头高锁螺栓；钛合金100°沉头高锁螺栓；钛合金100°沉头十字槽螺栓；钛合金100°沉头偏心十字槽螺栓
济南特种结构研究所	航空工业	国有	国有控股	雷达罩；复合材料结构件
威海广泰空港设备股份有限公司		股份有限公司	私人控股	平台车；牵引车；电源车；加油车
河南（4）				
中航光电科技股份有限公司	航空工业	股份有限公司	国有控股	C919、AG600、MA700、CJ-1000AX等用航空电器
安阳全丰航空植保科技股份有限公司		股份有限公司	私人控股	电动多旋翼植保无人机；油动单旋翼植保无人机
洛阳电光设备研究所	航空工业	国有	国有控股	平视显示器
新乡航空工业（集团）有限公司	航空工业	国有独资公司	国有控股	散热器；燃油泵；压力油滤；引气阀；启动控制阀；恒温调节阀

续表

单位名称	所属集团	登记注册类型	控股情况	主要民用航空产品
湖北（6）				
中国特种飞行器研究所	航空工业	国有	国有控股	SZ300 载人观光系留气球；空中单车
航宇救生装备有限公司	航空工业	国有独资公司	国有控股	标准适航热气球
武汉航空仪表有限责任公司	航空工业	国有独资公司	国有控股	防除冰系列产品；压力表；传感器
湖北超卓航空技术有限公司		股份有限公司	私人控股	航空部附件（不含发动机）的维修；起落架、承载梁维修
武汉航达航空科技发展有限公司		私营有限责任公司	私人控股	航空液压、气动、机电附件；飞机起落架维修；飞机复合材料结构件维修；机场加油设备；通用航空螺旋桨发动机附件
凌云科技集团有限责任公司		国有	国有控股	民用飞机修理；其他民用航空产品机零部件修理；维修培训
湖南（19）				
长沙艾森设备维护技术有限公司		其他有限责任公司	私人控股	ES–AIR–2 飞机清洗剂；ES–AIR–D 飞机地毯及舱内饰件清洗剂；ES–311 飞机防腐涂层清洗剂；ES–311–6 飞机防腐涂层清洗剂；ES–311–6G 飞机防腐涂层清洗剂；ES–AIR–L 飞机零部件清洗剂
中国航发中传机械有限公司	中国航发	国有独资公司	国有控股	H175 尾传动系统；KC9 中尾减速器
湖南省博云新材料股份有限公司		股份有限公司	国有控股	M60 飞机用刹车副；波音 757 飞机用刹车副；波音 737 系列飞机用刹车副；A320 飞机用刹车副；TA 无人机用刹车副；TU–204 飞机用刹车副
株洲时代橡塑元件有限责任公司		国有独资公司	国有控股	电机转接花键；黏性阻尼器；涡壳组件
中航飞机起落架有限责任公司	航空工业	其他有限责任公司	国有控股	防扭臂；锁链杆；刹车杆
长沙鑫航机轮刹车有限公司		国有	国有控股	飞机机轮；机轮刹车系统
湖南新韶光电器有限公司		其他有限责任公司	私人控股	航空动力滑油加热器
娄底市兴鑫合金有限公司		其他有限责任公司	私人控股	航空发动机用镁锆中间合金；航空发动机用镁钕中间合金；航空发动机用镁铈中间合金；航空发动机用镁钇中间合金；航空发动机用镁钆中间合金；航空发动机用镁镧中间合金
中国航发南方工业有限公司	中国航发	其他有限责任公司	国有控股	航空零部件转包生产；民用航空发动机

续表

单位名称	所属集团	登记注册类型	控股情况	主要民用航空产品
湖南航天捷诚电子装备有限责任公司		其他有限责任公司	国有控股	机载头盔、平显数字像源；机载头盔、平显图形图像驱动模块；机载液晶显示器；机载油量显示组件
湖南顶立科技有限公司		私营股份有限公司	私人控股	金属基 3D 打印粉体材料；真空水淬炉；真空气淬炉；真空热压炉；真空钎焊炉；真空扩散焊炉
湖南中航精工有限公司		其他有限责任公司	国有控股	京东货用无人机起落架；蜃龙用无人机起落架
中国航发长江动力有限公司	中国航发	国有	国有控股	民用航空发动机零部件
长沙市天映机械制造有限公司		其他有限责任公司	集体控股	起落架测试设备；起落架零部件
湖南山河科技股份有限公司		股份有限公司	私人控股	轻型运动飞机；多旋翼无人机；无人直升机；固定翼无人机
长沙航空职业技术学院		国有	国有控股	
湖南华望科技股份有限公司		股份有限公司	私人控股	无伞空投；简易空投
湖南湘源金穗智能装备有限公司		私营有限责任公司	私人控股	植保无人机
湖南精飞智能科技有限公司		私营有限责任公司	私人控股	植保无人机
广东（10）				
珠海保税区摩天宇航空发动机维修有限公司		中外合资经营	股份合作	V2500 发动机机附件维修；CFM56-3 发动机及附件维修；CFM56-5B 发动机及附件维修；CFM56-7B 发动机及附件维修；LEAP-1B 发动机快修
广州航新航空科技股份有限公司		股份有限公司	私人控股	便携式维修设备
中航通飞研究院有限公司	航空工业	国有	国有控股	大型灭火 / 水上救援水陆两栖飞机 AG600
中航通飞华南飞机工业有限公司	航空工业	其他有限责任公司	国有控股	大型灭火 / 水上救援水陆两栖飞机 AG600；SR20；SR22
深圳中集天达空港设备有限公司		外资企业	外商控股	登机桥；摆渡车；行李传送设备
深圳市大疆创新科技有限公司		港澳台商独资	港澳台商控股	“精灵”Phantom；“御”Mavic；“悟”Inspire；T16 农业植保机
深圳一电航空技术有限公司		其他有限责任公司	私人控股	口袋自拍无人机 AirDuo；手机壳自拍无人机 Selfly；折叠式航拍无人机 SPARROW2
深圳市多尼卡电子技术有限公司		私营有限责任公司	私人控股	快速获取驾驶舱语音记录仪；机载无线局域网系统；机载音频播放器；机载视频播放器；机载驾驶舱视频监控

续表

单位名称	所属集团	登记注册类型	控股情况	主要民用航空产品
广东西北航空科技股份有限公司		股份有限公司	私人控股	民用航空飞机座椅；飞机碳/碳刹车副；飞机金属刹车副；高铁列车粉末冶金闸片；飞机内饰件；飞机安全带
广州飞机维修工程有限公司		与港澳台商合资经营	国有控股	飞机维修
四川（19）				
四川长虹电源有限责任公司		其他有限责任公司	国有控股	20GNC27 镉镍蓄电池组
四川九洲电器集团有限责任公司		国有独资公司	国有控股	ADS-B 地面站；S 模式应答机
中国第二重型机械集团（德阳）万航模锻厂（四川）		其他有限责任公司	国有控股	C919、CJ、9X9 等用锻件
成飞民用飞机有限责任公司	航空工业	其他有限责任公司	国有控股	C919 机头；ARJ21 机头；A320 系列登机门
四川腾盾科技有限公司		其他有限责任公司	私人控股	TW328；TW328-A；TW312；TW165；TH145；TH128
成都凯天电子股份有限公司	航空工业	股份有限公司	国有控股	大气数据计算机；航空电子产品；传感器
四川国际航空发动机维修有限公司		中外合资经营	国有控股	飞机发动机维修
四川海特高新技术股份有限公司		股份有限公司	私人控股	飞机机载无线电、仪表、电气设备的维修；开展电缆，电视设备，电子测绘仪器方面的技术服务与咨询
成都富凯飞机工程服务有限公司		中外合资经营	国有控股	飞机加改装工程服务；飞机部附件维修
四川明日宇航工业有限责任公司		其他有限责任公司	私人控股	飞行器零部件产品；钛合金件加工；钣金件加工；数控结构件加工
中国航发成都发动机有限公司	中国航发	其他有限责任公司	国有控股	航空发动机及其零部件
成都华太航空科技有限公司（四川省）		股份有限公司	股份合作	航空机载设备维修；航空机载型号产品研制；航空测试设备研制；航材业务和租赁及交换；通航机体维修及飞机加改装
四川凌峰航空液压机械有限公司	航空工业	国有	国有控股	起落架；阻尼器；作动筒；液压锁；蓄压器
四川航泰航空装备有限公司		股份有限公司	集体控股	起落架；地面保障设备；飞机结构件；航空液压元件；航空维修；航空用液压试验台
宜宾三江机械有限责任公司	航空工业	国有	国有控股	压力加油阀；放油开关；燃油电磁阀
四川泛华航空仪表电器有限公司	航空工业	其他有限责任公司	国有控股	油耗量测控系统；发动机点火系统；通信引线

续表

单位名称	所属集团	登记注册类型	控股情况	主要民用航空产品
四川奥特附件维修责任有限责任公司		其他有限责任公司	私人控股	主伺服航空附件维修；А И-9 В 型 APU 维修；某 T 型 APU 维修
成都飞机工业（集团）有限责任公司	航空工业	国有独资公司	国有控股	转包项目；C919 机头；ARJ 机头；“云影”无人机
中电科航空电子有限公司	中国电科	国有	国有控股	民用机载航电系统；民用机载航电分系统；相关地面系统与设备软件、硬件；民用航空电子设备维修与服务
贵州（11）				
中航贵州飞机有限责任公司	航空工业	国有独资公司	国有控股	波音 737 垂尾接头、肋、平尾肋零件数控加工；新支线 ARJ21 飞机结构件加工；波音 737-800 客改货零件表面处理
贵阳航空电机有限公司	航空工业	国有	国有控股	电力变换
贵州安大航空锻造有限责任公司	航空工业	其他有限责任公司	国有控股	锻件
贵州大东风机械股份有限公司		股份有限公司	私人控股	飞机发动机叶片
贵州航宇科技发展股份有限公司		股份有限公司	私人控股	航空发动机零部件；飞机起落架锻件
贵州精立航太科技有限公司		私营有限责任公司	私人控股	紧固件
中国航空工业标准件制造有限责任公司	航空工业	其他有限责任公司	国有控股	民用航空发动机零部件
中国航发贵州黎阳航空动力有限公司	中国航发	其他有限责任公司	国有控股	民用航空发动机零部件
中国航发贵州红林航空动力控制科技有限公司	中国航发	其他有限责任公司	国有控股	民用航空转包
贵州永红航空机械有限责任公司	航空工业	其他有限责任公司	国有控股	散热器；滑油箱
中航力源液压股份有限公司	航空工业	股份有限公司	国有控股	转包零部件
陕西（18）				
西安飞机设计研究所	航空工业	国有	国有控股	舱门训练器；模拟训练器；综合仿真验证平台；静态模拟系统设备
宝鸡市航宇光电显示技术开发有限责任公司		私营有限责任公司	私人控股	导光控制显示面板；信号灯控制盒；飞机乘务员观察系统；机载娱乐系统；LED 照明灯；航电控制盒
中航工业西安飞行自动控制研究所	航空工业	国有	国有控股	飞控系统；导航系统；液压产品
庆安集团有限公司	航空工业	国有	国有控股	高升力系统；货运系统；舱门作动系统；主飞控作动器；发动机作动系统；发动机反推力系统
陕西华燕航空仪表有限公司	航空工业	其他有限责任公司	国有控股	光纤组合导航系统；速率陀螺组；磁航向传感器

续表

单位名称	所属集团	登记注册类型	控股情况	主要民用航空产品
陕西宏远航空锻造有限责任公司	航空工业	其他有限责任公司	国有控股	航空锻铸件
陕西烽火宏声科技有限责任公司		其他有限责任公司	国有控股	航空耳机 / 话筒组件
中国航发西安航空发动机有限公司	中国航发	其他有限责任公司	国有控股	航空发动机零部件
陕西东方航空仪表有限责任公司	航空工业	国有独资公司	国有控股	航空仪表
陕西长岭电子科技有限责任公司		其他有限责任公司	国有控股	机载电子设备
陕西飞机工业（集团）有限公司	航空工业	国有独资公司	国有控股	民机部件；民用航空产品零件
陕西千山航空电子有限责任公司	航空工业	国有独资公司	国有控股	民机抛放式记录研究器；XFJ–52L 事故记录设备；XFJ–18L 发动机指示和告警系统；激励源转换盒；座舱音频记录系统；远程数据集中器
陕西宝成航空仪表有限责任公司	航空工业	其他有限责任公司	国有控股	民用航空器机载系统和设备零部件
陕西凌云电器集团有限公司（国营第七六五厂）		其他有限责任公司	国有控股	无线电罗盘；测距器；组合导航设备
西安航空制动科技有限公司	航空工业	其他有限责任公司	国有控股	“新舟”60 飞机及刹车附件；波音 737、A320 碳刹车盘
西安飞机工业（集团）有限责任公司	航空工业	国有独资公司	国有控股	“新舟”系列飞机；航空零部件转包产品
西安航空动力控制科技有限公司	中国航发	其他有限责任公司	国有控股	轴套类产品；异型件类产品；活门组件类产品；小壳体产品
陕西航空电气有限责任公司	航空工业	股份有限公司	国有控股	转包零部件生产；民航修理
甘肃（2）				
中航天水飞机工业有限责任公司	航空工业	国有独资公司	国有控股	ARJ21 组件
甘肃神龙航空科技有限公司		私营有限责任公司	私人控股	工程应用无人机；旋翼机；运动类通航飞机